高等教育财务会计类专业教材

Operations for
Cashier Business

出纳业务操作

第三版

钟爱军　周列平　陈浏伟　主编

东北财经大学出版社　大连
Dongbei University of Finance & Economics Press

图书在版编目（CIP）数据

出纳业务操作／钟爱军，周列平，陈浏伟主编．—3版．—大连：东北财经大学出版社，2024.8．—（高等教育财务会计类专业教材）．—ISBN 978-7-5654-5358-8

Ⅰ．F231.7

中国国家版本馆CIP数据核字第2024FH8993号

东北财经大学出版社出版

（大连市黑石礁尖山街217号　邮政编码　116025）

网　　　址：http://www.dufep.cn

读者信箱：dufep@dufe.edu.cn

大连图腾彩色印刷有限公司印刷　　东北财经大学出版社发行

幅面尺寸：185mm×260mm　　字数：350千字　　印张：15　　插页：1

2024年8月第3版　　　　　　　　　　　2024年8月第1次印刷

责任编辑：包利华　刘贤恩　　　　　　　　责任校对：赵　楠

封面设计：原　皓　　　　　　　　　　　　版式设计：原　皓

定价：43.00元

教学支持　售后服务　　联系电话：（0411）84710309

版权所有　侵权必究　　举报电话：（0411）84710523

如有印装质量问题，请联系营销部：（0411）84710711

第三版前言

出纳是每个单位都必须设置的会计岗位，出纳工作是单位会计核算和会计监督的一项基础性工作，出纳人员主要负责办理货币资金收付结算以及有价证券、票据和库存现金的保管等工作，并按照国家法律法规和单位财务制度的规定要求参与货币资金的核算和监督。出纳人员应该具备什么样的知识、能力和素质，这是会计专业人才培养所关心的问题，也是本书所关注的问题。

本书以现代出纳岗位典型工作任务以及相关管理工作为背景，以现行的相关法律法规为依据，围绕出纳岗位任职能力培养的需要，对出纳业务操作进行解析，构建了初识出纳、出纳工作常识和通用技能、现金收支业务、支付结算业务、出纳资料及工作交接、电子表格软件基本操作技能等六项学习内容，并在此基础上开展出纳业务综合实训。

本书的主要特点有：

1. 融入思政元素，坚持德技并修。以党的二十大精神为指引，认真贯彻落实立德树人根本任务，知识、能力与素质教育并重，融入会计法律法规教育，培育会计职业操守，树立全局观和系统观，增强会计服务意识和会计监督意识。

2. 内容规范合理，结构设计科学。依据现行法律法规，具有权威性和规范性；对接出纳岗位任职需要，具有较强的针对性和适用性；内容图文并茂，知识和应用相结合，举例和训练相结合，线上和线下相结合，满足教学做一体化要求。

3. 配套资源齐全，满足教学需要。提供教学大纲、课件、视频、练习题参考答案等配套资源，方便开展教学活动，助力提高教学效果。

本书第三版由钟爱军（武汉商学院）、周列平（长江职业学院）、陈浏伟（湖北三峡职业技术学院）担任主编，裴顺礼（武汉传媒学院）、夏卫红和胡晓燕（长江职业学院）担任副主编。参加本书编写和修订的还有：王琼（武汉职业技术学院），陈曦（武汉船舶职业技术学院），潘纯、陈林（长江工程职业技术学院），梅林（长江职业学院），徐俊（武汉市第一商业学校），曾钧（武汉市财政学校），张星（武汉市供销商业学校），占萍、王霞（际华三五四二纺织有限公司）。

武汉软件工程职业学院郭黎教授、长江职业学院苏龙教授和武汉交通职业学院曾玲芳教授审阅了本书。本书在编写中还得到了际华三五四二纺织有限公司和厦门网中网软件有限公司的大力支持。

由于编者水平有限，书中难免存在不足之处，恳请读者批评指正，请将有关意见和建议发送至717682331@qq.com，谢谢！

编　者
2024年8月

会计人员职业道德规范

（中华人民共和国财政部，财会〔2023〕1号，2023年1月12日）

一、坚持诚信，守法奉公。牢固树立诚信理念，以诚立身、以信立业，严于律己、心存敬畏。学法知法守法，公私分明、克己奉公，树立良好职业形象，维护会计行业声誉。

二、坚持准则，守责敬业。严格执行准则制度，保证会计信息真实完整。勤勉尽责、爱岗敬业，忠于职守、敢于斗争，自觉抵制会计造假行为，维护国家财经纪律和经济秩序。

三、坚持学习，守正创新。始终秉持专业精神，勤于学习、锐意进取，持续提升会计专业能力。不断适应新形势新要求，与时俱进、开拓创新，努力推动会计事业高质量发展。

目 录

学习项目一　初识出纳

天下大事必作于细

　　习近平总书记在党的二十大报告中指出："青年强，则国家强。""广大青年要坚定不移听党话、跟党走，怀抱梦想又脚踏实地，敢想敢为又善作善成，立志做有理想、敢担当、能吃苦、肯奋斗的新时代好青年，让青春在全面建设社会主义现代化国家的火热实践中绽放绚丽之花。"历史的重任已经落在我们青年一代人的肩上，未来的样子取决于我们现在的努力，逐梦新时代，奋进新征程，让我们一起向未来！

　　习近平总书记在党的二十大报告中还指出："必须坚持问题导向""必须坚持系统观念"。我们必须把学习贯彻党的二十大精神同专业学习系统结合，做到学思用贯通、知信行统一。会计工作是国民经济管理的基础，出纳工作又是会计工作中的一项基础工作，出纳岗位是国家财经法规实施的前沿阵地，是单位财务收支活动的服务窗口和监督关口，出纳人员的知识、能力和素质在一定程度上代表着一个单位会计工作的水平。千里之行，始于足下。我们要想做好会计工作，必须要认识到做好出纳工作的重要性。

　　什么是出纳？对出纳岗位设置及其监管有何要求？出纳工作职责和任职要求有哪些？这些是所有从事会计核算和财务管理工作的人员都必须清楚的问题。

一、出纳的概念

　　从本义上讲，"出"即支出，"纳"即收入，两字合在一起，就是收支的意思。

　　出纳的概念有狭义和广义之分。狭义概念的出纳是指会计岗位分工中的出纳会计，主要任务是办理货币资金收付、参与货币资金核算与监督。医院的收费岗位、商场的收银岗位、废旧物资回收和农副产品收购的付款岗位等属于广义概念上的出纳工作。本书所称的出纳是狭义上的概念。随着用词场景的变化，出纳一词通常又有两种指代：一是指出纳这项工作；二是指从事出纳工作的人员。

二、出纳岗位设置及监管要求

　　会计岗位可分为：会计机构负责人，出纳，财产物资核算，工资核算，成本费用核算，财务成果核算，资本、基金核算，收支往来结算，总账核算，对外财务会计报告编制，稽核，会计档案管理，以及与以上会计岗位相结合的会计电算化岗位。会计岗位可以实行一人一岗、一人多岗，或者一岗多人，但必须符合内部控制制度的要求，特别是不相容职务分离制度和回避制度的要求。

不相容职务的分离是单位内部控制的基本方式。不相容职务分离的逻辑是：两人犯相同错误的可能性要小于一人，一人舞弊的可能性要大于两人。

法律法规明确规定，除个体工商户以外，会计机构负责人不得兼任出纳工作，非出纳人员也不得经管货币资金以及相关票据和有价证券的保管工作。出纳人员不得兼管稽核、会计档案保管和收入、费用、债权债务账目的登记工作。

出纳工作涉及的回避制度是：会计机构负责人的配偶、直系亲属、三代以内旁系血亲、拟制血亲以及近姻亲等关系人不得在本单位会计机构中担任出纳工作。

每个单位应当按照会计法的规定设置会计机构，或者在有关机构中配备专职会计人员，或者委托代理记账机构进行代理记账。如果委托代理记账，本单位应当配备一名出纳人员。在此基础上，建立稽核制度和财产清查制度。

每个单位都应当加强对出纳工作的监管，严格实施货币资金内部控制制度，绝对不能用信任代替制度，不能为徇私舞弊和贪污、挪用公款等违法行为打开方便之门和留下可乘之机，积极消除各种隐患，保护单位货币资产的安全。

> **想一想**
> 1.为什么要对不相容职务进行分离？
> 2.内部控制制度对出纳人员的要求是什么？

三、出纳工作职责

1.严格按照规定办理现金收付和转账结算业务。

2.逐日逐笔登记库存现金日记账和银行存款日记账，定期编制出纳报告，及时提供货币资金信息。

3.及时与主管会计核对库存现金和银行存款账目，配合主管会计或财产清查人员定期进行库存现金盘点和银行存款对账。

4.严格按照规定使用保险柜、财务印章、网银U盾和支付密码器等，保管好有价证券和空白票据。

5.需要办理的其他业务。

四、出纳岗位任职要求

从事出纳工作应符合以下要求：

（一）熟悉相关的法律法规和制度

从事出纳工作，必须熟悉与会计工作相关的法律法规、条例和制度，明白该做什么、不该做什么，牢固树立心理上的防线，防止问题的发生。

（二）具备良好的工作作风和职业操守

1.爱岗敬业，工作认真。和资金打交道，稍有不慎就会造成意想不到的损失，因此必须养成严谨细致的工作作风，工作流程科学得当，数字计算准确无误，收支手续完备有序，最大限度地防止差错发生。

2.清正廉洁，拒绝诱惑。出纳人员始终要有清正廉洁的品质，拒腐蚀，永不沾。极少数出纳人员利用职务之便贪污、挪用公款，害人害己。

3.客观公正，做好服务。出纳人员在办理会计事务时，应当客观公正，树立服务意识，积极为改善内部管理和提高经济效益服务。

4.遵守制度，保守秘密。出纳人员应当保守本单位的商业秘密，不能私自向外界泄露本单位的会计信息。

（三）具备一定的专业知识和专业技能

出纳人员不但要具备基本的会计专业知识，还要掌握一定的出纳专业知识和出纳操作技能。出纳人员办理结算业务，现场开出票据或收付现金，要求快速、准确。这与事后的会计核算有着很大区别，会计账目错了，可以按规定的方法更改，但如果结算发生差错，造成的后果则可能很严重。

（四）具有敏感的安全意识

出纳人员要懂得一定的安保知识，增强安全意识。从办公场所到门、屉、柜的锁具配置，再到保险柜密码的管理，都要符合安保要求。

（五）具备良好的交流沟通能力

出纳工作在业务第一线，也是窗口岗位，具备良好的交流沟通能力有利于工作的顺利开展。

> **遵纪守法，廉洁奉公，才能行稳致远**
>
> 会计人员，尤其是出纳人员，经常与货币资金打交道，只有严格要求自己，才能做到"常在河边走，就是不湿鞋"，遵纪守法摆在前，职业操守记心间。

▶ **案例思考** ◀

回首来时路，归来依然是少年

——一名高级会计师的求学、从业和考证感悟

1.误打误撞的会计求学路

我猜这世界上80%会计专业的女同学们当年高考报专业时，一定是听了长辈们那句"女孩子嘛，学个会计以后好找工作"的话，便从此走上了"一入会计之门深似海"的"不归路"，而我，就是这80%当中的一个。作为一名偏科极其严重的文科生，当年在高考时因为数学成绩太差，于是听从家里人的建议，在填报志愿的时候，把财经类学校从强到弱，填了个遍。最终，还算幸运，挤进了江西财经大学的注册会计师专业。

当时的我，对注会是什么完全没有概念。作为一个土生土长的西北娃，在江财，从老师们"有借必有贷，借贷必相等"的口诀开始，由最初的不知所云，慢慢地摸索到了其中奥秘，也终于明白了"注册会计师专业并不等于注册会计师"这个事实。也是从那时开始，知道学了会计，就走上了一条考证和学习的"革命"道路。

本科毕业的求职季，确实印证了当年长辈们的那句话，班上的大多数同学都比较轻松地找到了心仪的工作，而我当时比较坚定地要走考研这条路。也是恰好赶上了专业硕士这趟刚刚开启的列车，最终如愿考上了西南财经大学的会计硕士，继续在会计专业学习的这条路上向着更远的地方出发。

相比本科阶段更加细致、专项的学习，研究生阶段明显感到老师的重点在于培养我们

的思维能力，而不是讲授作为一个会计人员必须掌握的基础业务知识。短短两年的研究生学习，让我对于会计的认识又上了一个层次。本科的时候，觉得自己可能最后真的会在借贷平衡的记账中，重复着小会计的工作，但是当研究生毕业的时候，自己又觉得会计不能仅仅是记账的账房先生了，而应该成为一名为管理者和决策者建言献策的管理工作者。在这样的期许和懵懂中，我走上了自己的职业会计道路。

2. 稳扎稳打的会计从业路

研究生毕业后，放弃了留在大城市的机会，决定回家支援大西北，来到了现在的单位，而这一干，就是9年。回顾9年的工作历程，恰恰就是一个标准的会计人员的从业道路。初入单位，虽然是一名研究生，但是仍然被分配到最基础的出纳工作岗位。对于出纳的知识，实际仅存在于本科阶段会计的入门学习。我在一遍一遍数着手中从一元到一百元的人民币中，体会了"出纳"二字的不易。至今我还记得在闷热的办公室，刚入职三天就完全接手整个单位出纳工作时手忙脚乱的样子。不过现在让我回想，最珍贵的正是这3年的出纳生涯。在我看来，要做一个好会计，一定要有做过出纳的经历。虽然出纳可能不会涉及很深的会计理论和知识，但是出纳却是最锻炼和体现一个财务人员条理性和严谨性的岗位。会计记错了账还可以改，但是钱数错了很可能就找不回来了。从最初的慌乱，到渐入佳境，虽然每次都会陷入现金盘点和对账的恐慌中，但是有惊无险，最终还是在出纳这个岗位上交出了一份合格的答卷，为自己的会计生涯奠定了良好的基础。

从出纳岗位离开，我真正成了一名会计，开启了自己的记账之路。因为所在的单位是事业单位，当记账时才发现，好像自己之前学过的东西在这里用不太上，而单位使用的会计科目，诸如"零余额账户用款额度"自己甚至都没听过。和做出纳一样，我这个科班出身的财务人员，又一次在慌乱中边学边做，边做边学，慢慢地掌握了科目含义和记账规则，逐步走上正轨。

现在自己的岗位是审核会计，从记账工作转换成了每天在各种票据中把握业务是否合规、合理。肩上的担子也越来越重，我的职责从不做假账的会计，变成了不能让人报假账的会计。而这段工作经历，使我开始逐步实现了毕业时对于会计这份职业的设想：一个好的会计并不是仅仅记好账，而是要成为管理工作者，要为所在单位的财务管理、经济业务管理发挥出自己应有的作用。现在的工作，需要我及时与科研人员沟通，将各种意见汇总传达，最终转换成对单位管理制度、流程的优化，让我在会计这个岗位上有了更多的价值感和满足感。

3. 有苦有甜的会计考证路

提到会计，就不得不提到考证。作为一名会计人，因为自己的懒散，拖拖拉拉这么多年，考过3门又作废3门，让注会现如今仍然是自己的梦想。虽然惭愧，但是高级会计师的考试经历，却让我有信心说一句，会计考证这件事，一定是你付出多少，就会回报多少。

复习高会考试那年，自己刚刚休完产假回归职场，每天回到家里，还有一名嗷嗷待哺的人类幼崽在等我。为了杜绝自己的懒散，虽然听说高会的考试难度低于注会，但还是报了一个学习班，以此督促自己学习。那段时间，每晚都是10点以后才开始自己的学习。听网课，做习题，有时候网课听着听着睡着了，一觉醒来接着再听。大多数时候，睡眠时长都是断断续续的两三个小时。可是即便如此，也许是因为有了精神动力，第二天上班一点不犯困。就这样坚持了几个月，到了考试前，虽说自己有把握能通过，但确实没想到自己能取得甘肃省第二名的成绩。当同事把职称考试"金银榜"的页面发给我时，自己都不敢相信。这段会计考证路上最辛苦、最坚持的时光，不仅为我的会计之路留下了宝贵的财富，更是让我相信，只要肯坚持，肯付出，就一定会有收获。

今年，我已经通过高会评审，取得高级会计师职称证书的我，准备重启我的注会考试之路，希望自己能继续保持这种动力，让注会不再是我的专业，而真正成为我的职业。

说了这么多，其实也许和每一个会计人的经历都有着某种相似，而这，恰恰体现了会计这个职业的特点和美好。会计不苦吗？答案当然是苦。基层单位的财务人员都是日复一日地在整理票据、账表中度过，拿着并不高的薪水，操着单位全部家当的心。但是会计就没有一点甜吗？答案也是肯定的，有多少其他行业的人在羡慕我们，有一份专业在手。虽说考证苦，考证难，但是当你坚持下来，一路通关打怪取得各种会计证书的时候，你所得到的财富就已经远远超过证书本身所能给予你的。就像去年参加财政部会计资格评价中心举办的优秀考生座谈交流活动中我所学到和感悟到的，虽然终有一天，让我们烦闷的会计基础工作会被财务机器人所替代，但是会计的精神、会计的理念却永远不会被取代。

只要我们永远保持一颗学习的心，保持着作为会计人的这份严谨、认真和坚持，紧紧跟随着经济发展的脚步，不断地提升自我，我们总会找到属于自己的那一份会计归属感。希望我们每一个会计人都能"回首不忘来时路，归来仍然是少年"。

资料来源 付黎莉. 回首不忘来时路，归来仍然是少年［EB/OL］.［2022-01-15］. http://kzp.mof.gov.cn/content.jsp?infoid=1802&class_id=01_10_01_01.（作者简介：付黎莉，高级会计师（2019年度高级会计资格考试甘肃省"银榜"），中国科学院兰州化学物理研究所业务主管）

案例启示：

这是一名普通的高级会计师的求学、从业和考证的感悟。作者朴实无华地讲述了一名会计人员学习和工作的成长之路，以及作为会计人的勤奋、严谨、认真和坚持。作为一名在校学生，我们需要知道的是，在现实中，有很多单位的财务负责人都是从出纳岗位干起来的。出纳岗位工作繁杂琐碎，工作需要耐心、细致、周到，当不好出纳，就不可能成为一名合格的会计人员。出纳处于会计工作第一线，处于会计监督第一线，要懂法律法规和制度，还要学会怎样与他人进行交流和沟通，更要掌握出纳岗位知识和技能。

《诫子书》——诸葛亮

夫君子之行，静以修身，俭以养德。非淡泊无以明志，非宁静无以致远。夫学须静也，才须学也，非学无以广才，非志无以成学。淫慢则不能励精，险躁则不能治性。年与时驰，意与日去，遂成枯落，多不接世，悲守穷庐，将复何及！

➤同步练习1

【练习1-1】（思考题）你是怎么认识出纳工作的？

【练习1-2】（简答题）谈一谈建立出纳会计内部控制制度的重要性。

【练习1-3】（简答题）你认为如何才能做一名合格的出纳会计？

同步练习1

学习项目二　出纳工作常识和通用技能

学习目标

➤ 熟知会计文字、金额大小写以及大写日期的书写规范

➤ 掌握点钞的基本方法

➤ 熟悉人民币防伪特征及识别假钞方法

➤ 能够按照要求使用保险柜

➤ 能够规范地使用支付密码器

➤ 明确空白银行票证和有价证券的保管要求

➤ 能够规范地使用网银U盾

➤ 明确印章使用和管理的要求

➤ 了解出纳工作相关制度

内容结构

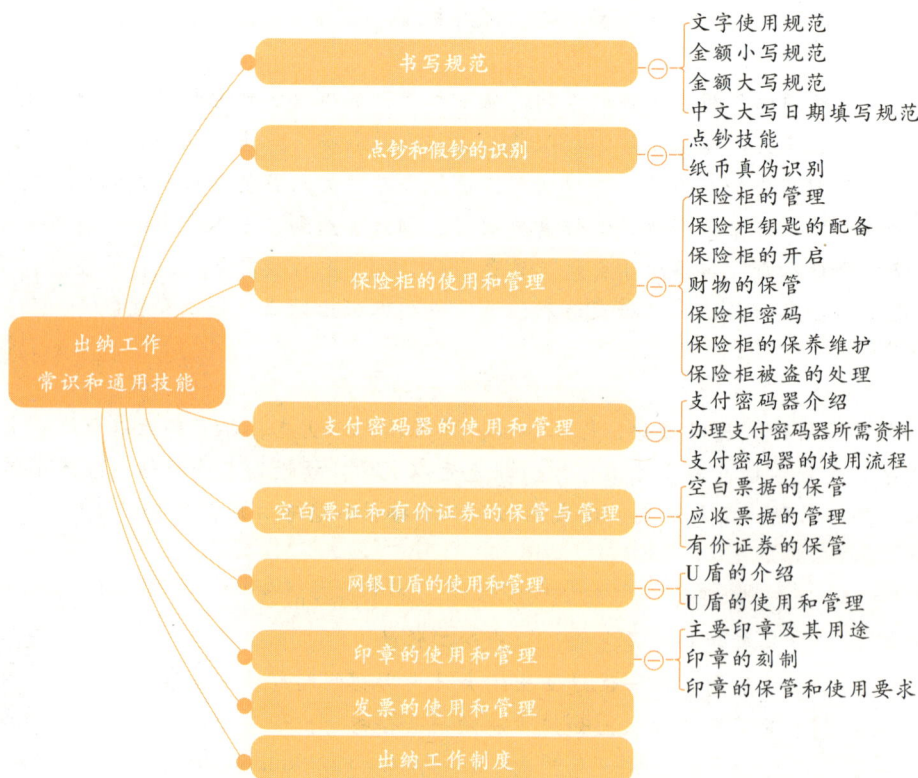

引　言

　　掌握书写规范、点钞、保险柜的使用，支付密码器的使用和管理，空白票证和有价证券的保管，网银U盾的使用和管理，印章的使用和管理，发票的领购、开具、使用和保管等，熟悉从事出纳工作需要遵守的制度，是做好出纳工作的基础。

> **于细微处见真功**
>
> 　　出纳工作细碎烦琐，责任重大，出纳工作的好坏直接影响单位会计管理水平，出纳人员需要具备高度责任感、扎实的专业基础知识和娴熟的专业技能，才能保障货币资金的安全，避免不必要的经济损失，为提高经济效益和资金使用效率发挥作用。

学习任务2.1　　　　　　　书写规范

　　出纳人员应当会书写标准的文字和数字。

一、文字使用规范

人民币简写符号"¥"的由来

　　会计记录的文字应当使用汉字，民族区域自治地区的单位可以同时使用当地通用的民族文字，外商投资企业可以同时使用某种外国文字。两种文字应当分上、下书写在同一行内，中文书写在下方。境外所属单位可以使用所在国家或地区规定的文字进行会计记录，也可以同时使用中文记录，但向国内编报的财务会计报告应当使用中文反映。汉字书写必须以国家公布的汉字为标准，不得自造简化字和随意杜撰文字，填写内容应工整清晰、易于辨认。

二、金额小写规范

　　小写金额数字应使用阿拉伯数字，具体书写要求见表2-1。

表2-1　　　　　　　　　　小写金额数字的书写要求

清晰	从左到右，一个一个地写，不得连笔
倾斜	略向右倾斜，倾斜度应当一致
留空	占本行空距的下1/2或者2/3，为更正错误留有余地
币种符号	数字前面书写币种符号，符号与数字之间不留空白 人民币符号为¥，外币符号按国际惯例
角分书写	以元为单位的，填写到角分 无角分的，印有位数的，角分位可写00 无角分的，未印有位数的可用符号"—"代替 有角无分的，分位写0，不得用符号"—"代替
不同数字书写	5字的短横与秤钩必须明显，不得拖泥带水，以防与8混淆 6字注意上出头，使其不易改作4和8 7和9注意下出头超过底线，出头长度约为字体高度的1/4 0字不要写小了，高宽与其他数字相同，并要闭合 6、8、9、0的圆圈不留缺口
书写	*1234567890*

三、金额大写规范

金额大写规范要求见表2-2。

表2-2　　　　　　　　　　　　　　　**金额大写规范要求**

大写数字	零，壹，贰，叁，肆，伍，陆，柒，捌，玖，拾，佰，仟，万，亿，元，角，分
到元或者角为止	在元或者角之后应当写"整"字
有分的数字	分后面不写"整"字
未印有货币名称	加填货币名称，名称与金额数字之间不留空白 例如：人民币伍佰元整
元位是0	大写不写零 例如：190的大写为壹佰玖拾元整
中间连续有几个0	大写只写一个零 例如：1 002的大写为壹仟零贰元整
元位是0，角位不是0	大写可以只写一个零，也可以不写零 例如：1 200.36的大写为壹仟贰佰元零叁角陆分，或者为壹仟贰佰元叁角陆分
金额数字为11~19	大写为：壹拾壹~壹拾玖

四、中文大写日期填写规范

为防止变造票据的出票日期，票据的出票日期必须使用中文大写，填写年月日的规范要求见表2-3。

表2-3　　　　　　　　　　　**中文大写日期填写规范要求**

情形	月份	日期
前面加零	1，2，10	1，2，3，4，5，6，7，8，9，10，20，30
前面加壹	—	11，12，13，14，15，16，17，18，19

【例2-1】2024年2月19日，大写为：贰零贰肆年零贰月壹拾玖日。

【例2-2】2024年10月20日，大写为：贰零贰肆年零壹拾月零贰拾日。

票据出票日期使用小写填写的，银行不予受理。大写日期未按要求规范填写的，银行可予受理，但由此造成的损失由出票人自行承担。

➤ **同步练习2.1** ◀

【练习2-1-1】数码字练习。

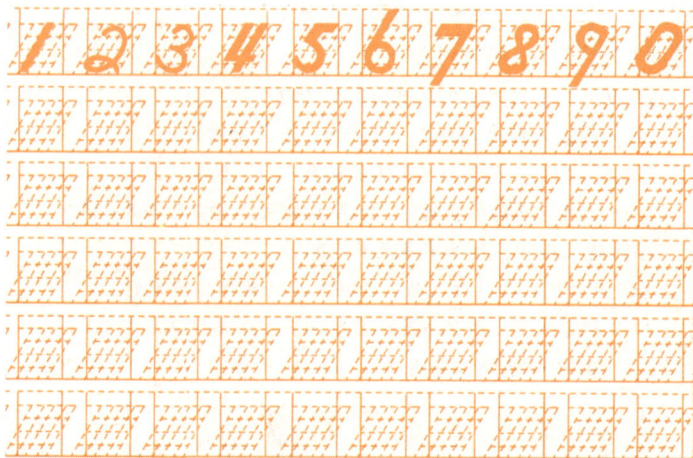

【练习 2-1-2】金额大写练习。

零	壹	贰	叁	肆	伍	陆	柒	捌	玖
拾	佰	仟	万	亿	元	角	分	整	

【练习 2-1-3】金额大小写练习。

小写金额栏								大写金额
无数位分割线	有数位分割线							
	万	千	百	十	元	角	分	
¥66.06								
¥666.06								
¥6 666.06								

【练习 2-1-4】（单选题）填写原始凭证时，不符合书写要求的是（　　）。

A.阿拉伯数字前面应当写货币符号

B.大写金额有分的，分字后面可以写"整"字，也可以不写"整"字

C.大写金额不得写简化字

D.金额与币种符号之间不得留有空白

练习 2-1-3

【练习 2-1-5】（单选题）在原始凭证上金额¥9 618.63的大写应书写为（　　）。

A.人民币玖仟陆佰拾捌元陆角叁分

B.人民币玖仟陆佰壹拾捌元陆角叁分整

C.人民币玖仟陆佰壹拾捌元陆角叁分

D.人民币玖仟陆佰壹拾捌点陆角叁分

【练习2-1-6】（单选题）填写现金支票的出票日期时，10月30日应填写成（　　）。

A.拾月叁拾日　　　　　　　　　B.零拾月零叁拾日

C.壹拾月叁拾日　　　　　　　　D.零壹拾月零叁拾日

【练习2-1-7】（单选题）填制原始凭证时应做到大小写数字符合规范，填写正确。如大写金额人民币壹仟零壹元伍角整，其小写应为（　　）。

A.1 001.50　　　　　B.¥1 001.50　　　　　C.¥1 001.50元　　　　D.¥1 001.5

【练习2-1-8】（多选题）在签发支票时，7 100.67的大写金额应该是（　　）。

A.柒仟壹佰元陆角柒分　　　　　　　B.柒仟壹佰元零陆角柒分正

C.柒仟壹佰元零陆角柒分　　　　　　D.柒仟壹佰零零元陆角柒分

【练习2-1-9】（多选题）下列各项中，符合票据和结算凭证填写要求的是（　　）。

A.中文大写金额数字到角为止的，在角之后写"整"字

B.票据的出票日期使用阿拉伯数字填写

C.阿拉伯小写金额数字前填写人民币符号

D.2月12日出票的票据，日期填写为零贰月壹拾贰日

练习2-1-4至
练习2-1-10

【练习2-1-10】（判断题）凡填写大小写的凭证，金额必须一致，若不一致则按大写金额确定。（　　）

学习任务2.2　　　　　　　点钞和假钞的识别

一、点钞技能

（一）点钞程序

点钞程序为：

1.审查。

审查现金收、付款凭证及其所附原始凭证，是否填写完整、准确，内容是否一致。

2.点数。

先点大额票面金额，再点小额票面金额；先点成捆成把的，再点零数。

3.拆捆点数。

逐捆、逐把、逐卷点数，拆捆、拆把、拆卷时暂时保存原有封签、封条和封纸，点数无误后扔掉。

4.办理具体的现金收存业务。

（二）手工点钞

手工点钞的常用方法，如图2-1所示。

1.手按式单指单张点钞。

将钞票横放桌子上，正对着自己，用左手四指、五指按住钞票的左上角，用右手拇指托起右下角的部分钞票；用右手二指捻动钞票，每捻起1张，左手拇指随即往上推送到二、三指之间夹住，依次连续操作。

2.手按式多指多张点钞。

将钞票平放在桌子上，两肘自然放在桌面上，以钞票左端为顶点，与身体成45度角，

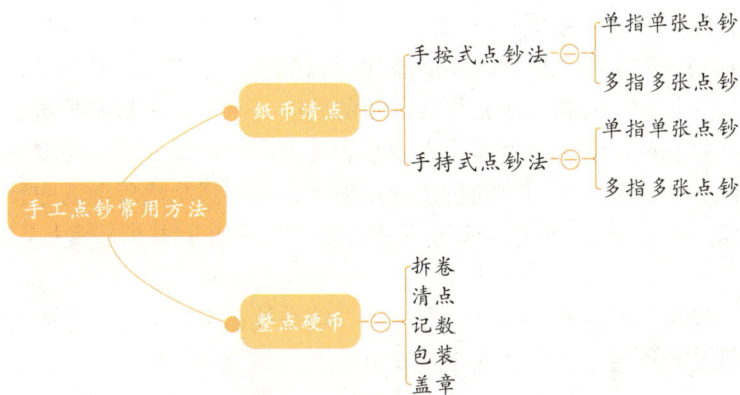

图 2-1　手工点钞方法

左手小指、四指按住钞票的左上角，右手掌心向下，拇指放在钞票里侧，挡住钞票；二指、中指、四指、五指指尖依次由钞票右侧外角向里向下逐张拨点，一指拨点一张，一次点四张为一组，依次循环拨动；每点完一组，左手拇指将点完的钞票向上掀起，用二指与中指将钞票夹住，如此循环往复；采用分组记数法，每一组记一个数，数到25组为100张。

3.手持式单指单张点钞。

左手持票用左手拇指按住钞票正面的左端中央，食指和中指放在钞票背面，与拇指一起捏住钞票，无名指自然卷曲，担起钞票后小拇指伸向钞票正面压住钞票左下方，中指稍用力，与四指、五指卡紧钞票，食指伸直，拇指向上移动，按住钞票的侧面将钞票压成瓦形（左手手心向下），然后左手将钞票往桌上擦过，将钞票翻转，拇指借从桌面擦过的力量将钞票撑成微开的扇面并斜对自己，右手三个指头沾水，用右手拇指指尖向下捻动钞票右下角（幅度不宜过大），右手食指在钞票背后配合拇指捻动，用无名指将捻起的钞票往怀里弹，边数边记数。

视频：手持式单指单张点钞法

4.手持式多指多张点钞。

钞票横放于台面，左手心向下，中指自然弯曲，指背贴在钞票中间偏左的内侧，二指、四指和小拇指在钞票外侧，中指向外用力，外侧的指头向内用力，使得钞票两端向内弯成为U形；拇指于钞票右侧外角向内按压，使右侧展

视频：点钞

作斜扇面形状，左手腕向外翻转，食指成直角抵住钞票外侧，拇指按在钞票上端斜扇面上；右手拇指轻轻托在钞票右里角扇面的下端，其余四指并拢弯曲，指尖成斜直线；点数时小指、四指、中指和二指指尖依次捻钞票右上角与拇指摩擦后拨票，一指清点一张，一次点四张为一组；左手随着右手清点逐渐向上移动，二指稍加力向前推动以适应待清点钞票的厚度；采用分组记数法，每一组记一个数，数到25组为100张。

5.手工整点硬币。

（1）拆卷：将待拆卷的硬币放在新的包装纸上，右手持硬币卷的1/3处放在新的包装纸中间；左手撕开硬币包装纸的一头，然后用右手从左端到右端压开包装纸；包装纸压开后用左手食指平压硬币，右手抽出已压开的包装纸。

（2）清点：从右向左分组清点；清点时，用右手拇指和食指将硬币分组清点；每次清点的枚数因个人技术熟练程度而定，可一次清点5枚或10枚或更多。

（3）记数：采用分组记数法，一组为一次；如一次清点10枚，则10次即为100枚。

（4）包装：清点完毕即可包装；硬币每100枚包1卷；包装时，用双手的无名指分别顶住硬币的两头，用拇指、食指、中指捏住硬币的两端，再用双手拇指把里半边的包装纸向外掀起并用食指掖在硬币底部，然后用右手掌心用力向外推卷，随后用双手的拇指、食指和中指分别把两头包装纸向中间方向折压紧贴硬币，再用拇指将后面的包装纸往前压，食指将前面的包装纸往后压，使包装纸与硬币贴紧，最后再用拇指、食指向前推币，包装完毕。

（5）盖章：硬币包装完毕，按上下方向整齐地平放在桌面上，卷缝的方向一致；右手拿名章，左手推动硬币卷，名章依次盖在硬币卷上。

（三）机器点钞

相对于人工点钞，机器点钞具有快捷、方便的特点。点钞机如图2-2所示；点币机如图2-3所示。

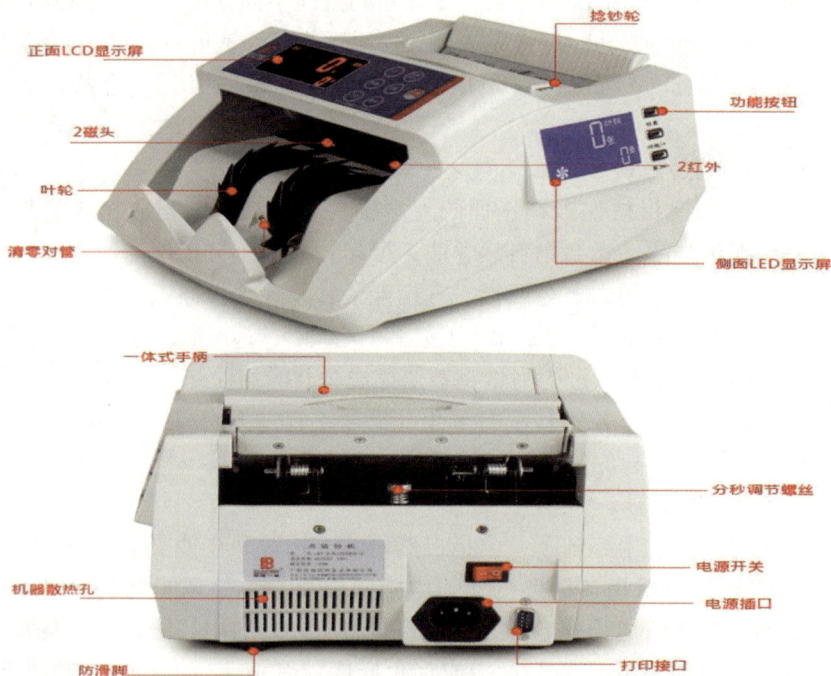

图2-2 点钞机

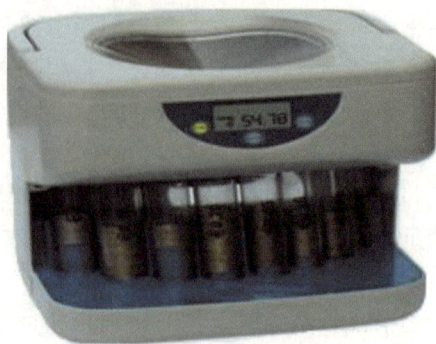

图2-3 点币机

二、纸币真伪识别

（一）识别人民币的基本方法

人工识别人民币纸币真伪，一般采用"一看、二摸、三听、四测"的方法。

下面，以第五套人民币纸币为例进行介绍，详见表2-4。

表2-4　　　　　　　　　　　　识别真假人民币的基本方法

一看	1.看水印：第五套人民币各券别纸币的固定水印位于各券别纸币票面正面左侧的空白处，迎光透视，可以看到立体感很强的水印 2.看安全线：第五套人民币纸币在各券别票面正面中间偏左，均有安全线 3.看光变油墨 4.看票面图案是否清晰，色彩是否鲜艳，对接图案是否可以对接上 5.用5倍以上放大镜观察票面，看隐形面额数字、缩微文字是否清晰、干净
二摸	1.摸人像、盲文点、"中国人民银行"行名等处是否有凹凸感 2.摸纸币是否薄厚适中、挺括度好
三听	通过抖动钞票使其发出声响，根据声音来分辨人民币真伪。人民币的纸张，具有挺括、耐折、不易撕裂的特点。手持钞票用力抖动、手指轻弹或两手一张一弛轻轻对称拉动，能听到清脆响亮的声音
四测	人民币纸币的尺寸十分严格，精确到以毫米计。另外可以借助一些简单的工具和专用的仪器来分辨人民币真伪。如借助放大镜可以观察票面线条清晰度及胶、凹印缩微文字等；用紫外灯光照射票面，可以观察钞票纸张和油墨的荧光反映；用磁性检测仪可以检测黑色横号码的磁性

第五套人民币（100元）识别方法的示意图如图2-4、图2-5所示。

图2-4　2005年版100元人民币

图2-5　2015年版100元人民币

其他面值的样币及防伪特征如图2-6至图2-13所示。

图2-6　2019年版第五套人民币50元样币

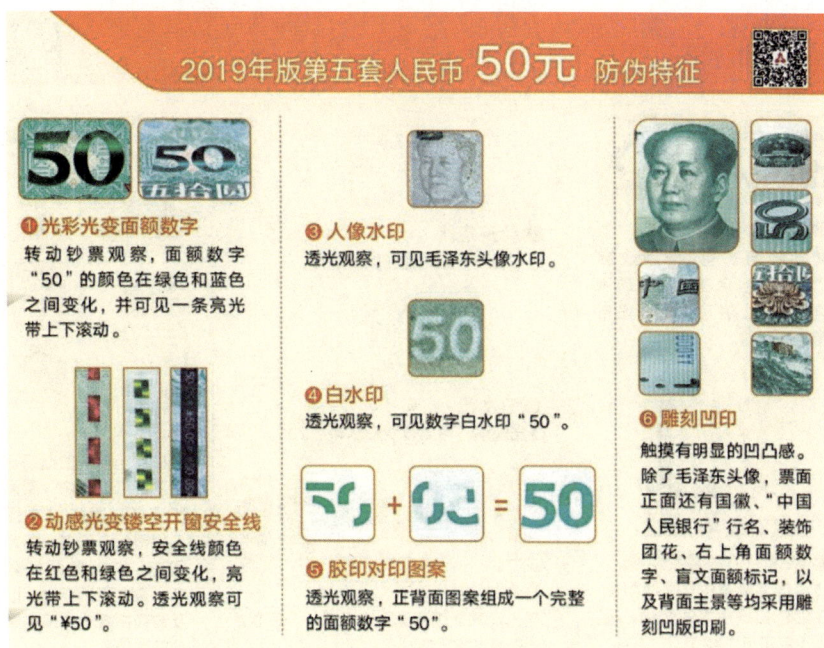

图2-7　2019年版第五套人民币50元防伪特征

图2-8　2019年版第五套人民币20元样币

图 2-9　2019 年版第五套人民币 20 元防伪特征

图 2-10　2019 年版第五套人民币 10 元样币

2019年版第五套人民币 10元 防伪特征

❶ 光彩光变面额数字

转动钞票观察，面额数字"10"的颜色在绿色和蓝色之间变化，并可见一条亮光带上下滚动。

❷ 光变镂空开窗安全线

转动钞票观察，安全线颜色在红色和绿色之间变化。透光观察可见"¥10"。

❸ 花卉水印

透光观察，可见月季花图案水印。

❹ 白水印

透光观察，可见数字白水印"10"。

❺ 胶印对印图案

透光观察，正背面图案组成一个完整的面额数字"10"。

❻ 雕刻凹印

触摸有明显的凹凸感。除了毛泽东头像，票面正面还有国徽、"中国人民银行"行名、装饰团花、右上角面额数字、盲文面额标记，以及背面主景等均采用雕刻凹版印刷。

图2-11 2019年版第五套人民币10元防伪特征

2019年版第五套人民币 1元 防伪特征

❶ 花卉水印

透光观察，可见兰花图案水印。

❷ 白水印

透光观察，可见数字白水印"1"。

❸ 雕刻凹印

触摸有明显的凹凸感。除了毛泽东头像，票面正面还有国徽、"中国人民银行"行名、装饰团花、右上角面额数字、盲文面额标记等均采用雕刻凹版印刷。

图2-12 2019年版第五套人民币1元纸币防伪特征

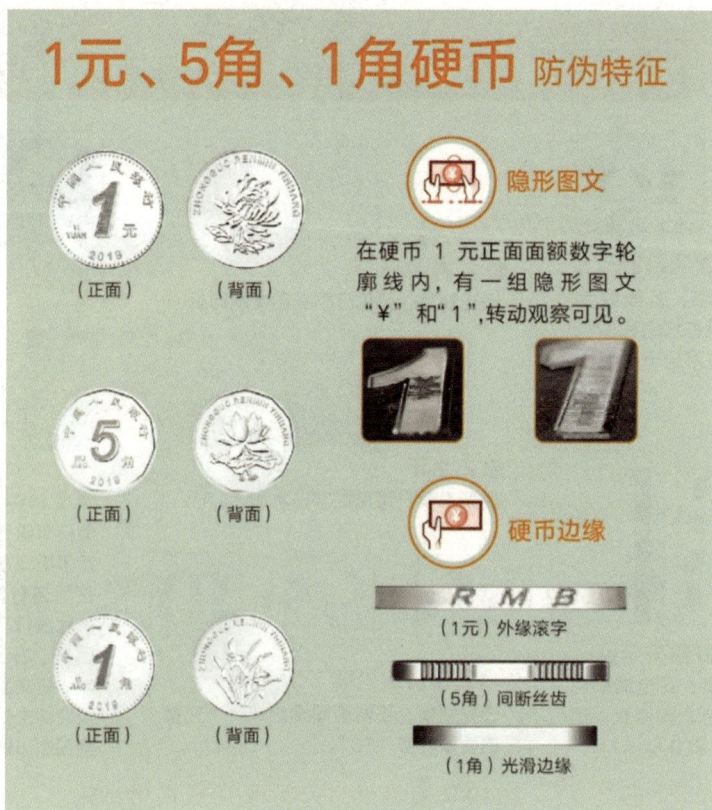

图2-13 2019年第五套人民币1元以及5角和1角硬币防伪特征

小贴士

真假币识别网络宣传地址：http://www.pbc.gov.cn/huobijinyinju/147948/
147974/147982/2813465/index.html

2015年版100元人民币的防伪说明见表2-5。

表2-5　　　　　　　　2015年版面值100元人民币防伪说明

防伪点	防伪说明
1	光变镂空开窗安全线：位于票面正面右侧。垂直票面观察，安全线呈品红色；与票面成一定角度观察，安全线呈绿色；透光观察，可见安全线中正反交替排列的镂空文字"¥100"
2	光彩光变数字：位于票面正面中部。垂直票面观察，数字"100"以金色为主；平视观察，数字以绿色为主。随着观察角度的改变，数字颜色在金色和绿色之间交替变化，并可见到一条亮光带上下滚动
3	人像水印：位于票面正面左侧空白处。透光观察可见毛泽东头像
4	胶印对印图案：票面正面左下方和背面右下方均有面额数字"100"的局部图案。透光观察，正背面图案组成一个完整的面额数字"100"
5	横竖双号码：票面正面左下方采用横号码，其冠字和前两位数字为暗红色，后六位数字为黑色；票面正面右侧竖号码为蓝色
6	白水印：位于票面正面横号码下方，透光观察，可以看到透光性很强的水印面额数字"100"
7	雕刻凹印：票面正面的毛泽东头像、国徽、"中国人民银行"行名、右上角面额数字、盲文及背面人民大会堂等均采用雕刻凹印印刷，用手指触摸，有明显的凹凸感

一般地，点钞机也都具有验钞功能。对于新版人民币纸币，新型验钞机具有对新版纸币验钞的功能。

（二）假人民币种类及假人民币处理方法

1.假人民币的种类。

假人民币包括伪造的人民币和变造的人民币两种。伪造的人民币是指参照人民币的图案、形状、色彩等，采用各种手段制作的假人民币，主要有：机制假币、拓印假币、彩色复印假币和手工描绘或手工刻版等印制的假币。变造的人民币是指在真币的基础上，通过挖补、揭层、涂改、拼凑、移位、重印等手段制作的假人民币，以达到以少变多的目的，主要有：拼凑变造币、揭页变造币。制造、贩运和有意使用假人民币是一种妨害国家货币流通的违法行为，对参与者要依法追究刑事责任。

2.发现假人民币的处理方法。

出纳人员在收付现金时发现假币，应立即送交附近的银行鉴别。发现可疑币不能断定其真假时，发现单位不得随意加盖假币戳记和没收，应向持币人说明情况，开具临时收据，连同可疑币，及时报送中国人民银行当地分支行鉴定。经中国人民银行鉴定，确属假币时，按发现假币后的处理方法处理；确定不是假币时，应及时将钞票退还持币人。

（三）残缺、污损人民币交换标准

1.残缺、污损人民币的定义。

残缺、污损人民币是指票面撕裂、损缺，或因自然磨损、侵蚀，外观、质地受损，颜色变化，图案不清晰，防伪特征受损，不宜再继续流通使用的人民币。

2.残缺、污损人民币兑换。

残缺、污损人民币的兑换分为"全额"和"半额"两种情况。

（1）能辨别面额，票面剩余3/4（含3/4）以上，其图案、文字能按原样连接的残缺、污损人民币，金融机构应向持有人按原面额全额兑换。

（2）能辨别面额，票面剩余1/2（含1/2）至3/4以下，其图案、文字能按原样连接的残缺、污损人民币，金融机构应向持有人按原面额的一半兑换。纸币呈正十字形缺少1/4的，按原面额的一半兑换。

3.不能兑换的残缺人民币。

（1）票面残损1/2以上。

（2）票面污损、熏焦、水浸、油浸、变色，不能辨别真假者。

（3）故意挖补、涂改、剪贴拼凑、揭去一面的。

出纳人员发现残缺、污损人民币后应当及时按上述规定到银行办理兑换。

➤➤➤同步练习2.2◀

【练习2-2-1】请在互联网上搜索并观看点钞视频。

【练习2-2-2】请在互联网上搜索并观看纸币真伪识别视频。

【练习2-2-3】（多选题）残缺人民币属于下列情况之一者，可全额兑换（　　）。

A.票面残缺部分不超过1/5，其余部分的图案、文字能照原样连接者

B.票面污损、熏焦、水浸、油浸、变色，但能辨别真假，票面完整或残缺不超过1/5，票面其余部分的图案、文字能照原样连接者

C.票面污损、熏焦、水浸、变色，不能辨别真假者

D.票面残缺 1/5 以上至 1/2，其余部分的图案、文字能照原样连接者

【练习 2-2-4】（判断题）手按式点钞法分为手按式单指单张点钞法和手按式多指多张点钞法。（　　）

练习 2-2-2 至
练习 2-2-3

学习任务 2.3　　　　　　　保险柜的使用和管理

一、保险柜的管理

保险柜一般由会计机构负责人授权，由出纳人员负责管理使用。

二、保险柜钥匙的配备

保险柜要配备两把钥匙，一把由出纳员保管，供出纳员日常工作开启使用；另一把交由保卫部门封存（出纳员签字），或由单位总会计师或会计机构负责人保管（出纳员签字封存），以备特殊情况下经有关领导批准后开启使用。出纳员不能将保险柜钥匙交由他人代为保管。

三、保险柜的开启

保险柜只能由出纳员开启使用，非出纳员不得开启保险柜。如果单位总会计师或会计机构负责人需要对出纳员的工作进行检查，如检查库存现金限额、核对实际库存现金数额，或者有其他特殊情况需要开启保险柜的，应按规定的启封程序由总会计师或会计机构负责人开启，在一般情况下不得任意开启由出纳员掌管使用的保险柜。

四、财物的保管

每日终了后，出纳员应将其使用的空白支票、收据、印章等放入保险柜内。保险柜内存放的现金应登记库存现金日记账，其他有价证券、存折、票据等应按种类造册登记，贵重物品应按种类设置备查簿进行登记，所有财物应与账簿记录核对相符。按规定，保险柜内不得存放私人财物。

五、保险柜密码

出纳员应将自己保管使用的保险柜密码严格保密，不得向他人泄露，以防被他人盗用。出纳员调动岗位，新出纳员应更换使用新的密码。

六、保险柜的保养维护

保险柜应放置在隐蔽、干燥之处，注意通风、防潮、防虫和防鼠；保险柜外要经常擦干净，保险柜内财物应保持整洁卫生、存放整齐。一旦保险柜发生故障，应到公安机关指定的维修点进行修理，以防泄密或失窃。

七、保险柜被盗的处理

出纳员发现保险柜被盗后应保护好现场，迅速报告公安机关，待公安机关勘查现场时才能清理财物，了解被盗情况。节假日满两天以上或出纳员离开两天以上没有派人代其工作的，应在保险柜锁孔处贴上封条，出纳员到位工作时揭封。如发现封条被撕掉或锁孔处被弄坏，也应迅速向公安机关或保卫部门报告，以便公安机关或保卫部门及时查明情况，防止不法分子进一步作案。

保险柜实物形状如图 2-14 所示。

图2-14 保险柜图片

➤ 同步练习2.3 ◄

【练习2-3-1】（多选题）保险柜监管方法正确的有（　　）。

A.发现被盗，应保护好现场，迅速报告公安机关或保卫部门

B.节假日满两天以上没有派人代替出纳员工作的，应在保险柜锁孔处贴上封条

C.出纳员离开两天以上没有派人代其工作的，应在保险柜锁孔处贴上封条

D.发现保险柜封条被撕掉或锁孔处被弄坏，应想办法尽快打开，以查清财物损失情况

【练习2-3-2】（判断题）每日终了后，出纳员应将其使用的空白支票、收据、印章、私人财物等放入保险柜内。（　　）

学习任务2.4　　支付密码器的使用和管理

一、支付密码器简介

支付密码是根据票据号码、签发金额、账号、出票日期等信息计算出的一组16位密码，填写在票据上，与预留印鉴相结合作为付款依据。支付密码根据票据的每一个要素使用高强度加密算法计算而来，具有极高的安全性。按照中国人民银行总行的要求，电子支付密码主要应用在支票、汇兑凭证、银行汇票申请书、银行本票申请书和其他票据上。

支付密码的功能主要通过支付密码器实现。支付密码器是一种机具，用于运算产生支付密码，其安全性是由专门机构保证的。

二、办理支付密码器所需资料

1.银行预留印鉴。

2.经办人身份证原件及复印件。

3.法定代表人身份证原件及复印件。

4.办理业务授权书及申请。

办理前应咨询发放支付密码器的银行机构，遵循其具体规定。

三、支付密码器的使用流程

单位财务人员根据账号、票据类型、出票日期、票据号码和签发金额等要素，使用支

付密码器算出此张票据的支付密码，填写在凭证上。

支付密码器的操作使用步骤如下：

第一步，选择操作人员（如图 2-15 所示）。每一步操作完成后按"确认"按钮，进入下一步操作；若要返回上一屏修改，按"清除"按钮。

第二步，输入签发人口令（如图 2-16 所示）。

第三步，选择"签发凭证"功能（如图 2-17 所示）。

第四步，选择签发人账号（如图 2-18 所示）。

一台支付密码器最多可以注册在不同银行开设的 20 个银行账号。

第五步，选择业务种类（如图 2-19 所示）。

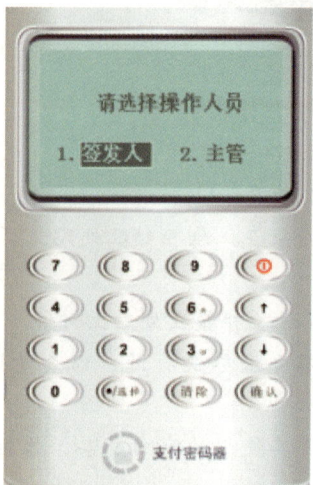

图 2-15　选择操作人员

图 2-16　输入签发人口令

图 2-17　选择功能

图 2-18　选择签发人账号

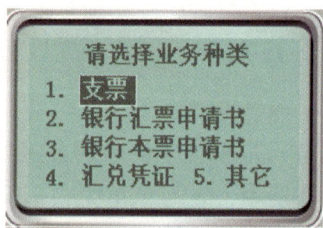

图 2-19　选择业务种类

➢ 支票：签发转账支票、现金支票时使用；

➢ 银行汇票申请书：签发银行汇票申请书时使用；

➢ 银行本票申请书：签发银行本票申请书时使用；

➢ 汇兑凭证：签发电汇、信汇凭证时使用；

➢ 其他：签发结算业务申请书时使用。

第六步，输入凭证数据（如图 2-20 所示）。输入日期必须与凭证日期填写一致；凭证号码为凭证右上角的数字，超过 8 位的，取后 8 位，电汇、信汇凭证号码不足 8 位的，在前面补 0；输入金额与凭证金额一致。

第七步，复核信息是否正确（如图 2-21 所示）。

复核账号、票据种类、出票日期、票据号码和签发金额等 5 项要素与凭证所填是否一致，如果核实无误，按"确认"按钮。按"清除"按钮则返回上一屏进行修改。

第八步，最后将生成的16位密码填写在票据上（如图2-22所示）。

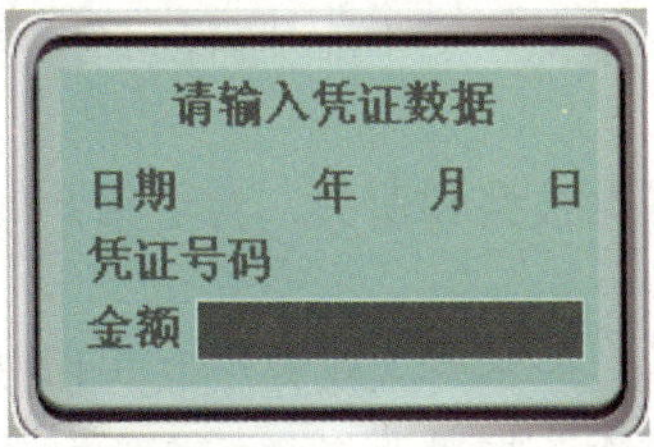

图2-20 输入凭证数据    图2-21 复核信息 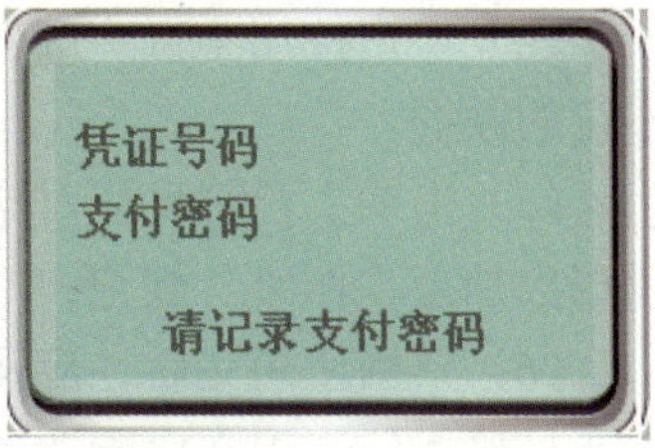   图2-22 填写密码

单位人员持填有支付密码的票据到银行兑付时，银行柜员会将支付密码提交到支付密码核验系统。如果核验正确，则自动提交到会计系统进行结算；如果核验错误，则等同为与印鉴不符，办理退票。

填有支付密码的支付凭证仍然要加盖预留银行印鉴，支付密码与预留银行印鉴结合使用，能有效提高支付凭证的安全性。

四、支付密码器的管理

为了防范伪造印章等各类票据诈骗行为，保障资金结算安全，可以通过支付密码进一步保障资金安全。鉴于支付密码器的重要性，支付密码器仅限于本单位指定人员保管和使用，不得转让、出租、出借，也不得与其他单位合用。

风险提示：支付密码器严格管理的重要性

加强支付密码器管理，应该注意的事项是什么？

➤同步练习2.4◄

【练习2-4-1】（判断题）一台支付密码器可以注册多家银行账号。（　　　）

【练习2-4-2】（判断题）支付密码填写在票据上，与预留银行印鉴结合使用作为付款依据，填有支付密码的支付凭证仍然要加盖预留银行印鉴。（　　　）

同步练习2.4

学习任务2.5　　空白票证和有价证券的保管与管理

一、空白票据的保管

1.保管的要点

空白票据主要包括空白支票和空白收据。支票是一种支付凭证，一旦填写了有关内容，并加盖预留银行的印鉴后，即可成为直接从银行提取现金或与其他单位进行结算的凭据；收据是办理收款业务的证明，一旦填制并加盖有关印鉴，即可成为办理转账结算和现金收入的一种书面证明。

单位应建立对票据的购买、保管、领用、背书转让、注销等环节的管理制度，明确有关人员的职责权限和程序，具体包括：

（1）由专人管理空白票据，并贯彻"空白票据与相关印鉴分别保管"的原则，防止发生舞弊行为。

（2）票据的保管和使用人员不得将空白票据带出工作单位使用，不得转借、赠送或买卖。

（3）票据领用时应进行核查，并设立登记簿进行记录，填写领用日期、领用部门、票据号码等，经由领用人签字。

（4）票据使用不得弄虚作假，不得开具实物与票面不符的收据，更不能开具与存根联不符的收据。

（5）出纳人员每日应对票据的使用情况进行核对，防止票据被盗和遗失，对于错开的票据应加盖"作废"戳记，并与存根一同保存。

（6）票据使用完后，应及时办理注销手续。对于空白支票，应核对入账存根联与作废支票号码，保证无空白支票的遗失和误用；对于空白收据，应逐一核对存根联和作废联的号码，保证没有缺号。

2.支票领用登记

支票领用应当办理领用审批和登记手续。

支票领用单见表2-6；支票领用登记簿见表2-7。

表2-6　　　　　　　　　　　　支票领用单

领用部门	领用人	领用日期	用途	对方单位	金额
供应科	刘强	2024年5月9日	购买材料	新华工厂	16 000.00

批准人：华明

表2-7　　　　　　　　　　　　支票领用登记簿

签发日期			支票号码	收款单位	用途	金额	领用人	报销日期	
年	月	日						月	日
2024	5	9	24411020422500123321	新华工厂	购材料	16 000.00	刘强	5	14

二、应收票据的管理

应收票据是企业资产的一部分。为了加强对应收票据的管理，出纳人员签收应收票据后应当及时登记并进行后续管理。应收票据登记簿见表2-8。

表2-8　　　　　　　　　　　　应收票据登记簿

＿＿＿＿＿年

购货单位	合同号码	商业汇票记录					产品发出记录					收款、贴现、转让记录					
		票据种类	签发日期	汇票号码	承兑日期	金额	发货日期	发票号码	产品名称	数量	金额	已收款		已贴现		已转让	
												日期	金额	日期	金额	日期	被背书单位	金额
备注																	

三、有价证券的保管

有价证券是一种具有储蓄性质的、可以最终兑换成人民币的票据。有价证券是企业资产的一部分，种类较多，包括国库券、国家重点建设债券、地方债券、金融债券、企业债券和股票等。有价证券的保管措施按照现金对待。为了及时掌握各种债券到期时间，应当设置"认购有价证券登记簿"。

▶同步练习2.5◀

【练习2-5-1】（判断题）支票领用应当办理领用审批和登记手续。（　　）

【练习2-5-2】（判断题）出纳人员签收应收票据后应当及时登记并进行后续管理。（　　）

同步练习2.5

学习任务 2.6　　　　网银U盾的使用和管理

一、U盾的介绍

U盾是银行提供的办理网上银行业务的高级别安全工具。其作用是在办理网上银行业务时保护网上银行资金安全，规避被黑客、假网站、木马病毒等攻击的风险。在办理前应详细咨询开户银行，遵循其具体规定。

二、U盾的使用和管理

开户银行为开通网银的企业配发三个网银U盾。

三个U盾按规定分开保管使用，分别掌握在会计主管、复核人、出纳员三个人手里，一个角色一个U盾，便于控制风险，以哪个角色登录就使用哪个角色的U盾。

会计主管掌管一个U盾，负责授权；出纳员、复核人各掌管一个U盾，办理业务时先由出纳员使用，然后由复核人使用。

▶同步练习2.6◀

【练习2-6-1】（判断题）为了提高业务办理的速度，出纳人员可以同时掌管复核用U盾。（　　）

【练习2-6-2】（思考题）从1.17亿元资金被骗来深思电信诈骗背后的问题。

同步练习2.6

据媒体报道，2015年12月20日下午2点半，贵州省都匀经济开发区建设局财务主管兼出纳员杨某接到了一个自称银行法务部门的电话，由此陷入了犯罪分子精心设计的一场骗局，随后乖乖地任其摆布，被骗通过网上支付金额高达1.17亿元。按照规定，单位账户上的资金支付，必须经由两个U盾才能办理。杨某在接到电话的第二天一大早，就急急忙忙地去单位向复核会计借了U盾，随后按照骗子的要求将资金进行了划转。这起看起来让人费解的案件值得深思，请具体说明该案件所暴露出的问题。

> **风险提示：加强U盾管理的重要性**
> 如果对U盾管理不善，将可能造成严重后果，从现实事件中应该吸取的教训是什么？

学习任务 2.7　　　　印章的使用和管理

各单位应当根据实际需要刻制财务印章，并按照规定使用。

一、主要印章及其用途

不同印章具有的用途详见表2-9。

表2-9 印章及其用途

印章名称	用途
1.财务专用章	用于签发支票、承兑汇票以及其他重要单证
2.法定代表人名章	用于单位签发支票、承兑汇票等银行结算票据
3.现金收讫章	用于加盖现金收入凭证
4.现金付讫章	用于加盖现金付出凭证
5.银行收讫章	用于加盖转账收入结算凭证
6.银行付讫章	用于加盖转账付出结算凭证
7.发票专用章	用于加盖销售凭证
8.已报销入账章	用于加盖已作为记账凭证附件的原始凭证
9.会计人员名章	用于加盖制证（单、表）、记账、审核、错误更正等应承担会计责任的会计凭证、会计账簿、会计报表
10.会计科目、账目章，包括会计科目、上年结转、结转下年、日计、月计、本年累计、承前页、过次页章	用于加盖记账凭证、会计账簿
11.单位名称及账号条形章	用于加盖专用发票和银行票据等

二、印章的刻制

财务专用章、法定代表人名章、营业专用章，由单位根据国家和地方的相关规定统一设计和刻制。其他会计印章，由单位自行决定刻制。

三、印章的保管和使用要求

1.严禁一人保管支付款项所需的全部印章。

2.法定代表人名章、财务专用章由会计机构负责人或其指定的非出纳员保管使用。

3.现金收讫章、现金付讫章、银行收讫章、银行付讫章由出纳员保管使用。

4.会计科目章、已报销入账章由使用人员保管使用。

5.会计人员名章由本人自行保管使用。

6.单位名称及账号条形章由销售部门或出纳员保管使用。

7.营业专用章由各销售收款人或收购付款人保管使用。

8.涉及资金安全的会计印章，应当有必要的安全保管措施，避免出现印章无人监管的情况。

9.会计印章保管人员应当按规定用途和范围用印，不准交由非责任人用印，不准在空白单证及纸张上用印。

10.会计印章一般不得携带出单位使用。确因工作需要携带出单位使用的，必须经单位负责人或其授权人批准，并由保管人员监督用印。

11.启用、封存或销毁会计印章，应当填制会计印章启用、封存或销毁表；会计印章应当随会计人员的交接办理交接手续，变更保管人应当办理印章交接手续，并做出记录。

出纳工作责任大，细节不要小看它

组织网络搜索，搜集因支付密码器、U盾以及印章等管理不善造成损失的事例，讨论应该如何从中吸取教训，做到防微杜渐、提高警惕。

▷同步练习2.7◁

【练习2-7-1】（单选题）关于预留银行印鉴的管理，下列说法中错误的是（　　）。

A.财务专用章应由专人保管

B.单位负责人的印章必须由其本人保管

C.严禁一人保管支付款项所需印章

D.个人名章须由本人或授权人员保管

同步练习2.7

【练习2-7-2】（判断题）会计印章保管人员应当按规定用途和使用范围用印，不准交由非责任人用印，不准在空白单证及纸张上用印。（　　）

【练习2-7-3】（思考题）某公司从人才市场上招聘了王某任出纳。工作之初，王某工作认真，公司领导和同事对他的工作都很满意。后来，王某开始涉足股市，然而事非所愿，进入股市的资金很快被套牢，想急于翻本又苦于没有资金，他开始对自己每天经手的现金动了邪念，凭着财务主管对他的信任，拿了财务主管掌管的财务专用章在自己保管的空白现金支票上任意盖章取款。月底，银行对账单也是由其到银行提取且自行核对，因此其行为在很长一段时间未被发现。至案发，公司蒙受了巨大的经济损失。王某犯罪，企业蒙受损失，教训是非常深刻的。这个案例给了我们什么启示？

学习任务2.8　　　　发票的使用和管理

一、发票的概念和种类

（一）发票的概念

发票，是指在购销商品、提供或者接受服务以及从事其他经营活动中，开具、收取的收付款凭证。

发票包括纸质发票和电子发票。

电子发票是指在购销商品、提供或者接受服务以及从事其他经营活动中，按照税务机关发票管理规定以数据电文形式开具、收取的收付款凭证。电子发票与纸质发票的法律效力相同，任何单位和个人不得拒收。

（二）纸质发票的联次

纸质发票的基本联次包括存根联、发票联、记账联。存根联由收款方或开票方留存备查；发票联由付款方或受票方作为付款原始凭证；记账联由收款方或开票方作为记账原始凭证。省以上税务机关可根据纸质发票管理情况以及纳税人经营业务需要，增减除发票联以外的其他联次，并确定其用途。

（三）发票的基本内容

发票的基本内容包括：发票的名称、发票代码和号码、联次及用途、客户名称、开户银行及账号、商品名称或经营项目、计量单位、数量、单价、大小写金额、税率（征收率）、税额、开票人、开票日期、开票单位（个人）名称（章）等。省以上税务机关可根据经济活动以及发票管理需要，确定发票的具体内容。

（四）发票管理规定

国务院税务主管部门统一负责全国的发票管理工作。省、自治区、直辖市税务机关依据职责做好本行政区域内的发票管理工作。财政、审计、市场监督管理、公安等有关部门在各自的职责范围内，配合税务机关做好发票管理工作。税务机关建设电子发票服务平台，为用票单位和个人提供数字化等形态电子发票开具、交付、查验等服务。单位和个人按照国家税务总局有关规定开展发票数据处理活动，依法承担发票数据安全保护义务，不得超过规定的数量存储发票数据，不得违反规定使用、非法出售或非法向他人提供发票数据。

领用发票单位可以书面向税务机关要求使用印有本单位名称的发票，税务机关依据规定，确认印有该单位名称发票的种类和数量。

税务机关根据政府采购合同和发票防伪用品管理要求对印制发票企业实施监督管理。

全国统一的纸质发票防伪措施由国家税务总局确定，省税务局可以根据需要增加本地区的纸质发票防伪措施，并向国家税务总局备案。

纸质发票防伪专用品应当按照规定专库保管，不得丢失。次品、废品应当在税务机关监督下集中销毁。

全国统一发票监制章是税务机关管理发票的法定标志，其形状、规格、内容、印色由国家税务总局规定。

全国范围内发票换版由国家税务总局确定；省、自治区、直辖市范围内发票换版由省税务局确定。发票换版时，应当进行公告。

监制发票的税务机关根据需要下达发票印制通知书，印制企业必须按照要求印制。

发票印制通知书应当载明印制发票企业名称、用票单位名称、发票名称、发票代码、种类、联次、规格、印色、印制数量、起止号码、交货时间、地点等内容。印制发票企业印制完毕的成品应当按照规定验收后专库保管，不得丢失。废品应当及时销毁。

（五）电子发票

作为商事活动信息载体的发票，走过一条由纸质到电子之路：2015年，国家税务总局开始探索发票无纸化试点，迈出发票电子化改革的关键一步，自2015年起分步推行了增值税电子普通发票，发票印制规定如图2-23所示。2017年，电子税务局、手机APP陆续上线发票网上申领模块，实现足不出户申领、24小时办理。2019年，增值税发票管理2.0版正式推行。自2020年9月起，在宁波、石家庄和杭州等3个地区的新办纳税人中试点推广增值税电子专用发票，并逐步扩大推广范围，发票样式如图2-24所示。2020年9月，宁波市税务局开出了第一张增值税电子专用发票。

增值税电子专用发票由各省税务局监制，采用电子签名代替发票专用章，属于增值税专用发票，其法律效力、基本用途、基本使用规定等与增值税纸质专用发票相同。

增值税电子专用发票的发票代码为12位，编码规则：第1位为0，第2—5位代表省、自治区、直辖市和计划单列市，第6—7位代表年度，第8—10位代表批次，第11—12位为13。发票号码为8位，按年度、分批次编制。

2021年12月，全电发票（全面数字化电子发票）试点工作开始，全国统一的电子发票服务平台建成。2021年12月1日，上海成功开出首批全电发票。全电发票具有领票流程更简化、开票用票更便捷、入账归档一体化等优点，通过全电发票全流程数字化流转，能够进一步推进企业和行政事业单位会计核算、财务管理信息化，降低制度性交易成本。全电发票样式如图2-25至图2-38所示。

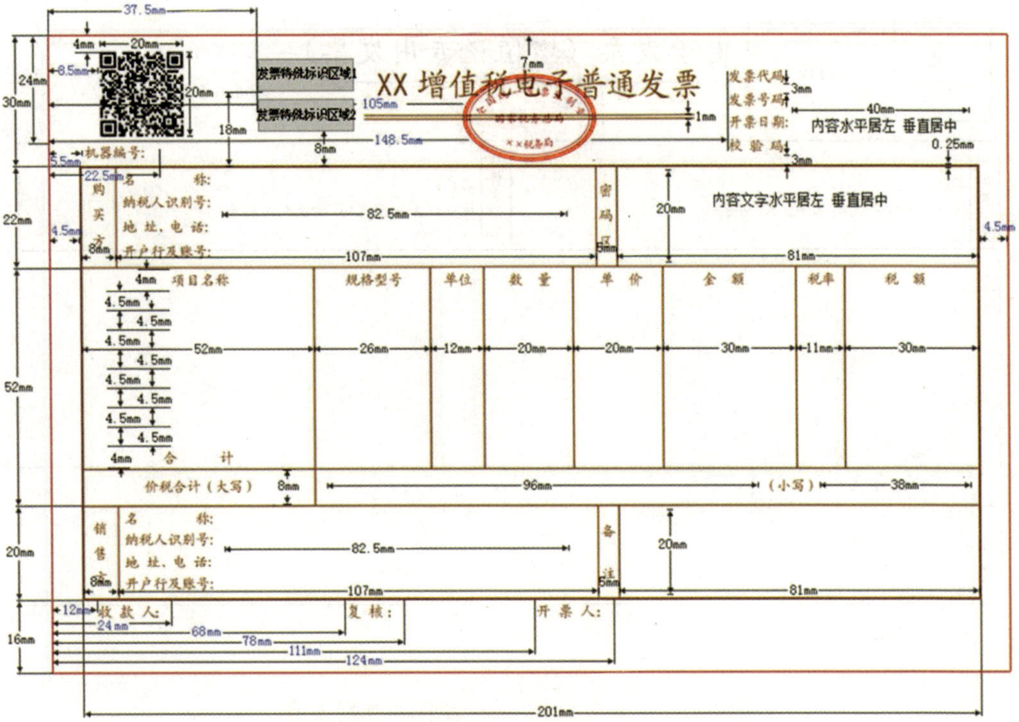

图 2-23　增值税电子普通发票印制规定

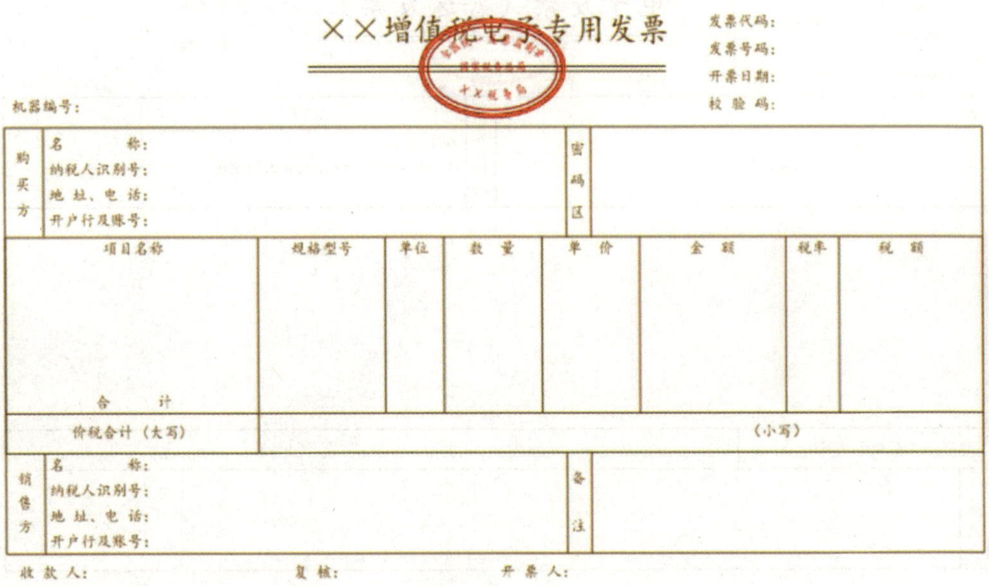

图 2-24　增值税电子专用发票票样

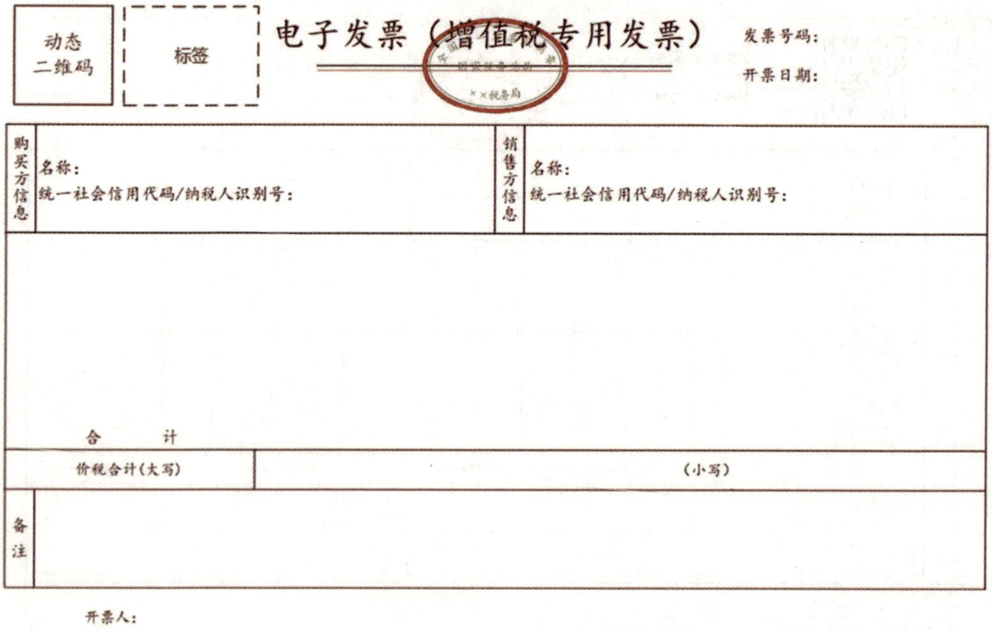

电子发票（增值税专用发票）

动态二维码

标签

发票号码：

开票日期：

购买方信息	名称： 统一社会信用代码/纳税人识别号：	销售方信息	名称： 统一社会信用代码/纳税人识别号：

合　计		
价税合计(大写)		(小写)

备注	

开票人：

图2-25　全电发票——增值税专用发票

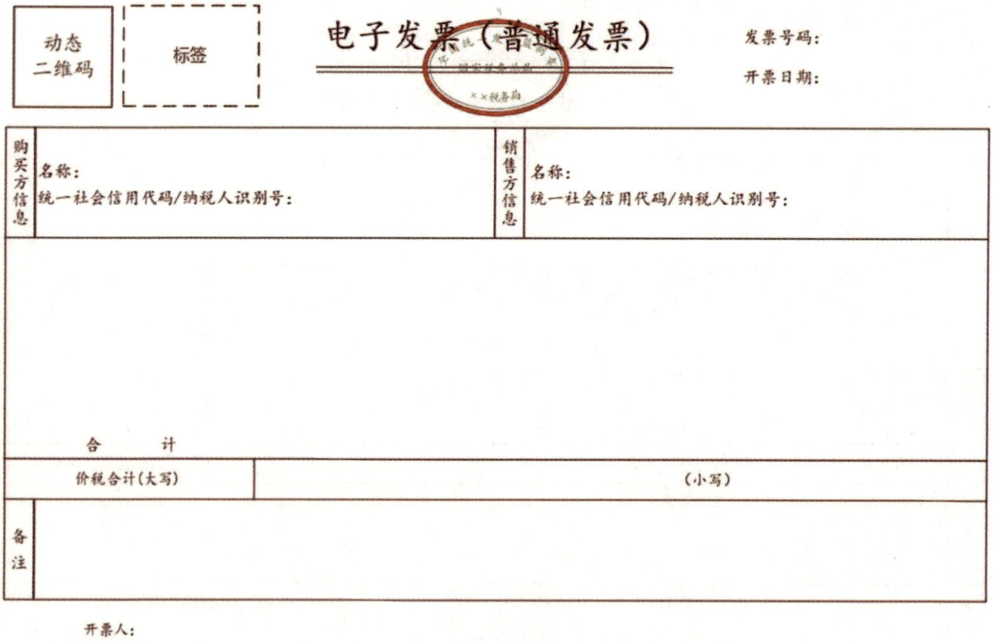

电子发票（普通发票）

动态二维码

标签

发票号码：

开票日期：

购买方信息	名称： 统一社会信用代码/纳税人识别号：	销售方信息	名称： 统一社会信用代码/纳税人识别号：

合　计		
价税合计(大写)		(小写)

备注	

开票人：

图2-26　全电发票——增值税普通发票

| 动态二维码 | XT | 电子发票（发票监制 ） | | 发票号码： |
| | | 国家税务总局 ××税务局 | | 开票日期： |

| 购买方信息 | 名称：
统一社会信用代码/纳税人识别号： | 销售方信息 | 名称：
统一社会信用代码/纳税人识别号： |

项目名称	规格型号	单位	数量	单价	金额	税率/征收率	税额
合　计							
价税合计(大写)				(小写)			
备注							

开票人：

图 2-27　全电发票——稀土电子发票

| 动态二维码 | 建筑服务 | 电子发票（发票监制 ） | | 发票号码： |
| | | 国家税务总局 ××税务局 | | 开票日期： |

| 购买方信息 | 名称：
统一社会信用代码/纳税人识别号： | 销售方信息 | 名称：
统一社会信用代码/纳税人识别号： |

项目名称	建筑服务发生地	建筑项目名称	金额	税率/征收率	税额
合　计					
价税合计(大写)			(小写)		
备注	土地增值税项目编号： 跨地（市）标志：				

开票人：

图 2-28　全电发票——建筑服务电子发票

动态二维码	旅客运输服务	电子发票（　　）	发票号码： 开票日期：

购买方信息	名称： 统一社会信用代码/纳税人识别号：	销售方信息	名称： 统一社会信用代码/纳税人识别号：

项目名称	单价	数量	金额	税率/征收率	税额
合　计					

出行人	有效身份证件号	出行日期	出发地	到达地	等级	交通工具类型

价税合计（大写）	（小写）
备注	

开票人：

图 2-29　全电发票——旅客运输服务电子发票

动态二维码	货物运输服务	电子发票（　　）	发票号码： 开票日期：

购买方信息	名称： 统一社会信用代码/纳税人识别号：	销售方信息	名称： 统一社会信用代码/纳税人识别号：

项目名称	单位	数量	单价	金额	税率/征收率	税额
合　计						

运输工具种类	运输工具牌号	起运地	到达地	运输货物名称

价税合计（大写）	（小写）
备注	

开票人：

图 2-30　全电发票——货物运输服务电子发票

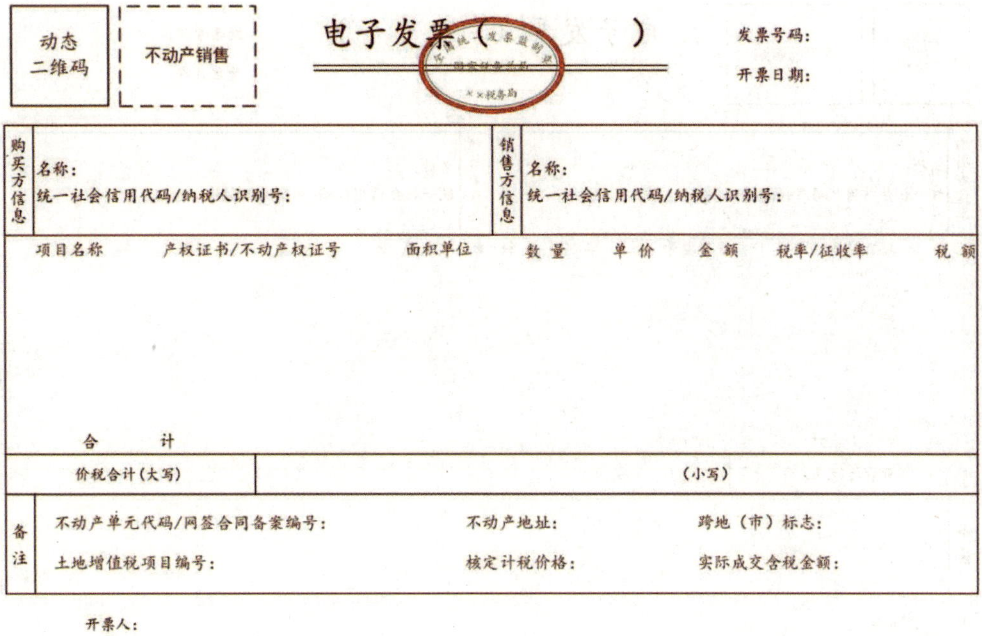

| 动态二维码 | 不动产销售 | 电子发票（发票监制　　　） | | 发票号码： |
| | | | | 开票日期： |

| 购买方信息 | 名称：
统一社会信用代码/纳税人识别号： | | 销售方信息 | 名称：
统一社会信用代码/纳税人识别号： |

项目名称	产权证书/不动产权证号	面积单位	数量	单价	金额	税率/征收率	税额
合　　计							
价税合计(大写)			(小写)				

| 备注 | 不动产单元代码/网签合同备案编号：
土地增值税项目编号： | 不动产地址：
核定计税价格： | 跨地（市）标志：
实际成交含税金额： |

开票人：

图 2-31　全电发票——不动产销售电子发票

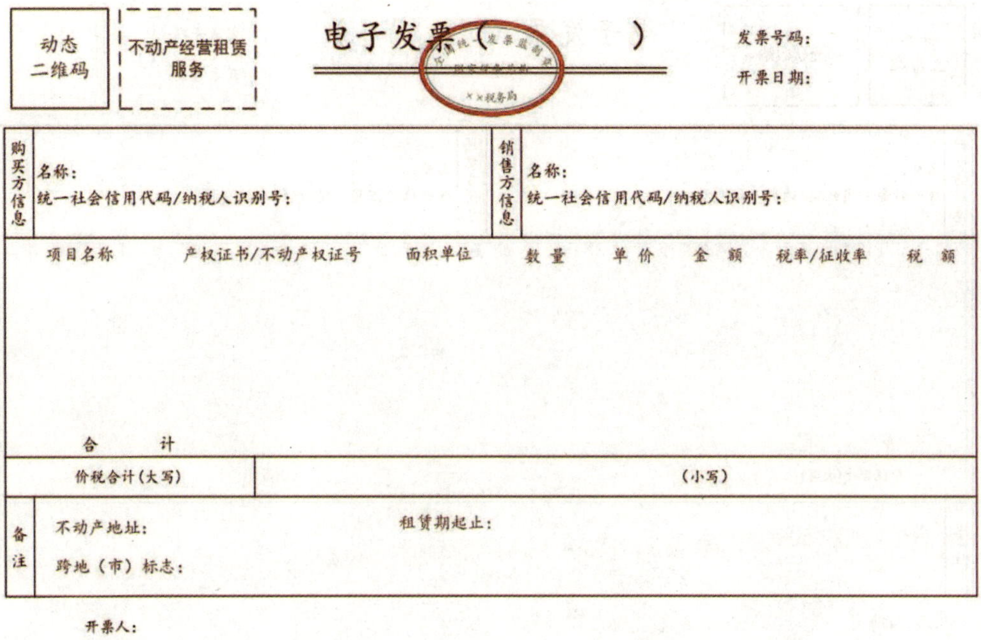

| 动态二维码 | 不动产经营租赁服务 | 电子发票（发票监制　　　） | | 发票号码： |
| | | | | 开票日期： |

| 购买方信息 | 名称：
统一社会信用代码/纳税人识别号： | | 销售方信息 | 名称：
统一社会信用代码/纳税人识别号： |

项目名称	产权证书/不动产权证号	面积单位	数量	单价	金额	税率/征收率	税额
合　　计							
价税合计(大写)			(小写)				

| 备注 | 不动产地址：
跨地（市）标志： | 租赁期起止： | |

开票人：

图 2-32　全电发票——不动产经营租赁服务电子发票

动态 二维码	农产品收购	电子发票（ ××税务局	）发票号码： 开票日期：

购买方信息	名称： 统一社会信用代码/纳税人识别号：		销售方信息	名称： 统一社会信用代码/纳税人识别号：

项目名称	规格型号	单 位	数 量	单 价	金 额	税率/征收率	税 额
合　　计							

价税合计（大写）		（小写）

备注	

开票人：

图 2-33　全电发票——农产品收购电子发票

动态 二维码	光伏收购	电子发票（ ××税务局	）发票号码： 开票日期：

购买方信息	名称： 统一社会信用代码/纳税人识别号：		销售方信息	名称： 统一社会信用代码/纳税人识别号：

项目名称	规格型号	单 位	数 量	单 价	金 额	税率/征收率	税 额
合　　计							

价税合计（大写）		（小写）

备注	

开票人：

图 2-34　全电发票——光伏收购电子发票

动态二维码	代收车船税	电子发票（　　　　　）	发票号码： 开票日期：

购买方信息	名称： 统一社会信用代码/纳税人识别号：	销售方信息	名称： 统一社会信用代码/纳税人识别号：

项目名称	规格型号	单位	数量	单价	金额	税率/征收率	税额
合　计							

价税合计（大写）	（小写）

备注	保险单号： 代收车船税金额：	车牌号/船舶登记号： 滞纳金金额：	税款所属期： 金额合计：	车架号：

开票人：

图 2-35　全电发票——代收车船税电子发票

动态二维码	自产农产品销售	电子发票（　　　　　）	发票号码： 开票日期：

购买方信息	名称： 统一社会信用代码/纳税人识别号：	销售方信息	名称： 统一社会信用代码/纳税人识别号：

项目名称	规格型号	单位	数量	单价	金额	税率/征收率	税额
合　计							

价税合计（大写）	（小写）

备注	

开票人：

图 2-36　全电发票——自产农产品销售电子发票

图 2-37　全电发票——差额征税电子发票（差额开票）

图 2-38　全电发票——差额征税电子发票（全额开票）

二、发票的印制

增值税专用发票由国务院税务主管部门确定的企业印制；其他发票，按照国务院税务主管部门的规定，由省、自治区、直辖市税务机关确定的企业印制。禁止私自印制、伪造、变造发票。

印制发票的企业应当具备下列条件：取得印刷经营许可证和营业执照；设备、技术水平能够满足印制发票的需要；有健全的财务制度和严格的质量监督、安全管理、保密制度。

税务机关应当按照政府采购有关规定确定印制发票的企业。

印制发票应当使用国务院税务主管部门确定的全国统一的发票防伪专用品。禁止非法制造发票防伪专用品。

发票应当套印全国统一发票监制章。全国统一发票监制章的式样和发票版面印刷的要求，由国务院税务主管部门规定。发票监制章由省、自治区、直辖市税务机关制作。禁止伪造发票监制章。

印制发票的企业按照税务机关的统一规定，建立发票印制管理制度和保管措施。

发票监制章和发票防伪专用品的使用和管理实行专人负责制度。

印制发票的企业必须按照税务机关确定的式样和数量印制发票。

发票应当使用中文印制。民族自治地方的发票，可以加印当地一种通用的民族文字。有实际需要的，也可以同时使用中外两种文字印制。

各省、自治区、直辖市内的单位和个人使用的发票，除增值税专用发票外，应当在本省、自治区、直辖市内印制；确有必要到外省、自治区、直辖市印制的，应当由省、自治区、直辖市税务机关商印制地省、自治区、直辖市税务机关同意后确定印制发票的企业。

禁止在境外印制发票。

三、发票的领用

需要领用发票的单位和个人，应当持设立登记证件或者税务登记证件，以及经办人身份证明，向主管税务机关办理发票领用手续。领用纸质发票的，还应当提供按照国务院税务主管部门规定式样制作的发票专用章的印模。发票专用章是指领用发票单位和个人在其开具纸质发票时加盖的有其名称、统一社会信用代码或者纳税人识别号、发票专用章字样的印章。发票专用章式样由国家税务总局确定。税务机关对领用纸质发票单位和个人提供的发票专用章的印模应当留存备查。

主管税务机关根据领用单位和个人的经营范围、规模和风险等级，在5个工作日内确认领用发票的种类、数量以及领用方式。

单位和个人领用发票时，应当按照税务机关的规定报告发票使用情况，税务机关应当按照规定进行查验。

需要临时使用发票的单位和个人，可以凭购销商品、提供或者接受服务以及从事其他经营活动的书面证明、经办人身份证明，直接向经营地税务机关申请代开发票。依照税收法律、行政法规规定应当缴纳税款的，税务机关应当先征收税款，再开具发票。税务机关根据发票管理的需要，可以按照国务院税务主管部门的规定委托其他单位代开发票。

禁止非法代开发票。

临时到本省、自治区、直辖市以外从事经营活动的单位或者个人，应当凭所在地税务机关的证明，向经营地税务机关领用经营地的发票。

临时在本省、自治区、直辖市以内跨市、县从事经营活动领用发票的办法，由省、自治区、直辖市税务机关规定。

四、发票的开具和保管

销售商品、提供服务以及从事其他经营活动的单位和个人，对外发生经营业务收取款项，收款方应当向付款方开具发票；特殊情况下，由付款方向收款方开具发票，特殊情况是指：（1）收购单位和扣缴义务人支付个人款项时；（2）国家税务总局认为其他需要由付款方向收款方开具发票的。

向消费者个人零售小额商品或者提供零星服务的，是否可免予逐笔开具发票，由省税务局确定。

填开发票的单位和个人必须在发生经营业务确认营业收入时开具发票。未发生经营业务一律不准开具发票。

所有单位和从事生产、经营活动的个人在购买商品、接受服务以及从事其他经营活动支付款项，应当向收款方取得发票。取得发票时，不得要求变更品名和金额。不得变更金额，包括不得变更涉及金额计算的单价和数量。

不符合规定的发票，不得作为财务报销凭证，任何单位和个人有权拒收。

开具发票应当按照规定的时限、顺序、栏目，全部联次一次性如实开具，开具纸质发票应当加盖发票专用章。单位和个人在开具发票时，应当填写项目齐全，内容真实。开具纸质发票应当按照发票号码顺序填开，字迹清楚，全部联次一次打印，内容完全一致，并在发票联和抵扣联加盖发票专用章。

开具纸质发票后，如发生销售退回、开票有误、应税服务中止等情形，需要作废发票的，应当收回原发票全部联次并注明"作废"字样后作废发票。

开具纸质发票后，如发生销售退回、开票有误、应税服务中止、销售折让等情形，需要开具红字发票的，应当收回原发票全部联次并注明"红冲"字样后开具红字发票。无法收回原发票全部联次的，应当取得对方有效证明后开具红字发票。

任何单位和个人不得有下列虚开发票行为：（1）为他人、为自己开具与实际经营业务情况不符的发票；（2）让他人为自己开具与实际经营业务情况不符的发票；（3）介绍他人开具与实际经营业务情况不符的发票。

与实际经营业务情况不符是指具有下列行为之一的：（1）未购销商品、未提供或者接受服务、未从事其他经营活动，而开具或取得发票；（2）有购销商品、提供或者接受服务、从事其他经营活动，但开具或取得的发票载明的购买方、销售方、商品名称或经营项目、金额等与实际情况不符。

安装税控装置的单位和个人，应当按照规定使用税控装置开具发票，并按期向主管税务机关报送开具发票的数据。

使用非税控电子器具开具发票的，应当将非税控电子器具使用的软件程序说明资料报主管税务机关备案，并按照规定保存、报送开具发票的数据。

单位和个人开发电子发票信息系统自用或者为他人提供电子发票服务的，应当遵守国务院税务主管部门的规定。

任何单位和个人应当按照发票管理规定使用发票，不得有下列行为：（1）转借、转让、介绍他人转让发票、发票监制章和发票防伪专用品；（2）知道或者应当知道是私自印制、伪造、变造、非法取得或者废止的发票而受让、开具、存放、携带、邮寄、运输；

（3）拆本使用发票；（4）扩大发票使用范围；（5）以其他凭证代替发票使用；（6）窃取、截留、篡改、出售、泄露发票数据。

税务机关应当提供查询发票真伪的便捷渠道。

除国务院税务主管部门规定的特殊情形外，纸质发票限于领用单位和个人在本省、自治区、直辖市内开具。省、自治区、直辖市税务机关可以规定跨市、县开具纸质发票的办法。

除国务院税务主管部门规定的特殊情形外，任何单位和个人不得跨规定的使用区域携带、邮寄、运输空白发票。

禁止携带、邮寄或者运输空白发票出入境。

开具发票的单位和个人应当建立发票使用登记制度，配合税务机关进行身份验证，并定期向主管税务机关报告发票使用情况。

单位和个人向委托人提供发票领用、开具等服务，应当接受税务机关监管，所存储发票数据的最大数量应当符合税务机关的规定。

开发电子发票信息系统为他人提供发票数据查询、下载、存储、使用等涉税服务的，应当符合税务机关的数据标准和管理规定，并与委托人签订协议，不得超越授权范围使用发票数据。

开具发票的单位和个人应当在办理变更或者注销税务登记的同时，办理发票的变更、缴销手续。

开具发票的单位和个人应当按照国家有关规定存放和保管发票，不得擅自损毁。已经开具的发票存根联，应当保存5年。使用纸质发票的单位和个人应当妥善保管发票。发生发票丢失情形时，应当于发现丢失当日书面报告税务机关。

五、发票的检查

税务机关在发票管理中有权进行下列检查：（1）检查印制、领用、开具、取得、保管和缴销发票的情况；（2）调出发票查验；（3）查阅、复制与发票有关的凭证、资料；（4）向当事各方询问与发票有关的问题和情况；（5）在查处发票案件时，对与案件有关的情况和资料，可以记录、录音、录像、照相和复制。

税务机关在发票检查中，可以对发票数据进行提取、调出、查阅、复制。

印制、使用发票的单位和个人，必须接受税务机关依法检查，如实反映情况，提供有关资料，不得拒绝、隐瞒。

税务人员进行检查时，应当出示税务检查证。

税务机关需要将已开具的发票调出查验时，应当向被查验的单位和个人开具发票换票证。发票换票证与所调出查验的发票有同等的效力。被调出查验发票的单位和个人不得拒绝接受。

税务机关需要将空白发票调出查验时，应当开具收据；经查无问题的，应当及时返还。

单位和个人从中国境外取得的与纳税有关的发票或者凭证，税务机关在纳税审查时有疑义的，可以要求其提供境外公证机构或者注册会计师的确认证明，经税务机关审核认可后，方可作为记账核算的凭证。

用票单位和个人有权申请税务机关对发票的真伪进行鉴别。收到申请的税务机关应当受理并负责鉴别发票的真伪；鉴别有困难的，可以提请发票监制税务机关协助鉴别。在伪造、变造现场以及买卖地、存放地查获的发票，由当地税务机关鉴别。

六、违法违规的处理

有下列情形之一的，由税务机关责令改正，可以处1万元以下的罚款；有违法所得的予以没收：（1）应当开具而未开具发票，或者未按照规定的时限、顺序、栏目，全部联次一次性开具发票，或者未加盖发票专用章的；（2）使用税控装置开具发票，未按期向主管税务机关报送开具发票的数据的；（3）使用非税控电子器具开具发票，未将非税控电子器具使用的软件程序说明资料报主管税务机关备案，或者未按照规定保存、报送开具发票的数据的；（4）拆本使用发票的；（5）扩大发票使用范围的；（6）以其他凭证代替发票使用的；（7）跨规定区域开具发票的；（8）未按照规定缴销发票的；（9）未按照规定存放和保管发票的。

其中，以其他凭证代替发票使用的情形包括：（1）应当开具发票而未开具发票，以其他凭证代替发票使用；（2）应当取得发票而未取得发票，以发票外的其他凭证或者自制凭证用于抵扣税款、出口退税、税前扣除和财务报销；（3）取得不符合规定的发票，用于抵扣税款、出口退税、税前扣除和财务报销。构成逃避缴纳税款、骗取出口退税、虚开发票的，按照《中华人民共和国税收征收管理法》《中华人民共和国发票管理办法》相关规定执行。

跨规定的使用区域携带、邮寄、运输空白发票，以及携带、邮寄或者运输空白发票出入境的，由税务机关责令改正，可以处1万元以下的罚款；情节严重的，处1万元以上3万元以下的罚款；有违法所得的予以没收。丢失发票或者擅自损毁发票的，依照前款规定处罚。

违反《中华人民共和国发票管理办法》的规定虚开发票的，由税务机关没收违法所得；虚开金额在1万元以下的，可以并处5万元以下的罚款；虚开金额超过1万元的，并处5万元以上50万元以下的罚款；构成犯罪的，依法追究刑事责任。非法代开发票的，依照前款规定处罚。

私自印制、伪造、变造发票，非法制造发票防伪专用品，伪造发票监制章，窃取、截留、篡改、出售、泄露发票数据的，由税务机关没收违法所得，没收、销毁作案工具和非法物品，并处1万元以上5万元以下的罚款；情节严重的，并处5万元以上50万元以下的罚款；构成犯罪的，依法追究刑事责任。

有下列情形之一的，由税务机关处1万元以上5万元以下的罚款；情节严重的，处5万元以上50万元以下的罚款；有违法所得的予以没收：（1）转借、转让、介绍他人转让发票、发票监制章和发票防伪专用品的；（2）知道或者应当知道是私自印制、伪造、变造、非法取得或者废止的发票而受让、开具、存放、携带、邮寄、运输的。

对违反发票管理规定2次以上或者情节严重的单位和个人，税务机关可以向社会公告。

违反发票管理法规，导致其他单位或者个人未缴、少缴或者骗取税款的，由税务机关没收违法所得，可以并处未缴、少缴或者骗取的税款1倍以下的罚款。

当事人对税务机关的处罚决定不服，可以依法申请行政复议或者向人民法院提起行政诉讼。

税务人员利用职权之便，故意刁难印制、使用发票的单位和个人，或者有违反发票管理法规行为的，依照国家有关规定给予处分；构成犯罪的，依法追究刑事责任。

税务机关对违反发票管理法规的行为依法进行处罚的，由县以上税务机关决定；罚款额在2 000元以下的，可由税务所决定。

同步练习2.8

【练习2-8-1】（单选题）推行增值税电子发票系统开具增值税电子普通发票是从（　　）开始的。

A.2015年　　　　　　B.2016年　　　　　　C.2019年　　　　　　D.2020年

同步练习2.8

【练习2-8-2】（多选题）发票的基本内容包括（　　）。

A.发票的名称、发票代码和号码　　　　　B.客户名称、开户银行及账号

C.计量单位、数量、单价　　　　　　　　D.开票人、开票日期、开票单位

【练习2-8-3】（判断题）实行"多证合一、一照一码"后，纳税人不需到税务机关办理任何税务登记手续。（　　　）

学习任务2.9　　　　出纳工作制度

从事出纳工作，熟知工作制度，可以防范一些错误的发生，有利于顺利地开展工作。

一、出纳任职回避制度

会计机构负责人的配偶、直系亲属、三代以内旁系血亲、拟制血亲以及近姻亲等关系人不得在本单位会计机构中担任出纳工作。

二、出纳岗位内部牵制制度

（一）基本原则

不相容会计职务必须分离，货币资金收付的经办人员、审批人员、总账记录人员和出纳人员相分离。不得由出纳一人全程办理货币资金业务，以避免发生错误和舞弊。

（二）具体要求

会计机构负责人（会计主管人员）不得兼任出纳工作。

出纳人员不得兼管稽核、会计档案保管以及收入、支出、费用、债权债务账目的登记工作。

出纳人员以外的会计人员不得经管现金、有价证券和票据保管工作。

登记库存现金日记账、银行存款日记账的出纳人员与登记总账及收入、支出、债权、债务、费用明细账的人员应相分离。

财务专用章与法定代表人印章不得由同一人保管。空白支票与所有预留银行印鉴不能由同一人保管，支票签发与支票审核不得由同一人办理。

货币资金的会计记录与审核监督职务相分离，即出纳人员与货币资金清查人员相分离，货币资金清查必须指定其他的专门人员与出纳人员共同完成，不能由出纳人员一人完成。

三、出纳岗位轮换制度

会计人员的工作岗位应当有计划地进行轮换。会计岗位轮换，特别是出纳等关键岗位

的轮换，不仅是内控需要，也有助于提升财务人员的业务水平。

四、货币资金预算控制制度

编制货币资金预算控制，旨在对单位一定时期货币资金的流入和流出进行统筹安排。资金预算编制是否准确，直接影响单位货币资金流转是否顺畅，影响货币资金的利用效率和效益，乃至影响单位的生产经营。因此，要加强对货币资金预算的可靠性控制，避免或减少预算编制的主观性和随意性。货币资金预算的编制应与处理、记录相分离。单位管理层应认真监督资金预算的执行，定期比较经营过程中实际收支与预算的差异，对重大差异仔细分析。

五、资金收付管理制度

所有收入业务必须经过授权，所有支付业务必须经过有关审批，出纳人员方可受理。对于支付业务，出纳人员应当从合法性、真实性、准确性、完整性四个方面进行核查，根据复核无误的支付申请，办理货币资金支付手续。单位应明确规定各类业务授权批准的范围、权限、程序、责任等内容，单位内部的各级管理层必须在授权范围内行使职权和承担责任，经办人员也必须在授权范围内办理业务。对于重要的货币资金支付业务，应当实行集体决策和审批，并建立责任追究制度，有效防范货币资金被贪污、侵占、挪用。出纳人员应明确上述授权审批的制度规定，并按照审批人的批准意见办理货币资金业务，对于审批人超越授权范围、违反审批程序，或以不当方式进行审批的货币资金业务，出纳人员有权拒绝办理。

六、库存现金保管制度

现金的保管，主要是指对每日收取的现金和库存现金的保管。现金保管的责任人是出纳人员。企业应选聘诚实可靠、责任心强、业务熟练的人员担任该职务，并保持相对稳定。现金保管的重点是出纳办公室和保险柜。出纳办公室应该选择坚固实用的房间，能防洪、防火、防盗、通风，墙壁、房顶要牢固，窗户要有铁栏杆和护窗金属板。出纳工作应配备专用保险柜，保险柜应靠出纳办公室的内墙放置，保险柜钥匙由出纳人员专人保管，不得交由其他人员代管保险柜钥匙及密码。保险柜应由出纳人员开启，并做好开启记录。出纳人员工作变动时，应及时更换密码。保险柜的钥匙、密码丢失或发生故障，要立即报请领导处理，不得随意找人修理或另配钥匙。必须更换保险柜时，要办理以旧换新的批准手续，注明更换情况备查。

七、空白票据管理制度

空白票据主要包括空白支票和空白收据。支票是一种支付凭证，一旦填写了有关内容，并加盖银行预留印章后，即可成为直接从银行提取现金或与其他单位进行结算的凭据；收据是办理收付款业务的证明，一旦填制，并加盖有关印鉴，即可成为办理转账结算和现金收付的一种书面证明。二者直接关系到资金结算的准确、及时和安全，因此，单位应加强空白票据的管理，建立各种票据的购买、保管、领用、背书转让、注销等环节的管理制度，明确有关人员的职责权限和程序，具体包括：（1）应由专人管理空白票据，做到职责明确。管理空白票据的人员可以是出纳人员，也可以是其他会计人员，但无论由谁管理空白票据都应贯彻"空白票据与相关印鉴分别保管"的原则，即不得由一人保管空白票据及所有的银行预留印鉴，也不得由一人保管空白票据与财务专用章，以防止舞弊行为。（2）票据保管和使用人员不得将空白票据带出工作单位使用，不得转借、赠送或买卖。（3）票据领用时应进行一定的审核并设立登记簿进行记录，填写领用日期、单位、起讫号码等并签字，确保职责分明。（4）票据使用过程中，不得弄虚作假，不得开具实物与票面不相符的收据，更不能开具存根联与其他联不符的票据，出纳人员应每日对票据的使用情况进行核对，防止票据被盗和遗失，对于错开的票据应加盖"作废"戳记并与存根等一同保存。（5）副本票据使用完后，应及时办理注销手续。对于空白支票，应核对入账存根联与作废支票号码，保证无空白支票的遗失和误用；对于空白收据，应逐一核对存根联和作废联的号码，保证没有缺号。

八、有价证券保管制度

目前我国发行的有价证券有国库券、国家重点建设债券、地方债券、金融债券、企业债券等。有价证券是企业资产的一部分，具有与现金相同的性质和价值。有价证券的保管措施同现金基本一样。需要注意的是，出纳人员要对各种有价证券的票面额和号码保守秘密，并建立"认购有价证券登记簿"。

九、会计印章管理制度

会计印章应当按照以下规定保管和使用：

严禁一人保管支付款项所需的全部印章，会计印章一般应由以下人员保管和使用：法定代表人名章由会计机构负责人（会计主管人员）或其指定的非出纳员保管使用；财务专用章、现金收（付）讫章、银行收（付）讫章由出纳员保管使用。

银行预留印鉴一般为财务专用章和法定代表人印章印鉴。银行预留印鉴应由专人分别保管，不得由一人保管全部印鉴。保管人员应将银行预留印鉴妥善放置和管理，不得随意放置或带出工作单位。

十、货币资金清查制度

所有货币资金的收付业务必须按会计制度规定进行记录。货币资金收付款业务应集中到会计部门办理，任何部门和个人不得擅自出具收款或付款凭证。货币资金业务记录采用会计人员制证、出纳人员序时记录及会计人员总分类记录相结合的办法，以相互核对、相互牵制。在货币资金记录过程中，货币资金的收支事项，均应有一定的收支凭证和传递手续，使各项业务按正常渠道运行。每笔收款都要开具收款证明（如收据、发票等），每笔支出都应由单位负责人审批、会计主管审核、会计人员复核；出纳员收妥每笔款项后应在收款凭证上加盖"收讫"章；付款后，须在付款凭证上加盖"付讫"章。

货币资金的核对制度包括审核原始凭证、记账凭证和账账核对及账实核对。出纳人员要自觉进行经常性的对账工作，包括月末进行总账与日记账核对、每日进行现金清查、定期与指定的清查人员进行现金盘点、月末与指定清查人员一起核对银行存款日记账和银行对账单，并编制银行存款余额调节表，调节未达账项。对账实不符的现金及银行存款，出纳人员应及时查明原因，必要时向会计机构负责人或单位负责人汇报。

十一、出纳工作保密制度

会计人员应当保守本单位的商业秘密，除法律规定和单位负责人同意外，不能私自向外界提供或泄露单位的会计信息和财产安全信息。

十二、结算支付管理制度

严格遵守《中华人民共和国票据法》《票据管理实施办法》《支付结算办法》《银行卡业务管理办法》《人民币银行结算账户管理办法》《电子支付指引（第一号）》《内部会计

控制规范——货币资金（试行）》等有关规定，遵守支付结算的基本原则，规范地填写票据和结算凭证，数字正确，要素齐全，不错不漏，字迹清楚，防止涂改。

十三、出纳人员使用电脑制度

未经授权，不得上机操作，同时要防止无关人员接触自己使用的电脑。操作权限的分工要符合内部控制制度，出纳人员不得同时具有不相容的操作权限。不得随便使用外来移动硬盘或U盘，确须使用要先进行病毒检查。不参与与会计工作无关的电脑游戏、网络聊天等，不泄露电脑登录密码和会计软件登录密码。

十四、发票管理制度

严格按照国家有关发票管理的规定，规范开展发票领用、开具、保管（包括发票使用登记和办理缴销手续）等工作。

➤同步练习2.9◄

【练习2-9-1】（单选题）在下列账目中，出纳人员可以登记的是（　　）。

A.收入明细账　　　　　　　　　　B.费用明细账

C.固定资产明细账　　　　　　　　D.债权债务明细账

【练习2-9-2】（单选题）下列选项中，体现办理现金业务不相容岗位相互分离的是（　　）。

A.由出纳人员兼任会计档案保管工作

B.由出纳人员保管签发支票所需全部印章

C.由出纳人员兼任收入总账和明细账的登记工作

D.由出纳人员兼任固定资产明细账及总账的登记工作

【练习2-9-3】（单选题）出纳人员根据收款凭证收到现金或根据付款凭证支付现金后，为避免重收、重付，应（　　）。

A.在凭证上加盖"现金收讫"或"现金付讫"戳记

B.由收款人员或付款人员在凭证上登记金额

C.由出纳人员在备查簿登记

D.由出纳人员在凭证上划线注销

【练习2-9-4】（单选题）实行回避制度的单位，会计主管人员的直系亲属不得担任本单位的（　　）。

A.会计机构负责人　　　　　　　　B.会计主管人员

C.出纳　　　　　　　　　　　　　D.稽核

【练习2-9-5】（单选题）下列各项中，不可以采用现金结算的是（　　）。

A.支付职工工资2 500元　　　　　B.向个人收购农副产品6 300元

C.向一般纳税人企业购入材料1 200元　D.向采购员支付的随身携带的差旅费3 500元

【练习2-9-6】（单选题）下列各项中，不属于不相容职务的是（　　）。

A.出纳人员与记账会计　　　　　　B.出纳与现金保管

C.财物保管与记账　　　　　　　　D.业务经办与财物保管

【练习2-9-7】（多选题）出纳人员不能兼任（　　）工作。

A.会计档案保管　　　　　　　　　B.应收账款明细账登记

C.销售费用明细账登记　　　　　　　　D.固定资产明细账登记

【练习2-9-8】（判断题）单位开支在1 000元以上的业务办理，均通过银行转账进行结算。（　　　）

【练习2-9-9】（判断题）会计岗位可以一人一岗、一人多岗或者一岗多人，但出纳不得兼管稽核、会计档案保管和收入、费用、债权债务账目的登记工作。（　　　）

【练习2-9-10】（判断题）库存现金日记账要做到月清月结、账款相符。（　　　）

学习项目三 现金收支业务

学习目标

➤ 了解现金管理的有关规定
➤ 熟悉现金收支业务的具体内容
➤ 熟悉现金收支业务办理的工作流程和方法

内容结构

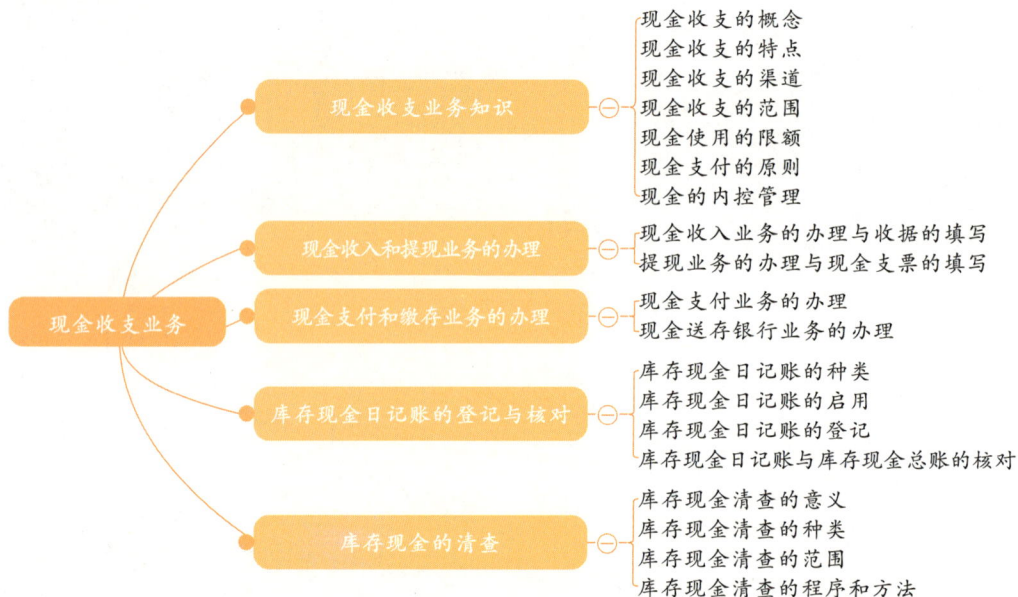

现金收支业务

- 现金收支业务知识
  - 现金收支的概念
  - 现金收支的特点
  - 现金收支的渠道
  - 现金收支的范围
  - 现金使用的限额
  - 现金支付的原则
  - 现金的内控管理

- 现金收入和提现业务的办理
  - 现金收入业务的办理与收据的填写
  - 提现业务的办理与现金支票的填写

- 现金支付和缴存业务的办理
  - 现金支付业务的办理
  - 现金送存银行业务的办理

- 库存现金日记账的登记与核对
  - 库存现金日记账的种类
  - 库存现金日记账的启用
  - 库存现金日记账的登记
  - 库存现金日记账与库存现金总账的核对

- 库存现金的清查
  - 库存现金清查的意义
  - 库存现金清查的种类
  - 库存现金清查的范围
  - 库存现金清查的程序和方法

引 言

现金收支业务是出纳的一项基本工作。出纳人员办理现金收支业务，首先必须掌握或者了解哪些方面的知识？现金收支业务办理的流程、规范和方法是什么？现金收支业务办理过程中应该注意哪些问题？这些都是学习者必须关注的问题。

做不好出纳，就当不好会计

热情耐心又周到，出纳工作讲技巧；
学好本领服好务，未来发展有出路；
出纳工作需细心，诀窍就在讲认真。

学习任务3.1　　　　　现金收支业务知识

有关现金收支业务操作的准备知识见表3-1。

表3-1　　　　　　　　　　　现金收支业务操作的准备知识

要点	内容
一、现金收支的概念	现金收支是指在商品交易、劳务供应等经济往来中使用现金进行结算的一种行为，适用于转账结算金额起点以下的小额收付，以及单位与个人之间的款项收付
二、现金收支的特点	直接便利，安全性差，不利于宏观控制和管理
三、现金收支的渠道	付款人直接将现金支付给收款人，付款人委托银行、非银行金融机构或者非金融机构将现金支付给收款人
四、现金收支的范围	1.职工工资、津贴 2.个人劳务报酬 3.根据国家规定颁发给个人的科学技术、文化艺术、体育等各种奖金 4.各种劳保、福利费用以及国家规定的对个人的其他支出 5.向个人收购农副产品和其他物资的价款 6.出差人员必须随身携带的差旅费 7.结算起点以下的零星支出 8.中国人民银行确定需要支付现金的其他支出 除上述第5、6项外，超过使用现金限额的部分，应当以支票或者银行本票支付；确需全额支付现金的，经开户银行审核后，予以支付现金。现行规定的结算金额起点为1 000元
五、现金使用的限额	一般按照3至5天日常零星开支所需确定；边远和交通不便地区，可按5至15天的日常零星开支需要确定。商业和服务业找零备用现金根据营业额核定定额，但不包括在开户单位的库存现金限额之内
六、现金支付的原则	先审后付，收付合法，手续完备，当面点清，日清月结
七、现金的内控管理	1.授权审批制度。明确现金支出的审批权限和流程 2.职务分离制度。配备专职或兼职的出纳人员办理现金收付和保管工作，非出纳人员不得经管现金。审批和执行现金收支的职务应当分离。现金保管与稽核职务要分离，登记库存现金日记账和登记库存现金总账的职务要分离，出纳人员不得兼管收入、支出、费用、债权、债务账目的登记工作和会计档案的保管工作 3.账簿记录制度。出纳人员办理现金收付的原始单据必须真实、完整、合法，出纳人员登记日记账的记账凭证必须审核无误，文件记录的保管由专人负责 4.内部稽核和审计制度。必须做到按日清理，按月结账，保证账实相符。会计人员应当定期进行账证、账账核对，保证库存现金总账与库存现金日记账一致，稽核人员应当定期或不定期地进行现金清查，及时发现问题，防止贪污、盗窃、挪用等不法行为的发生，确保资金安全完整

有关现金管理暂行条例及其实施细则的具体内容，参见以下官网文告：

❶《中华人民共和国现金管理暂行条例》（中华人民共和国国务院令第12号，1988年9月8日发布）

❷《中华人民共和国现金管理暂行条例实施细则》（银发〔1988〕288号）

➤➤➤ 同步练习3.1 ◄◄◄

【练习3-1-1】（单选题）下列项目中，企业可以用现金支付的是（　　　）。

A.支付个人劳动报酬　　　　　　　　B.偿还银行小额借款

C.支付前欠某单位1 200元货款　　　　D.退还某单位多付货款1 500元

【练习3-1-2】（多选题）按照《中华人民共和国现金管理暂行条例》的规定，（　　　）

属于现金收入的范围。

A.职工交回差旅费剩余款　　　　　B.从银行提取现金

C.将现金送存银行　　　　　　　　D.收取结算起点以下的小额销货款

【练习3-1-3】（多选题）下列项目中，可以使用现金的有（　　）。

A.支付500元购货款　　　　　　　B.向个人收购农副产品1 500元

C.李某出差借支差旅费1 000元　　D.发放职工困难补助金600元

【练习3-1-4】（多选题）下列各项中，违反现金管理规定的有（　　）。

A.坐支现金

B.收入的现金于当日送存银行

C.将企业的现金收入按个人储蓄方式存入银行

D."白条"抵库

【练习3-1-5】（多选题）企业发生的下列各项支出中，按规定可以用现金支付的有（　　）。

A.支付银行结算手续费800元　　　B.支付职工朱某的医药费2 000元

C.支付购买设备款20 000元　　　　D.支付张小莉出差的差旅费3 000元

【练习3-1-6】（多选题）下列项目中，不能用现金支付的项目有（　　）。

A.向职工个人发放奖金5 000元

B.偿还前欠M公司购货款10 000元

C.张东明出差借支差旅费1 200元

D.购买设备一台，价款20 000元

同步练习3.1

学习任务3.2　　现金收入和提现业务的办理

一、现金收入业务的办理与收据的填写

现金收入包括销售收入、保证金、押金、赔偿金、员工出差多余借款退回等。

有的收款业务由出纳以外的人员开具收款收据，出纳照据收款；有的收款业务是出纳人员自己开具收款收据，自己收款。

现金收入业务办理流程见表3-2。

表3-2　　　　　　　　　　　现金收入业务办理流程

步骤	内容
流程	开票→交款人→出纳→主办会计
一	出纳人员或者其他人员填制收款收据 收款收据一式三联：交款人联，记账联，存根联
二	交款人持收款收据到出纳处交款
三	出纳人员收到现金后在收款收据的收款人处签章，并在记账联上加盖"现金收讫"戳记
四	掌管财务专用章的人员在交款人联上加盖财务专用章，有的收款收据还要求交款人签字确认
五	将交款人联交给交款人，作为交款人交款的依据；将记账联交给主办会计，编制记账凭证

案例3-1——现金收入业务办理

2024年9月29日，际华三五四二纺织有限公司发生下列业务：财务部会计赵明给供应商浙江佳美纺织有限公司业务员李伟开具了一份收取投标保证金的收款收据。李伟凭赵明开具的收据将3 000元现金交给出纳张娟，收款收据如图3-1所示。出纳员张娟收到现金后，当即在记账联上加盖"现金收讫"戳记，在记账联和交款人回单联上由出纳员签章，主管会计接着在"给交款人"联上加盖公司财务专用章。

图3-1　收款收据样式

二、提现业务的办理与现金支票的填写

从银行提取现金业务的办理流程，见表3-3。

表3-3　　　　　　　　出票人单位提现业务办理流程

步骤	内容
流程	出纳→主管会计→稽核会计→银行
第一步	出纳填写提取现金申请书，财务负责人审批
第二步	出纳填写现金支票，字迹工整，内容完整，日期与金额大写填写规范
第三步	主管会计在正面骑缝处（根据单位自己要求）、出票人签章处和背面收款人签章处加盖财务专用章
第四步	出纳填写支票密码，加盖出纳私章，将支票信息填入支票登记簿
第五步	出纳剪下票头（即存根）贴于凭证，将支票与凭证同时交与稽核会计审核
第六步	出纳携带经审核无误的支票到银行提取现金

现金支票票样如图3-2（a）、图3-2（b）所示。

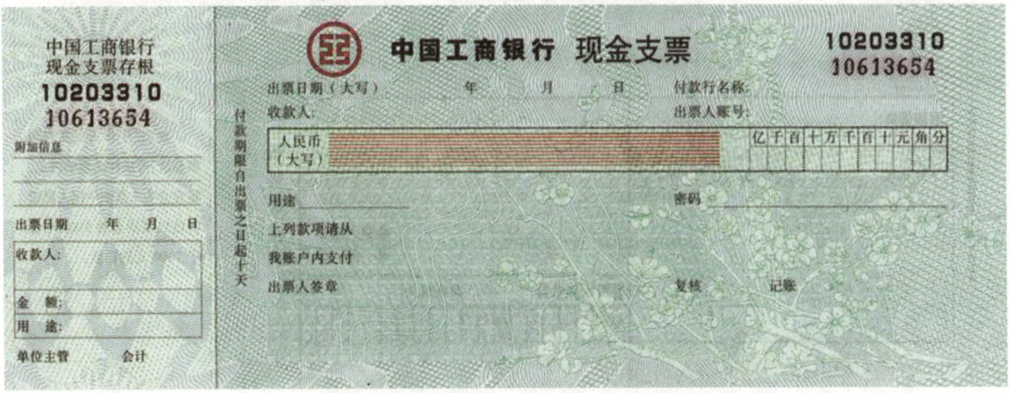

图3-2（a）　现金支票（正面）票样

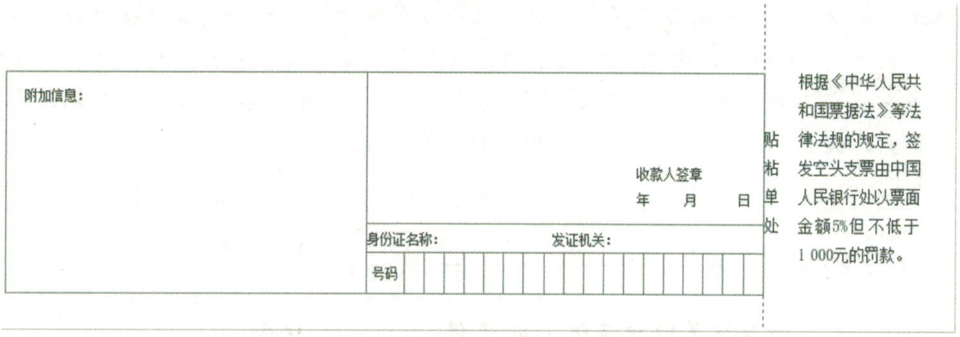

图3-2（b）　现金支票（背面）票样

票据的出票日期必须使用中文大写。月为1、2和10的，日为1~9和10、20、30的，应在其前加"零"；日为11~19的，应在其前加"壹"。具体填写要求详见"学习任务4.1　支付结算业务基本知识"中"五、（二）票据和结算凭证填写要求"。

视频：现金支票的填写

案例3-2——签发现金支票

2024年1月20日，际华三五四二纺织有限公司（开户行：工行湖北襄阳分行军纺支行，账号：1804014009221003567）财务部出纳张娟填写现金支票一张，金额10 000元，以备公司零星开支使用，密码生成器生成的密码是1020 3050 6070 0365，预留银行印鉴是公司的财务专用章和法定代表人张翔胜的印章，公司的财务专用章由会计主管刘刚用印，张翔胜的印章由出纳员张娟用印，稽核会计杜敏负责审核。签发的现金支票如图3-3（是否盖骑缝章，单位自行决定，银行没有要求）和图3-4所示。

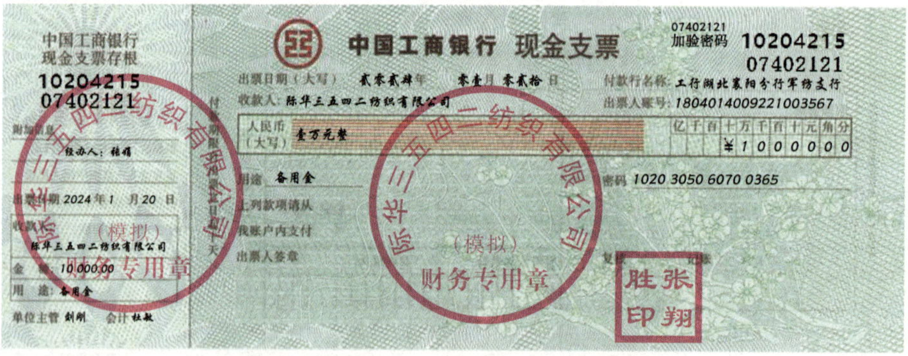

图3-3　签发的现金支票（正面）

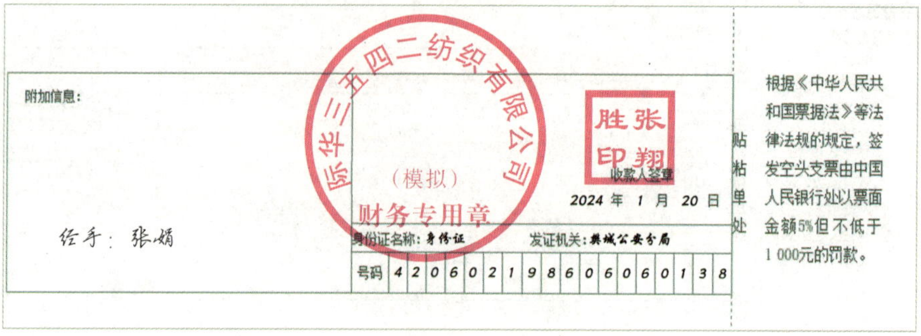

图3-4　签发的现金支票（背面）

　　如果现金支票的收款人不是出票人，而是员工个人，支票的背面不需要加盖出票人预留银行印鉴章，员工个人到付款行支取现金时，需要在支票的背面签名并填写身份信息，同时提供身份证明原件。

▶ **同步练习3.2** ◀

【练习3-2-1】（操作题）填写收款收据（如图3-5所示）。2024年2月1日，际华三五四二纺织有限公司财务部出纳员张娟收到承租方金方圆纺织有限公司张德美交来的现金1 500元，系出租包装物押金。

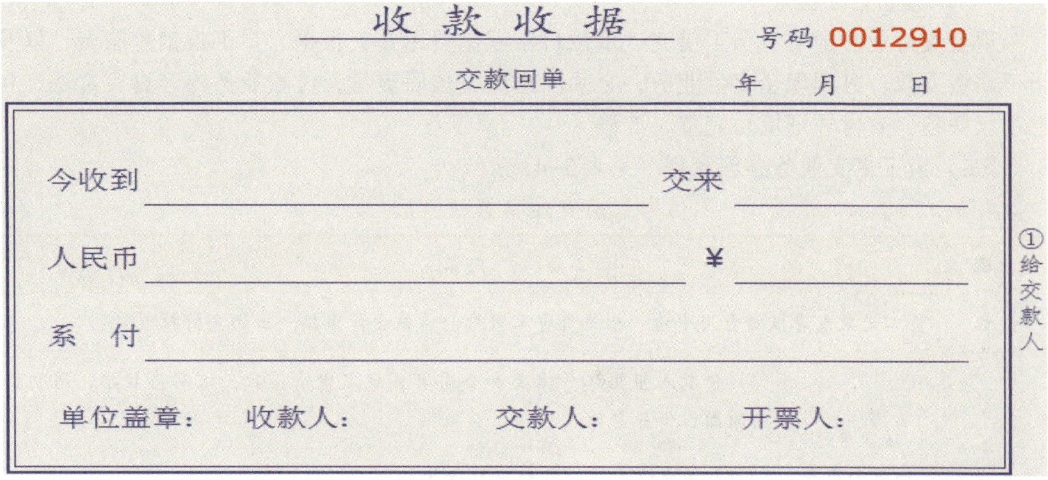

收款收据　　　　　　　号码 0012910

交款回单　　　　　　　　　年　　月　　日

今收到　　　　　　　　　　　　交来

人民币　　　　　　　　　　　　￥

系　付

单位盖章：　　收款人：　　交款人：　　开票人：

①给交款人

图3-5　待填写的收款收据

【练习3-2-2】（操作题）出纳员填写现金支票（如图3-6所示）。2024年2月1日，际华三五四二纺织有限公司财务部出纳员张娟从银行提取8 000元现金，以备公司零星开支使用。付款行名称：工行湖北襄阳分行军纺支行；出票人账号：1804014009221003567。密码器生成的密码是：1321 5678 9082 2235。

练习3-2-1至
练习3-2-2

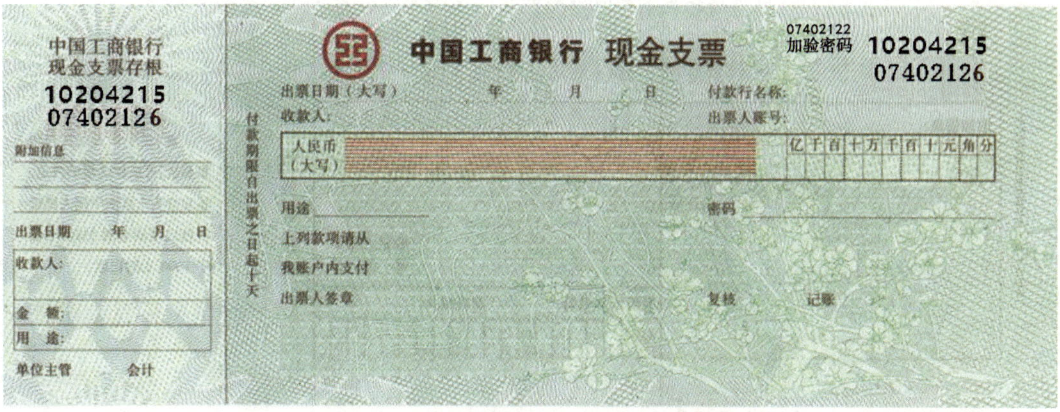

中国工商银行
现金支票存根
10204215
07402126

附加信息

出票日期　年　月　日
收款人：
金　额：
用　途：
单位主管　　会计

中国工商银行　现金支票
07402122
加验密码 10204215
07402126

出票日期（大写）　年　月　日　付款行名称：
收款人：　　　　　　　　出票人账号：

人民币
（大写）　　　　　　　　亿千百十万千百十元角分

用途
上列款项请从
我账户内支付
出票人签章　　　　复核　　　记账

付款期限自出票之日起十天

图3-6　待填写的现金支票（正面）

【练习3-2-3】（单选题）现金支票的提示付款期限自出票日起（　　），但中国人民银行另有规定的除外。

　　A.3日　　　　　　B.5日　　　　　　C.10日　　　　　　D.15日

【练习3-2-4】（单选题）支票主要用于（　　　）。

A.同城结算　　　　　　　　　B.异地结算

C.同城或异地结算　　　　　　D.国际结算

练习3-2-3至练习3-2-4

学习任务3.3　　　现金支付和缴存业务的办理

一、现金支付业务的办理

（一）现金支付业务

现金支付业务通常有员工借支、单位日常零星费用开支报销、员工报销差旅费，以及员工薪资发放。办理现金支付业务，必须注意先审核后支付，付款业务内容真实合法，审批手续齐备，支付凭证填写完整、准确。

（二）员工借支业务办理流程（见表3-4）

表3-4　　　　　　　　　员工借支业务办理流程

步骤	内容	
流程	员工借款或者报销费用申请→相关负责人审批→稽核会计审核→出纳支付款项	
第一步	借款单的审批和审查	（1）借款人根据工作需要和公司有关规定申请借款，填写借款单，写明借支原因、借款金额
		（2）相关负责人根据授权审批借款
		（3）稽核会计根据单位有关规定和资金状况审核借款单据
	说明：经办人员签字是对借款的要求负责；部门领导签字是对第（1）项程序负责；公司主管领导签字是对第（1）、（2）项程序负责；法定代表人签字是对上述程序负责	
第二步	支付	出纳根据审批和审核后的借款单据支付现金或者开具现金支票。只有经过真实性、合法性和完整性核查，才能办理支付手续。对于审批手续不齐全的，或者记载不准确、不完整的原始凭证，予以退回，要求补充、更正，待审批手续补充完整或者更正后再办理支付
		款项付完后由出纳签字并加盖现金付讫印章，以防止重复付款

借款单一式四联，第一联为记账联，作为付款方会计部门记账依据；第二联为结算凭证，借款期间由出纳留存，报销时作为核对依据，报销后随同报销单据作为记账凭证的附件；第三联交由借款人保管；第四联为存根联。实际工作中，也有一些单位将借款单简化为一式两联。

案例3-3——职工借款

2024年3月6日，际华三五四二纺织有限公司销售部赵欣出差到武汉欣悦服装有限公司，借支现金2 000元，已经办理有关审批、审核手续。财务部出纳员张娟根据公司财务制度核查借款手续符合要求，予以支付。为防止重复付款，张娟在付款后当即在借款单上加盖了"现金付讫"戳记。如图3-7所示。

借 款 单

2024 年 3 月 6 日

借款人	赵欣		部门	销售部	①
借款事由	出差到武汉欣悦服装有限公司				记
借款金额（大写）	人民币　贰仟元整			￥2 000.00	账 联
领导审批意见： 同意借支 张翔胜 2024年3月6日			部门主管意见： 情况属实 孙盛 2024年3月6日		

财务审核：杜欢　　　出纳：张娟　　　借款人：赵欣

图 3-7　借款单样式

（三）员工零星费用报销业务的办理

员工零星费用报销业务办理流程，见表3-5。

表 3-5　　　　　　　　　　员工零星费用报销业务办理流程

步骤		内容
流程		当事人提出报销申请→负责人审批→核算会计审核→出纳人员支付报销款或收回多余款
第一步	费用报销的审批和审查	（1）业务经办人员根据单位有关规定整理费用票据，提出报销申请
		（2）相关负责人根据授权，审批费用报销单据
		（3）核算会计根据公司有关规定和具体业务情况，审核费用单据的真实性、合法性、合规性和完整性
第二步	支付或者收回多余款	出纳根据审批手续齐备的凭证，支付现金或开具现金支票，若有预借款项，需将实际发生额和预借款项相比较，多退少补。出纳付完款项后签字，并加盖现金付讫印章
		对于不真实、不合法的报销单据，不予受理；对于手续不齐全的报销单据，予以退回，要求补充、更正。制止和纠正无效的，应当向单位领导人提出书面的请求处理意见

案例3-4 ——员工零星费用报销

2024年6月6日，经批准，综合部金莉购买70gA4打印纸共600元，取得增值税普通发票一张，金莉及时填制了费用报销单，并办理了有关审批、审核签字。金莉持费用报销单到张娟处报销，张娟核查后认为手续齐全，予以支付。为防止重复付款，张娟付款后当即在费用报销单上加盖"现金付讫"戳记。如图3-8所示。

费用报销单

部门：综合部　　　2024 年 6 月 6 日　　　　附件共 1 张

报销项目	摘要	金额								部门核实：
		十万	千	百	十	元	角	分		情况属实 张云洋 2024.6.6
办公费	购买70gA4打印纸			6	0	0	0	0	审批意见	领导批准： 同意报销， 列办公费。 张翔胜 2024.6.6
合　　计				￥	6	0	0	0	0	

（现金付讫）

金额大写：零万零仟陆佰零拾零元零角零分

财务审核：杜敏　　　　出纳：张娟　　　　报销人：金莉

图3-8　费用报销单样式

如果遇到费用小票很多的情况，则需要使用凭证粘贴单，如图3-9所示。

报销凭证粘贴单

领导审批　　　　　　　　　　　年　月　日

注　意

1. 将报销凭证按顺序贴在粗线栏内，必须贴紧，请勿贴出粗线以外。

2. 右列各有关合计数必须根据每一张粘贴单据实填写。

3. 如凭证较多，本页不够使用时，可另行粘贴

单据共　　张
共计金额
报销原因
报销人
复核

图3-9　报销凭证粘贴单样式

（四）员工差旅费用报销业务的办理

差旅费报销单的通用格式如图3-10所示。一些规模较大的单位，往往会设计满足自身管理需要的差旅费用报销单据。

当事人员填写完毕差旅费用报销单据，经过领导审批和会计主管核查签字，出纳人员受理报销业务，进行真实性、完整性和准确性核验后即可办理支付，业务办理流程与零星费用报销的流程基本一致。

二、现金送存银行业务的办理

现金送存银行业务办理流程，见表3-6。

差旅费报销单

报销日期：				部门意见：			领导批准意见：				
部　　门：				出 差 人：			出差事由：				
出发		到达		交通费			出差补贴			其他费用	
日期	地点	日期	地点	交通工具	单据张数	金额	天数	人数	金额	项目	金额
合计											
报销总额	人民币（大写）						预借			退回	
	人民币（小写）									补领	

附单据　　张

财务审核：　　　　出纳：　　　　报销人：

图 3-10　差旅费报销单格式

表 3-6　现金送存银行业务办理流程

步骤	内容
流程	出纳→银行→核算会计
第一步	出纳填写现金存（或缴）款单（或现金存款凭条，下同）
第二步	出纳将现金与存（或缴）款单一同交给银行，银行受理并确认后退给回单
第三步	出纳利用网银系统查询已存现金是否到账
第四步	出纳将银行存款回单交给核算会计

案例3-5——填写现金存款凭条

2024年3月9日，际华三五四二纺织有限公司财务部出纳张娟准备将本日现金收入38 000元送存工行，填写现金存款凭条，其中100元券350张，50元券20张，20元券50张，10元券100张，如图3-11所示。

中国工商银行　　现金存款凭条

2024 年 3 月 9 日

存款人	全　称	际华三五四二纺织有限公司		
	账　号	1804014009221003567	款项来源	销售
	开户行	工行湖北襄阳分行军纺支行	交 款 人	际华三五四二纺织有限公司
金额（大写）叁万捌仟元整			百十万千百十元角分	¥3800000

票面	张数	十	万	千	百	十	元	票面	张数	千	百	十	元	角	分	备注
壹佰元	350							伍角								
伍拾元	20							贰角								
贰拾元	50							壹角								
拾　元	100							伍分								
伍　元								贰分								
贰　元								壹分								
壹　元																

第一联　银行核对联

图 3-11　现金存款凭条（现金缴款单）

现金存款凭条（现金缴款单）一式两联，银行将实际收到的现金与现金存款凭条上填写的数额进行核对，核对无误后在第一联（银行核对联）上盖章确认，交款人以此作为存款的依据，银行自留第二联记账。

同步练习 3.3

【练习 3-3-1】（操作题）填写现金存款凭条（如图 3-12 所示）。2024 年 6 月 30 日，际华三五四二纺织有限公司财务部出纳张娟填写现金存款凭条，将本日销售收入 38 900 元送存工行，其中：100 元券 330 张，50 元券 60 张，20 元券 80 张，10 元券 130 张。公司账号：1804014009221003567，开户行：工行湖北襄阳分行军纺支行。

同步练习 3.3

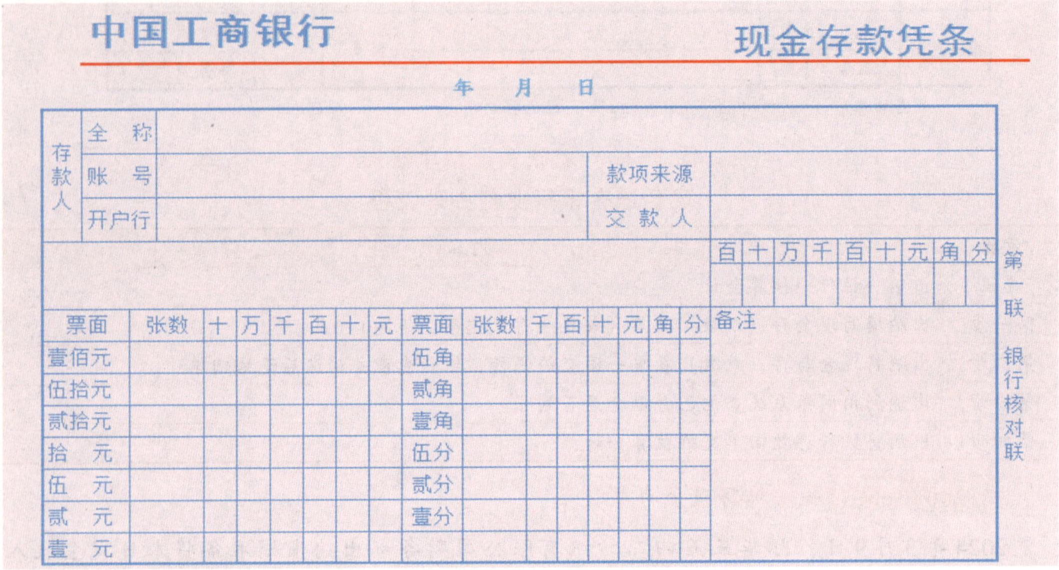
中国工商银行　现金存款凭条

年　月　日

存款人	全称			
	账号		款项来源	
	开户行		交款人	

	百	十	万	千	百	十	元	角	分

票面	张数	十	万	千	百	十	元	票面	张数	千	百	十	元	角	分	备注
壹佰元								伍角								
伍拾元								贰角								
贰拾元								壹角								
拾　元								伍分								
伍　元								贰分								
贰　元								壹分								
壹　元																

第一联 银行核对联

图 3-12　待填写的现金存款凭条

学习任务 3.4　库存现金日记账的登记与核对

一、库存现金日记账的种类

为了实现对库存现金业务的核算和监督，每个单位必须设置库存现金日记账。

库存现金日记账是逐日、逐笔、序时登记库存现金收入和支出业务的日记账簿，由出纳人员根据有关库存现金收款凭证、库存现金付款凭证和提取现金的银行存款付款凭证登记完成。

为了防止账页散失和随意抽换，保证库存现金核算资料的安全与完整，库存现金日记账必须采用依序编号的订本式账簿。

库存现金日记账分为三栏式库存现金日记账和多栏式库存现金日记账，各个单位根据需要选用。

库存现金日记账一般采用三栏式账页格式，设有“借方（或收入）”、“贷方（或支出）”和“余额（或结余）”三栏，为了清晰反映库存现金收付业务的账户对应关系，在账页中还设有“对方科目”栏。

三栏式库存现金日记账的格式见表3-7。

表3-7　　　　　　　　　　库存现金日记账　　　　　　　　　　第 1 页

年		凭证		摘要	对方科目	借方									贷方									借或贷	余额									核对
月	日	种类	号数			百	十	万	千	百	十	元	角	分	百	十	万	千	百	十	元	角	分		百	十	万	千	百	十	元	角	分	

二、库存现金日记账的启用

出纳人员应按照规定内容逐项填写"账簿启用表"和"账簿目录表"。在账簿启用表中，应写明单位名称、账簿名称、账簿编号和启用日期；在经管人员以及交接记录栏中写明经管人员姓名、职别、接管或移交日期，由主办会计人员签名盖章，并加盖单位公章。账簿启用表格式见表3-8。

表3-8　　　　　　　　　　账簿启用表

单位名称									单位盖章
账簿名称									
账簿编号		年总　　册第　　册							
账簿页数		本账簿共计　　页第　　页							
启用日期		年　月　日至　　年　月　日							
经管人员	负责人			主办会计			记账		
	职别	姓名	盖章	职别	姓名	盖章	职别	姓名	盖章
交接记录	职别	姓名	接管			移交			印花税票粘贴处
			年	月	日	盖章	年	月	日	盖章	

年度开始建立新账时，应将上年12月月末库存现金日记账余额转记到新年度账第一行的"余额"栏，在"摘要"栏加盖红色"上年结转"章。

三、库存现金日记账的登记

登记库存现金日记账应注意的问题如下：

1.出纳人员对会计主管审核无误的收、付款记账凭证再次进行仔细核对，核对无误后进行登记。

2.出纳人员应准确登记日期、编号、摘要、金额和对方科目等。经济业务的"摘要"栏依据记账凭证上的摘要进行登记，以便事后查对。日记账应逐笔分行记录，不得将收款记账凭证和付款记账凭证合并登记，也不得将收、付款记账凭证相抵后，以差额登记。登记完毕后，应当逐项复核，复核无误后在记账凭证上的"账页"一栏内填写记账符号"√"，表示已经登记入账。

3.为了及时掌握现金收、付和结余情况，库存现金日记账必须当日业务当日记录，做到日清日结。

4.不得跳行登账，不得隔页登账，不得随便更换账页和撕去账页，作废的账页要留在账簿中。在一个会计年度内，账簿尚未用完时，不得更换账簿或重抄账页。记账时如不慎发生跳行、隔页时，应在空页或空行中间划线加以注销，或注明"此行空白"或"此页空白"等字样，并由记账人员盖章，以示负责。

5.文字和数字必须整洁清晰，准确无误。在登记书写时，不要滥造简化字，不得使用同音异义字；摘要文字紧靠左线；数字要写在金额栏内，不得越格错位、参差不齐；文字、数字字体大小适中，紧靠底线书写，上面要留有适当空距，一般应占格高的1/2或2/3，以备按规定的方法改错。记录金额时，若为没有角、分的整数，应分别在角、分栏内写上"0"，不得省略不写。阿拉伯数字一般自左向右适当倾斜（一般倾斜60~70度），以使账簿记录整齐、清晰。

6.使用蓝黑色墨水钢笔书写或黑色碳素笔书写，不得使用圆珠笔（银行复写账簿除外）或铅笔书写。红色墨水在更正错账和结账时使用。

7.为便于计算日记账中连续记录的累计数额，并使前后账页的合计数据相互衔接，在每一账页登记完毕结转下页时，应结出本页发生额合计数及余额，写在本页最后一行和下页第一行的有关栏内，并在"摘要"栏内注明"过次页"和"承前页"字样；也可以在本页最后一行用铅笔字结出发生额合计数和余额，核对无误后，用蓝黑色墨水钢笔在下页第一行写出上页的发生额合计数及余额，在"摘要"栏内写上"承前页"字样，不必在本页最后一行写"过次页"的发生额和余额。

8.库存现金日记账不得出现贷方余额（或红字余额）。

9.为了提供在法律上有证明效力的核算资料，保证库存现金日记账的合法性，账簿记录不得随意涂改，严禁刮、擦、挖、补，或使用化学药物清除字迹。发现差错必须根据差错的具体情况采用划线更正、红字更正、补充登记等方法更正。

四、库存现金日记账与库存现金总账的核对

为了保证库存现金的安全，及时发现问题，并及时提供库存现金的收付余信息，按照库存现金管理的要求，做到日清月结。账面库存余额每天要与库存现金实际数进行核对，每月末要与库存现金总账进行核对。

库存现金日记账核对的内容主要包括：（1）账证核对：与收付款记账凭证核对，核对后在账页中的对账栏做出对账标记；（2）账实核对：与实际库存余额核对；（3）账账核对，与库存现金总账核对。发现问题及时处理。

对于实现会计电算化核算的单位，库存现金日记账的登记是由具有记账权限的记账会

计完成，系统在执行记账功能的同时自动完成库存现金日记账的登记。通常，出纳凭证在记账前需要出纳人员电子签字确认。核对工作也是通过操作执行对账命令来实现，操作较为简单。具体操作技能的掌握在"会计信息化"（或"会计电算化""会计软件操作"）课程中完成。

→ 同步练习3.4 ←

【练习3-4-1】（单选题）库存现金日记账一般采用（　　）格式的账簿登记。

A.三栏式　　　　　　　　　　　B.多栏式

C.数量金额式　　　　　　　　　D.活页式

【练习3-4-2】（单选题）库存现金日记账核对要做到（　　）。

A.账账相符　　　　　　　　　　B.账证相符

C.日清月结　　　　　　　　　　D.账实相符

【练习3-4-3】（单选题）下列不属于库存现金日记账账簿项目的是（　　）。

A."借方（或收入）"项目　　　　B."贷方（或支出）"项目

C."余额（或结余）"项目　　　　D."付款方式（支票）"项目

【练习3-4-4】（单选题）账簿登记时，不得使用的书写工具是（　　）。

A.蓝黑色墨水钢笔　　　　　　　B.黑色碳素笔

C.红色墨水笔　　　　　　　　　D.圆珠笔、铅笔

【练习3-4-5】（多选题）下列关于库存现金日记账登记的说法中，正确的有（　　）。

A.日记账应逐笔分行记录，不得将收款记账凭证和付款记账凭证合并登记

B.库存现金日记账必须当日业务当日记录，做到日清日结

C.在一个会计年度内，账簿尚未用完时，不得更换账簿或重抄账页

D.库存现金日记账可以出现贷方余额

【练习3-4-6】（多选题）发现库存现金日记账上有错误，应采取的更正方法有（　　）。

A.划线更正法　　　　　　　　　B.红字更正法

C.补充登记法　　　　　　　　　D.直接核销法

【练习3-4-7】（操作题）出纳魏晓慧制表。动易科技公司业务资料如下：

（1）库存现金月初余额3 000元。

（2）6日，收到小额销售货款现金（价税合计）740元。

（3）8日，开出现金支票，提取现金2 000元备用。

（4）11日，以现金支付张川报销的差旅费755元。

（5）16日，办公室报销购买办公用品款785元，以现金支付。

操作要求：根据以上数据，登记库存现金日记账，见表3-9。

表 3-9　　　　　　　　　　库存现金日记账　　　　　　　　第 19 页

年		凭证		摘要	对方科目	借方									贷方									借或贷	余额									核对
月	日	种类	号数			百	十	万	千	百	十	元	角	分	百	十	万	千	百	十	元	角	分		百	十	万	千	百	十	元	角	分	

学习任务 3.5　　　　　　库存现金的清查

一、库存现金清查的意义

库存现金清查是通过实地盘点库存现金，查明其实有数，将实有数与账面数进行核对，确定其是否一致，是否存在溢余或短缺的专项工作。

库存现金的清查是对出纳工作的一种监督管理，是保证账实相符、保障库存现金资产安全的基本措施。

二、库存现金清查的种类

对库存现金的清查主要采用实地盘点的方法，除出纳人员于每日结账后对其经管的现金进行清点外，财会部门还应设立专门的清查小组，对库存现金进行定期和不定期的专门清查。

（一）日常自查

单位应建立出纳人员每日自查制度，并对自查情况进行登记。每日营业终了，出纳人员应根据当日的收、付款凭证登记库存现金日记账，结出"库存现金"账户的账面余额，并将"库存现金"账户的期末余额与库存现金的实有数额相互核对，以确定账实是否相符。对于当日自查账实不符的，出纳人员应先自行核对账目，查找原因，并将长短款情况向会计机构负责人或会计主管人员报告。对于由出纳人员自身原因造成的短款情况，一般应由出纳人员赔偿；对于其他原因造成的长短款情况，应报请企业董事会或厂长经理会议等机构批准后进行处理。

现金的自查是加强现金的内部控制和管理、保证现金安全的有效方法，但如只采用这一种方法，难以防止出纳人员监守自盗。因此，在坚持现金日常自查的前提下，还应该同其他财产物资一样，定期或不定期地由财产清查人员对现金进行专门清查。

（二）专门清查

专门清查是由专门的财产清查人员和出纳人员一起对库存现金所进行的清查。单位应建立定期和不定期的现金清查工作以防止舞弊行为的发生。定期专门清查时间应视企业的不同情况而定，对于以现金收付为主的单位，每月应安排两次以上的专门清查；对于一般单位，也至少应于月末结账前对库存现金进行专门清查。

三、库存现金清查的范围

库存现金清查的范围包括：（1）库存现金的实有数额与账面数额是否相符；（2）库存现金是否按《中华人民共和国现金管理暂行条例》的规定用途支出；（3）库存现金余额是否超过银行所规定的库存现金限额；（4）有无白条抵库的情况；（5）有无违反单位其他现金管理制度的情况。

四、库存现金清查的程序和方法

1.制订清查方案。由会计机构负责人（会计主管人员）拟定清查日期、清查对象、清查目的、清查方法、清查小组成员，并报单位负责人审定。

2.确定账面数额。出纳人员应当及时将本期发生的库存现金收付业务报送给分管会计，会同分管会计人员将库存现金日记账与总分类账进行核对，保证账账相符。由会计机构负责人（会计主管人员）确定清查日的账面数量和账面金额。

3.进行实物盘点。库存现金盘点时，出纳人员必须在场，以明确责任；既要清点现金实存数并与库存现金日记账余额相核对，又要严格检查库存现金限额的遵守情况，以及有无以白条抵充现金的现象。

4.填制"库存现金盘点报告单"。盘点完毕后，应根据盘点结果填制"库存现金盘点报告单"（见表3-10），将现金盘点后的溢余与短缺情况及其原因如实记录。"库存现金盘点报告单"一式三联，第一联记账联，第二联出纳联，第三联存根联。

表3-10　　　　　　　　　　　**库存现金盘点报告单**

单位名称：　　　　　　　　　　　　年　　月　　日

实存金额	账存金额	实存与账存对比结果		备注
		盘盈	盘亏	

会计主管：　　　　　　　　盘点人：　　　　　　　　出纳：

第一联　记账联

5.报告清查结果。清查小组根据清查结果制作清查报告，并向单位负责人报告。如果发现问题，分析库存现金溢余与短缺的原因，并根据有关规定提出处理意见：（1）对超限额保管的现金，应建议及时送存银行；（2）对出现的溢余、短缺问题，应查明原因和责任；（3）对尚未入账的符合财务制度规定的收、付款凭证，应按规定及时入账，以保证会计信息的真实准确；（4）对不符合财务制度规定的借条，应要求追回款项。

6.清查处理决策。由单位负责人按相应授权规定，根据"库存现金盘点报告单"和清查报告，决定清查结果的具体处理办法。

7.实施账务调整。会计机构对清查差异按有关规定的处理办法进行相应账务处理。如为现金溢余，属于应支付给有关人员或单位的，计入其他应付款；属于无法查明原因的，计入营业外收入。如为现金短缺，属于应由责任人赔偿或保险公司赔偿的部分，计入其他应收款；属于无法查明的其他原因的，计入管理费用。

➤ 同步练习3.5 ◄

【练习3-5-1】（单选题）关于现金的清查，下列说法不正确的是（　　　）。

A.在清查小组盘点现金时，出纳人员必须在场

B."库存现金盘点报告表"需要清查人员和出纳人员共同签字盖章

C.要根据"库存现金盘点报告表"进行账务处理

D.不必根据"库存现金盘点报告表"进行账务处理

同步练习3.5

【练习3-5-2】（单选题）对库存现金的清查应采用的方法是（　　　）。

A.实地盘点法　　　　　　　　　B.检查库存现金日记账

C.倒挤法　　　　　　　　　　　D.抽查现金

【练习3-5-3】（单选题）某企业进行现金清查时，发现现金实有数比账面余额多100元。经反复核查，长款原因不明。正确的处理方法是（　　　）。

A.归出纳员个人所有　　　　　　B.冲减管理费用

C.确认为其他业务收入　　　　　D.确认为营业外收入

【练习3-5-4】（多选题）下列关于库存现金清查的表述中，错误的有（　　　）。

A.出纳人员应该对库存现金进行定期或不定期的专门清查

B.清查小组对库存现金进行清查时，出纳人员必须在场，现金应逐张查点

C.盘点完后应编制"库存现金盘点报告单"，并由会计机构负责人和出纳人员共同签章

D."库存现金盘点报告单"兼有盘存单和实存账存对比表的作用

【练习3-5-5】（多选题）库存现金盘亏的账务处理中可能涉及的科目有（　　　）。

A.库存现金　　　　B.管理费用　　　　C.其他应收款　　　　D.营业外支出

【练习3-5-6】（多选题）关于库存现金的清查，下列说法正确的有（　　　）。

A.库存现金应该每日清点一次

B.库存现金应该采用实地盘点法

C.在清查过程中可以用借条、收据充抵库存现金

D.要根据盘点结果编制"库存现金盘点报告单"

【练习3-5-7】（判断题）现金的清查是采用实地盘存法确定库存现金的实存数，然后与库存现金日记账的账面余额相核对，确定账实是否相符。（　　　）

【练习3-5-8】（判断题）库存现金的清查包括出纳人员每日的清点核对及清查小组定期和不定期的清查。（　　　）

【练习3-5-9】（思考题）乙公司出纳小张由于刚参加工作不久，对货币资金业务管理和核算的相关规定不甚了解，在连续两天现金清查中，分别发现现金短缺50元和现金溢余20元的情况，他经过反复思考也弄不明白原因。碍于面子，同时又考虑到两次账实不符的金额很小，他决定采取下列办法进行处理：现金短缺50元，自掏腰包补齐；现金溢余20元，暂时收起。

小张对上述两项业务的处理是否正确？为什么？

学习项目四　支付结算业务

学习目标

➤ 理解支付结算的概念

➤ 明确支付结算的原则和要求

➤ 熟悉银行结算账户开立与管理的要求

➤ 熟知票据的基本知识

➤ 熟悉主要结算业务流程并掌握操作方法

➤ 掌握银行存款日记账登记和核对的方法

➤ 熟悉银行存款清查的方法

内容结构

支付结算业务 ─

- 支付结算业务基本知识
- 银行结算账户的开立与管理
- 支票结算业务的办理
- 网上支付业务的办理
- 商业汇票结算业务的办理
- 汇兑结算业务的办理
- 银行卡结算业务的办理
- 银行本票结算业务的办理
- 银行汇票结算业务的办理
- 托收承付和委托收款结算业务的办理
- 银行存款日记账的登记与核对
- 银行存款的清查

引　言

　　企业因购买商品、接受劳务和清偿债务等发生的支出，除了按照《中华人民共和国现金管理暂行条例》的规定可以使用现金结算以外，均应通过银行进行转账支付结算。

　　本学习项目的学习重在了解现代支付体系的运行原理，学会运用多种支付结算手段完成交易，保障支付安全，并在此基础上提高支付效率、降低支付成本。

　　　　　马虎粗心要不得，出了差错要追责；
　　　　　资金安全记心间，搞好服务不简单；
　　　　　每天经手千万元，就是不错一分钱；
　　　　　只有苦练基本功，业务才能全精通。

学习任务 4.1　　　　　　　支付结算业务基本知识

一、支付结算的概念

支付结算是指单位、个人在社会经济活动中使用某种结算方式进行货币给付及资金清算的行为。银行是支付结算和资金清算的中介机构。

二、支付结算涉及的法规

关于支付结算的法律制度，已逐步形成一个以基础性法律规定为主体，以各种具体支付结算方式相关规定和监管部门政策性规定为补充的法律规范体系。

（一）基础性的法律规定

与支付结算相关的基础性法律规定，主要包括《中华人民共和国商业银行法》、《中华人民共和国票据法》、《人民币银行结算账户管理办法》及其实施细则、《境外机构人民币银行结算账户管理办法》、《中国人民银行关于取消企业银行账户许可有关事宜的决定》、《非金融机构支付服务管理办法》及其实施细则、《支付机构客户备付金存管办法》等。

（二）有关支付结算方式的具体规定

与各种支付结算方式相关的规定，主要包括《支付结算办法》《电子支付指引（第一号）》《电子银行业务管理办法》《非银行支付机构网络支付业务管理办法》《条码支付业务规范（试行）》《银行卡业务管理办法》《银行卡收单业务管理办法》《商业银行信用卡业务监督管理办法》《支付机构预付卡业务管理办法》《单用途商业预付卡管理办法（试行）》《国内信用证结算办法》《最高人民法院关于审理信用证纠纷案件若干问题的规定》《最高人民法院　最高人民检察院关于办理非法从事资金支付结算业务、非法买卖外汇刑事案件适用法律若干问题的解释》等。

（三）监管部门的政策性规定

较近的政策性规定主要包括《中国人民银行关于改进个人支付结算服务的通知》《中国人民银行关于进一步加强人民币银行结算账户开立、转账、现金支取业务管理的通知》《中国人民银行关于境外机构人民币银行结算账户开立和使用有关问题的通知》《国家发展改革委　中国人民银行关于完善银行卡刷卡手续费定价机制的通知》《中国人民银行关于切实做好银行卡刷卡手续费标准调整实施工作的通知》《中国人民银行关于加强银行卡业务管理的通知》《中国人民银行关于加强支付结算管理　防范电信网络新型违法犯罪有关事项的通知》《中国人民银行关于落实个人银行账户分类管理制度的通知》《中国人民银行关于规范支付创新业务的通知》《中国人民银行关于改进个人银行账户分类管理有关事项的通知》《中国人民银行关于进一步加强支付结算管理　防范电信网络新型违法犯罪有关事项的通知》《企业银行结算账户管理办法》《商业汇票承兑、贴现与再贴现管理暂行办法》《电子商业汇票业务管理办法》等。

三、支付结算的原则

支付结算的原则是：（1）恪守信用，履约付款；（2）谁的钱进谁的账，由谁支配；（3）银行不垫款。

四、支付结算的类型

支付结算的类型主要有电子支付、银行卡、支票、银行本票、银行汇票、商业汇票、汇兑、委托收款、托收承付、国内信用证等，如图 4-1 所示。其中，通过电子支付、银行卡、支票进行支付结算最为频繁。

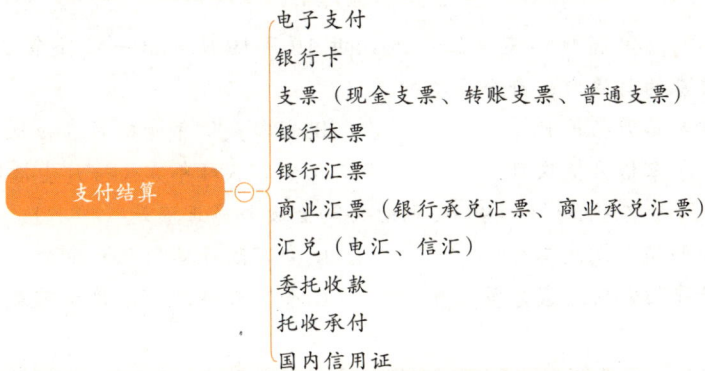

```
                          ┌── 电子支付
                          │── 银行卡
                          │── 支票（现金支票、转账支票、普通支票）
                          │── 银行本票
    ┌──────────┐          │── 银行汇票
    │  支付结算  │────○────┤── 商业汇票（银行承兑汇票、商业承兑汇票）
    └──────────┘          │── 汇兑（电汇、信汇）
                          │── 委托收款
                          │── 托收承付
                          └── 国内信用证
```

图 4-1　支付结算的类型

支付结算的工具多种多样，有纸基支付、卡基支付、网上支付、移动支付、电话支付等。

五、办理支付结算的要求

（一）基本要求

办理支付结算应该遵循的要求有：（1）必须按规定开立和使用账户，支付账户不得透支，不得出借、出租、出售，不得利用支付账户从事或者协助他人从事非法活动。（2）必须使用中国人民银行统一规定的票据和结算凭证。（3）填写票据和结算凭证应当规范，做到数字正确、要素齐全、不错不漏、字迹清楚，防止涂改。（4）票据和结算凭证上的签章和记载事项必须真实，不得伪造、变造。

（二）票据和结算凭证填写要求

1.票据的出票日期必须使用中文大写。为防止变造票据的出票日期，在填写月、日时，必须按照规范的要求使用中文大写。月为 1、2 和 10 的，以及日为 1～9 和 10、20 和 30 的，应在其前加"零"；日为 11～19 的，应在其前加"壹"。

注意：票据出票日期使用小写的，银行不予受理；大写日期未按要求的规范进行填写的，银行可予受理，但由此造成损失的，由出票人自行承担。

2.中文大写金额数字前应标明"人民币"字样，大写金额数字应紧接"人民币"字样填写，不得留有空白。

3.中文大写金额数字到"元"或"角"为止的，在"元"或"角"之后应写"整"或"正"字；大写金额数字有"分"的，"分"后面不写"整"或"正"字。

4.阿拉伯小写金额数字中有"0"的，中文大写应按照汉语语言规律、金额数字构成和防止涂改的要求进行书写。

5.阿拉伯小写金额数字前面应填写人民币符号"¥"。

6.票据和结算凭证的出票日期、金额、收款人名称不得更改；更改的票据无效，更改的结算凭证，银行不予受理。

案例4-1 ——票据出票日期的填写

如果票据日期为2024年2月10日，则中文大写日期应为：贰零贰肆年零贰月零壹拾日；如果票据日期为2024年11月30日，则中文大写日期应为：贰零贰肆年壹拾壹月零叁拾日。

➤同步练习4.1◄

【练习4-1-1】（单选题）某单位于2024年10月19日开出一张现金支票，下列有关支票日期的写法中，符合要求的是（   ）。

A.贰零贰肆年拾月拾玖日　　　　　　　B.贰零贰肆年壹拾月壹拾玖日

C.贰零贰肆年零拾月拾玖日　　　　　　D.贰零贰肆年零壹拾月壹拾玖日

同步练习4.1

【练习4-1-2】（单选题）16 409.02元的大写金额书写正确是（   ）。

A.一万六仟四佰零九元二分　　　　　　B.壹万陆仟肆佰玖元贰分

C.壹万陆仟肆佰零玖元贰分整　　　　　D.壹万陆仟肆佰零玖元零贰分

学习任务4.2　　　　银行结算账户的开立与管理

一、银行结算账户的概念与分类

银行结算账户是指存款人在经办银行开立的办理资金收付结算的人民币活期存款账户。银行结算账户种类的具体划分见表4-1；个人银行结算账户种类的具体划分见表4-2。

表4-1　　　　　　　　　　　银行结算账户的种类

单位银行结算账户	基本存款账户	存款人的主办账户，主要办理存款人日常经营活动的资金收付和现金的支取。一个单位只能选择在一家银行的一个营业机构开立一个基本存款账户
	一般存款账户	存款人因借款或其他结算需要，在基本存款账户开户银行以外的银行营业机构开立的银行结算账户，可以办理现金缴存，但不得支取现金。基本户开户网点不得为其开立一般存款账户
	专用存款账户	存款人按照有关法规，对有特定用途资金进行专项管理和使用而开立的银行结算账户
	临时存款账户	存款人因临时需要并在规定期限内使用而开立的银行结算账户，有效期最长不得超过2年。临时存款账户支取现金，应按照国家现金管理的规定办理
个人银行结算账户		凭个人身份证件以自然人名称开立的银行结算账户，用于办理个人转账收付和现金存取

表4-2　　　　　　　　　　个人银行结算账户的种类

账户类型	功能	额度
Ⅰ类	全功能银行结算账户，可存取现金、理财、转账、缴费、支付等。一个人在一个银行只能有一个Ⅰ类账户	不限
Ⅱ类	具备"理财+支付"功能，可以购买理财产品和消费支付	除理财外，"转账+现金"单日最高1万元，年累计20万元
Ⅲ类	只能进行小额消费和缴费支付	单日最高1 000元

二、单位银行结算账户管理的原则

单位银行结算账户管理的原则是：一个基本账户原则，自主选择银行开立银行结算账户原则，守法合规原则，存款信息保密原则。除国家法律法规另有规定外，银行有权拒绝任何单位和个人查询。

三、单位银行结算账户的开立、变更与撤销

（一）单位银行结算账户的开立

存款人开立银行结算账户，需要核准的，应及时报送中国人民银行当地分支行核准；不需核准的，应在法定期限内向中国人民银行当地分支行备案。

1.开户申请书。

以中国工商银行为例，开立单位银行结算账户申请书见表4-3。

表4-3　ICBC 中国工商银行　　开立单位银行结算账户申请书

银行打印	本人已确认银行打印记录正确无误　　客户确认签字：										
存款人名称					电话						
地址					邮编						
存款人类别					组织机构代码						
法人代表人（　）单位负责人（　）	姓名										
	证件种类				证件号码						
行业分类	A□　B□　C□　D□　E□　F□　G□　H□　I□　J□　K□　L□　M□　N□　O□　P□　Q□　R□　S□　T□										
注册资金					地区代码						
经营范围											
证明文件种类					证明文件编号						
税务登记证编号											
关联企业											
账户性质	基本（　）　　一般（　）　　专用（　）　　临时（　）										
资金性质			有效日期至　　　年　月　日								

以下为存款人上级法人或主管单位信息：

上级法人或主管单位名称				
基本存款账户许可证核准号			组织机构代码	
法定代表人（　）单位负责人（　）	姓名			
	证件种类			
	证件号码			

以下栏目由开户银行审核后填写：

开户银行名称		开户银行代码	
账户名称		账号	
基本存款账户许可证核准号		开户日期	

外汇账户	账户性质	经常项目外汇账户（　）基本项目外汇账户（　）特殊外汇账户（　）集团外汇账户（　）		
	账户最高限额	不同币种限额分配		
	公司注册地	一般经济区（　）　保税区（　）　出口加工区（　）　钻石交易所（　）		
代码类型	0.企业法人代码证书；1.营业执照；2.行政机关；3.社会团体；4.军队；5.武警；6.下属机构（具有主管单位批文号）；7.其他			
营业执照号码		有效期　至　　　年　月　日		
是否预留账号密码	是（　）否（　）	印鉴方式	密码单（　）图章印鉴（　）密码器（　）编码印鉴（　）	对账方式	邮寄（　）柜面（　）电话银行（　）网上银行（　）
是否申请金融服务卡	是（　）否（　）			
对账单邮寄地址	邮编	邮寄方式		按月（　）　按季（　）
	地址			
代理人信息	名称	证件种类		证件号码

本存款人申请开立单位银行结算账户，并承诺所提供的开户资料真实、有效；开通电子银行业务的，对使用客户证书发生的各种支付款项，授权贵行记入本单位账户。 　　　　存款人（公章） 　　　　　　　　　　年　月　日	开户银行审核意见： 经办人（签章） 银行（签章） 　　　　　年　月　日	人民银行审核意见： 经办人（签章） 人民银行（签章） 　　　　　年　月　日

第一联　开户银行留存

2.开立单位银行结算账户需要的资料。

开立单位银行结算账户所需资料见表4-4。

表4-4 开立单位银行结算账户所需资料

种类	所需资料
基本存款账户	1.新版营业执照正副本 2.公章、财务章、法定代表人私章 3.法定代表人身份证原件、复印件 4.开立单位银行结算账户申请书 5.开户银行工作人员在办公地点面见法定代表人并拍照，公司出示营业执照、房产证或租赁合同 6.异地开立基本存款账户，提供注册地中国人民银行分支行提供的未开立基本存款账户证明
一般存款账户	1.基本存款账户开户许可证（如图4-2所示） 2.存款人因向银行借款需要，应出具借款合同 3.存款人因其他结算需要，应出具有关证明
专用存款账户	1.基本建设资金、更新改造资金、政策性房地产开发资金，出具主管部门批文 2.财政预算外资金，出具财政部门同意开户的证明 3.单位银行卡备用金，按照银行卡章程的规定出具证明和资料 4.证券交易保证金，出具证券公司或证券管理部门的证明 5.粮、棉、油收购资金，出具主管部门批文 6.期货交易保证金，出具期货公司或期货管理部门的证明 7.金融机构存放同业资金，出具双方签署的资金存放协议 8.收入汇缴资金和业务支出资金，出具基本存款账户存款人有关的证明 9.党、团、工会的组织机构经费，出具该单位或有关部门的批文或证明
临时存款账户	1.临时机构，出具驻地主管部门同意设立临时机构的批文 2.异地建筑施工安装单位，出具营业执照正本和基本存款账户开户许可证，以及施工地建设主管部门核发的许可证或施工合同 3.异地从事临时经营活动，出具营业执照正本、临时经营地市场监督管理部门的批文和基本存款账户开户许可证 4.注册验资，出具企业名称预先核准通知书或有关部门的证明

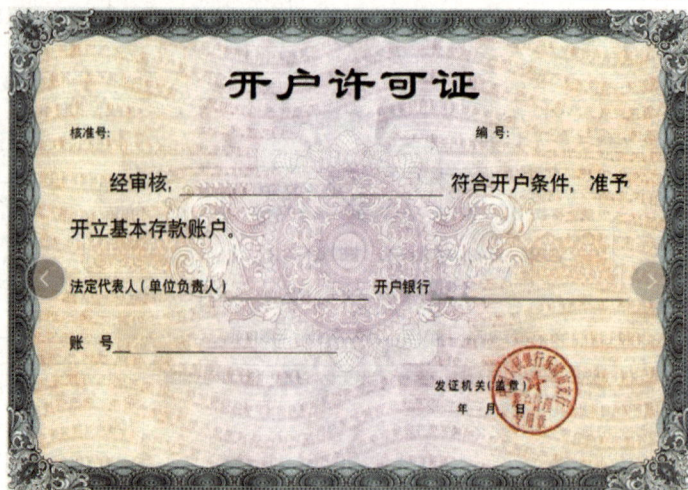

图4-2 开户许可证

3.预留银行印鉴。

预留银行印鉴是单位与银行约定付款的法律依据，一般为财务专用章和法定代表人章（或者是法定代表人授权人的名章），印鉴盖在卡片纸上，留在银行。

当单位需要通过银行办理相关转账、提现业务时，应填写相关的银行票据或结算凭证，并加盖预留银行印鉴。银行经过核对，确认与预留印鉴相符即可办理支付结算。

（二）银行结算账户的变更

1.变更银行结算账户申请书。

以中国工商银行为例，变更银行结算账户申请书见表4-5。

表4-5　ICBC 中国工商银行　　　　　　变更银行结算账户申请书

银行打印	本人已确认银行打印记录正确无误。客户确认签章：			
账户名称				
开户银行代码			账号	
账户性质	基本（　）　专用（　）　一般（　）　临时（　）　个人（　）			
开户许可证核准号				
变更事项及变更后内容如下：				
账户名称				
地址				
邮政编码				
电话				
注册资金金额				
证明文件种类				
证明文件编号				
经营范围				
法定代表人或单位负责人	姓名			
	证件种类			
	证件号码			
关联企业				
上级法人或主管单位基本存款账户核准号				
上级法人或主管单位的名称				
上级法人或主管单位法定代表人或单位负责人	姓名			
	证件种类			
	证件号码			

账户性质	经常项目外汇账户（　）　资本项目外汇账户（　）　特殊外汇账户（　）　集团二级账户（　）			
财务主管	名称		电话	
	证件种类		证件号码	
未用空白重要凭证名称	号码		份（张）数	
	起：　　　　止：			
	起：　　　　止：			
账户密码变更（　）	印鉴方式：密码单（　）　图章印鉴（　）　密码器（　）　编码印鉴（　）			

本存款人申请变更上述银行账户内容，并承诺所提供的资料真实、有效。 存款人（签章） 年　月　日	开户银行审核意见： 经办人（签章） 开户银行（签章） 年　月　日	人民银行审核意见： 经办人（签名） 人民银行（签章） 年　月　日

第一联　开户银行留存

2.银行结算账户变更事项及所需资料（见表4-6）。

表4-6 银行结算账户变更事项及所需资料

变更事项	准备资料
1.存款人名称 2.法定代表人 3.住址及其他变更	1.组织机构设立登记证件（新版营业执照）正副本及复印件 2.法人变更登记核准通知书 3.法定代表人身份证原件、复印件 4.被授权人身份证原件、复印件 5.旧的开户许可证 6.法定代表人授权书 7.涉及公章发生变化的，需带上新旧公章、法定代表人章和财务专用章

（三）银行结算账户的撤销

1.撤销银行结算账户申请书。

以中国工商银行为例，撤销银行结算账户申请书见表4-7。

表4-7 **ICBC 中国工商银行** 撤销银行结算账户申请书

银行打印	本人已确认银行打印记录正确无误。客户确认签章：				
	账户名称				
	开户银行名称				
	开户银行代码		账号		
	账户性质	基本（ ）专用（ ）一般（ ）临时（ ）个人（ ）			
	开户许可证核准号				
	销户原因				
	证件类型		证件号码		

账户性质	经常项目外汇账户（ ）资本项目外汇账户（ ）特殊外汇账户（ ）集团二级账户（ ）		
未用空白重要凭证名称	号码		份（张）数
	起： 止：		
	起： 止：		
	起： 止：		
	起： 止：		
	起： 止：		
	起： 止：		

提示：

1. 尚未清偿银行债务或尚有未入账在途资金的，不得申请撤销账户。
2. 申请撤销银行账户，必须与开户银行核对银行账户存款余额、交回未用重要空白凭证。
   客户未按规定交回未用空白票据的，应提交正式公函，由此引起的一切损失由客户自行承担。
3. 客户在不符合销户条件申请销户时，银行有权拒绝客户销户申请。
4. 客户未按规定自行销户的，由此造成的损失由客户自行承担。

本存款人申请撤销上述银行账户，承诺所提供的证明文件真实、有效。 　　　　　　存款人（签章） 　　　　　　　年　月　日	开户银行审核意见： 　　经办人（签章） 　　开户银行签章（签章） 　　　　　年　月　日

2.办理银行结算账户撤销所需资料（见表4-8）。

表4-8　　　　　　　　　办理银行结算账户撤销所需资料

撤销事项	所需资料
1.撤并、解散、破产或关闭 2.注销、被吊销营业执照 3.变更开户银行 4.其他原因	1.开户许可证 2.销户申请书 3.剩余的支票 未按规定交回各种空白票据及结算凭证的，应出具有关证明，造成损失的，自行承担 4.印鉴卡 5.法定代表人身份证原件及两份复印件 6.市场监督管理部门出具的"企业注销通知书"

四、银行账户管理

违反银行账户管理，将要受到相应处罚，详见表4-9。

表4-9　　　　　　　　　违反银行账户管理的处罚

违法行为（存款人）	处罚
1.违规开户 2.伪造、变造开户证明文件 3.不及时撤销银行结算账户 4.未及时将变更事项通知银行	1.非经营性的存款人，警告并处1 000元罚款 2.经营性的存款人，警告并处1万～3万元的罚款 3.构成犯罪的，依法追究刑事责任 4.警告并处以1 000元罚款
5.使用过程中的违法行为	1.非经营性的存款人，警告并处1 000元罚款 2.经营性的存款人，警告并处0.5万～3万元罚款
6.伪造、变造、私印开户登记证	1.非经营性的存款人，处1 000元罚款 2.经营性的存款人，警告并处1万～3万元的罚款 3.构成犯罪的，依法追究刑事责任
违法行为（银行）	**处罚**
1.违规为存款人多头开立银行结算账户 2.明知是单位资金，而允许以自然人名称开立银行账户存储	1.警告并处5万～30万元罚款 2.对高管人员、主管人员、直接责任人进行纪律处分 3.情节严重的，人民银行有权停止开立基本户的核准，责令停业整顿，或吊销经营金融业务许可证 4.构成犯罪的，依法追究刑事责任
3.使用过程中的违法行为	1.警告并处0.5万～3万元罚款 2.对高管人员、主管人员、直接责任人进行纪律处分 3.情节严重的，停止开立基本户的核准 4.构成犯罪的，依法追究刑事责任

➤➤➤ 同步练习4.2 ◄◄◄

【练习4-2-1】（单选题）以下账户可用于支付工资及资金的是（　　）。

A.一般存款账户　　　　　　　　B.基本存款账户

C.临时存款账户　　　　　　　　D.存款账户

同步练习4.2

【练习4-2-2】（单选题）存款人用于基本建设的资金可开设（   ）进行管理。

A.基本存款账户   B.一般存款账户   C.临时存款账户   D.专用存款账户

【练习4-2-3】（多选题）下列情况中，存款人可以申请开立临时存款账户的有（   ）。

A.设立临时机构   B.异地临时经营活动

C.注册验资   D.基本建设资金的需要

【练习4-2-4】（多选题）存款人申请开立一般存款账户，应向银行出具（   ）。

A.开立临时存款账户规定的证明文件

B.基本存款账户开户登记证

C.存款人因向银行借款需要，应出具借款合同

D.存款人因其他结算需要，应出具有关证明

【练习4-2-5】（判断题）单位银行结算账户的存款人只能在银行开立两个基本存款账户。（   ）

【练习4-2-6】（判断题）存款人开立基本存款账户、临时存款账户和预算单位开立专用存款账户实行核准制度，经中国人民银行核准后由开户银行核发开户登记证。（   ）

【练习4-2-7】（判断题）一般存款账户是存款人按照法律、行政法规和规章，对其特定用途资金进行专项管理和使用而开立的银行结算账户。（   ）

【练习4-2-8】（判断题）个人银行结算账户是自然人因投资、消费、结算等而开立的可办理支付结算业务的存款账户。（   ）

【练习4-2-9】（判断题）单位可根据需要申请开立个人银行结算账户，也可以在已开立的储蓄账户中选择并向开户银行申请确认为个人银行结算账户。（   ）

【练习4-2-10】（简答题）《人民币银行结算账户管理办法》适用于什么范围？

【练习4-2-11】（简答题）哪些存款人可以申请开立基本存款账户？

学习任务4.3　　　支票结算业务的办理

一、票据结算概述

（一）票据的概念与种类

广义的票据包括各种有价证券和凭证；狭义的票据则仅指《中华人民共和国票据法》规定的票据。本书所述的票据是指狭义概念。票据是由出票人依法签发的，约定自己或者委托付款人在见票时，或在指定的日期向收款人或持票人无条件支付一定金额并可流通转让的有价证券。票据包括汇票、本票和支票，如图4-3所示。

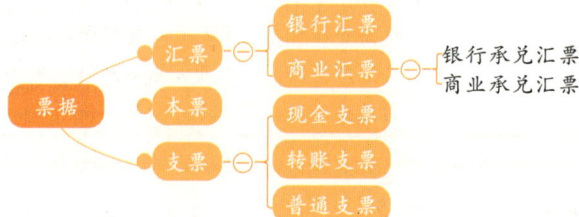

图4-3　票据的种类

（二）票据的特征与功能

票据的特征有：（1）票据是债券凭证；（2）票据是设权证券；（3）票据是文义证券；（4）票据是无因证券；（5）票据是要式证券。

票据的功能包括：（1）支付功能；（2）汇兑功能；（3）信用功能；（4）结算功能；（5）融资功能。

（三）票据行为

票据行为是指票据当事人以发生票据债务为目的、以在票据上签名或盖章为权利与义务成立要件的法律行为，包括出票、背书、承兑和保证四种。

出票人在票据上的签章不符合《中华人民共和国票据法》规定的，票据无效；单位、银行在票据上的签章和单位在结算凭证上的签章，为该单位、银行的盖章加其法定代表人或其授权的代理人的签名或盖章。承兑人、保证人在票据上的签章不符合规定的，其签章无效，但不影响其他符合规定签章的效力；背书人在票据上的签章不符合规定的，其签章无效，但不影响其前手符合规定签章的效力。

背书按照目的不同分为转让背书和非转让背书。转让背书是以持票人将票据权利转让给他人为目的；非转让背书是将一定的票据权利授予他人行使，包括委托收款背书和质押背书。

（四）票据当事人

票据当事人可分为基本当事人和非基本当事人。基本当事人包括出票人、付款人和收款人。非基本当事人包括承兑人、背书人、被背书人、保证人。

（五）票据权利与责任

票据权利是指票据持票人向票据债务人请求支付票据金额的权利，包括付款请求权和追索权。票据责任是指票据债务人向持票人支付票据金额的责任。

二、支票结算方式

（一）支票的概念及适用范围

支票是指由出票人签发的、委托办理支票存款业务的银行在见票时无条件支付确定的金额给收款人或者持票人的票据。支票的基本当事人包括出票人、付款人和收款人。支票可以背书转让，但用于支取现金的支票不能背书转让。单位和个人在同一票据交换区域的各种款项结算，均可以使用支票。

（二）支票的种类

支票分为现金支票、转账支票和普通支票。

1.现金支票是开户单位用于向开户银行提取现金的凭证，一般在提取备用金或者支付给个人款项时使用。现金支票票样见学习项目三中的图3-2。

注：现金支票的主题图案为梅花，支票上印有"现金"字样。

2.转账支票是用于单位之间的商品交易、劳务供应或其他款项往来的结算凭证，只能用于转账结算，不能用于提取现金。

注：转账支票主题图案为竹，支票上印有"转账"字样。

转账支票票样的正面和背面分别如图4-4和图4-5所示。

3.普通支票是指未印有"现金"或"转账"字样的支票，既可以用来支付现金，也可以用来转账。在普通支票左上角划两条平行线的，为划线支票，只能用于转账，不能支取现金。

在实际工作中，常见的是现金支票和转账支票，鲜有使用普通支票。

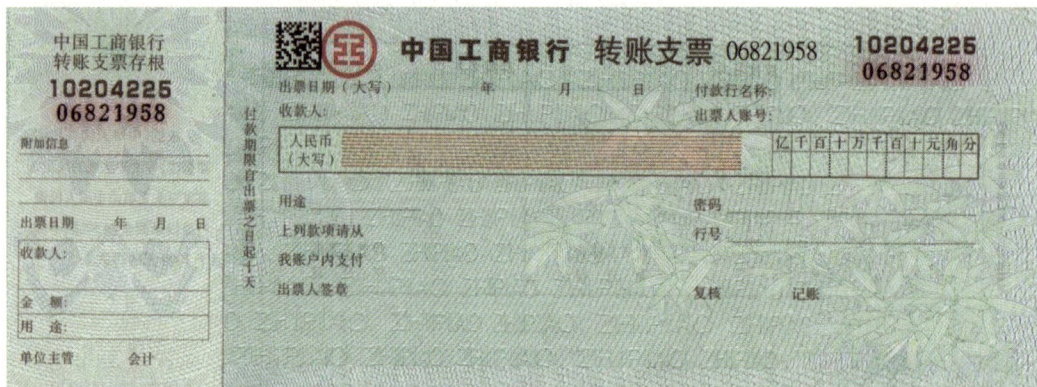

图4-4　中国工商银行转账支票正面

图4-5　中国工商银行转账支票背面

（三）支票记载事项

支票记载事项有：（1）表明"转账支票"等的字样；（2）无条件支付的委托；（3）确定的金额；（4）付款人名称；（5）出票日期；（6）出票人签章；（7）支付密码。支票上未记载上述规定事项之一的，支票无效。

支票的付款人为支票上记载的出票人开户银行。

（四）支票结算的基本规定

1.支票使用基本规定。

（1）支票签发分为手工签发和电脑打印两种。手工签发支票应当使用碳素墨水或墨汁填写。各项内容要齐全，内容要真实，字迹要清晰，数字要标准，大小写金额要一致。

（2）支票一律记名，即签发的支票必须注明收款人的名称。

（3）支票上的金额可以由出票人授权补记，但只能由收款人补记。支票上未记载收款人名称的，经出票人授权可以由他人补记。未补记前的支票，不得使用。

（4）支票的出票日期、出票金额、收款人名称不得更改，其他记载事项更改必须由签发人加盖预留银行印鉴之一证明。

（5）支票的提示付款期为10天，但中国人民银行另有规定的除外。从签发支票的次日算起，到期日遇节假日顺延。过期支票银行不予受理，支票自动作废。

（6）支票的出票人签发支票的金额不得超过付款时在付款人处实有的存款金额。禁止签发空头支票。支票没有金额起点限制，也没有最高限额。

（7）出票人不得签发与其预留银行印鉴不符的支票；使用支付密码的，出票人不得签发支付密码错误的支票。

（8）出票人签发空头支票、与预留银行印鉴不符或者支付密码错误的支票，银行应予以退票，并按票面金额处以5%但不低于1 000元的罚款；持票人有权要求出票人赔偿支票金额2%的赔偿金。对多次签发空头支票的，银行应停止其签发支票。

2.支票挂失基本规定。

已签发的现金支票遗失时，可以向银行申请挂失，失票人填写挂失止付通知书并签章。已签发的转账支票遗失，银行不予挂失，但付款单位可以请求收款单位协助防范。空白支票和内容填写不全的支票，银行不受理挂失。

挂失程序如下：

（1）向开户银行提交挂失止付通知书。内容包括：支票丧失时间、地点、原因，支票号码、金额，出票日期，出票人（存款人）开户银行名称，收款人名称，挂失止付人名称、地址或工作单位。上述内容缺失任意一项，银行不予受理。

（2）经开户行查询支票未支付后，向法院申请催告或诉讼。

（3）向开户银行提供申请催告或诉讼的证明。

（4）开户银行收到法院的停止支付通告，完成挂失支付的程序。

三、支票结算程序

（一）现金支票结算程序

1.本单位提取现金。

付款单位出纳人员签发现金支票并加盖预留银行印鉴，即可到开户银行提取现金。

2.将现金支票交给外单位或个人提取现金。

付款单位出纳人员签发现金支票，加盖预留银行印鉴，收款人在存根联签收后，持现金支票到出票人开户银行提示付款，收款人提示付款时应在现金支票背面"收款人签章"处签章，持票人为个人的还需要填写证件名称、发证机关和号码，并提供身份证件交给银行工作人员验证。银行核查通过后，收款人即可从银行提取现金。

（二）转账支票结算程序

转账支票由付款人签发后，可以直接交给收款人，由收款人委托其开户银行代收，结算流程如图4-6所示；也可以直接交给付款人开户银行，委托付款人开户银行将款项划转给收款人。二者在结算程序上略有不同。

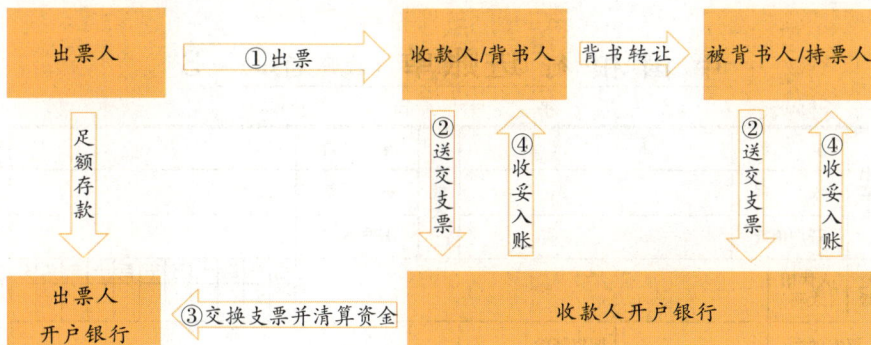

图4-6 转账支票结算流程

1.由付款人签发，交收款人办理转账的结算程序。

（1）付款人签发转账支票，加盖银行预留印鉴后交给收款人。

（2）收款人审查无误后，将支票和填制的"进账单"一并交其开户银行办理转账。

进账单一式三联，第1联是开户银行交给持票人的回单，作为受理票据的依据；第2联由收款人开户银行作贷方凭证；第3联是收款人开户银行交给收款人的收账通知。具体格式如图4-7、图4-8、图4-9所示。

中国银行进账单（回单） 1

年 月 日

出票人	全称		收款人	全称	
	账号			账号	
	开户银行			开户银行	
金额	人民币（大写）				亿 千 百 十 万 千 百 十 元 角 分
票据种类		票据张数			
票据号码					
复核	记账			开户银行签章	

此联是开户银行交给持票人的回单

图4-7 进账单第1联

中国银行进账单 2

年 月 日

出票人	全称		收款人	全称	
	账号			账号	
	开户银行			开户银行	
金额	人民币（大写）				亿 千 百 十 万 千 百 十 元 角 分
票据种类		票据张数			
票据号码					
备注			复核	记账	

此联由收款人开户银行作贷方凭证

图4-8 进账单第2联

中国银行进账单（收账通知） 3

年 月 日

出票人	全称		收款人	全称	
	账号			账号	
	开户银行			开户银行	
金额	人民币（大写）				亿 千 百 十 万 千 百 十 元 角 分
票据种类		票据张数			
票据号码					
复核	记账			收款人开户银行签章	

此联是收款人开户银行交给收款人的收账通知

图4-9 进账单第3联

（3）银行受理后，在"进账单"上加盖银行印章，退回收款人，作为收款入账的凭据。

（4）银行之间传递支票并清算资金。

2.由付款人签发，委托开户银行办理转账的结算程序。

（1）付款人签发转账支票，加盖银行预留印鉴，并填制"进账单"后，直接交其开户银行，要求转账。

（2）付款人开户银行受理后，退回"进账单"回单联（第1联），然后将款项划转收款人开户银行。

（3）银行之间传递凭证，并办理划转手续。

（4）收款人开户银行办妥进账手续后，通知收款人收款入账。

（三）支票结算业务的账务处理

1.用现金支票提取现金：

借：库存现金

　　贷：银行存款

2.用转账支票结算发生的业务：

借：库存商品/原材料/在建工程/管理费用等

　　贷：银行存款

3.收到转账支票并交存银行：

借：银行存款

　　贷：应收账款/主营业务收入等

案例4-2　——签发转账支票

2024年1月11日，际华三五四二纺织有限公司综合部从襄阳佳华科技有限公司购买复印机一台，价税合计2 650元，开出转账支票支付，经办人为出纳员张娟。际华三五四二纺织有限公司开户行为工行湖北襄阳分行军纺支行，银行账号为：18040140009221003567，行号为：102528000475，密码生成器生成的密码为：3126 1013 1161 1256，预留银行印鉴是公司财务专用章和法定代表人张翔胜的印章，公司财务专用章由主管会计刘刚用印，张翔胜的印章由出纳员张娟用印。签发的转账支票（正面）如图4-10所示。

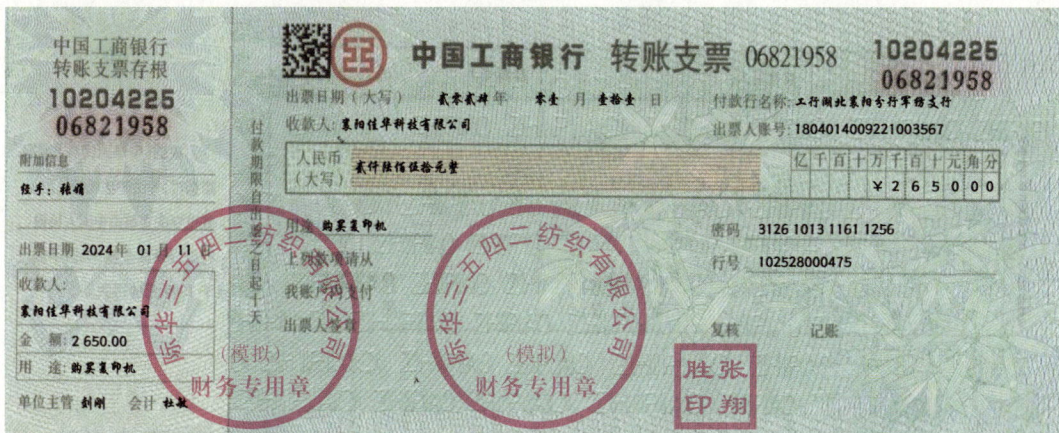

图4-10　签发的转账支票

▶同步练习4.3◀

【练习4-3-1】（操作题）填写转账支票。2024年2月19日，际华三五四二纺织有限公司从湖北佳美科技有限公司购买打印机一台，价税合计1 850元，出纳员张娟填写转账支票予以支付。际华三五四二纺织有限公司开户行为工行湖北襄阳分行军纺支行，银行账号为：1804014009221003567，行号为：102528000475，密码生成器生成的密码为：6912 3047 6190 7291，待填写的转账支票如图4-11所示。

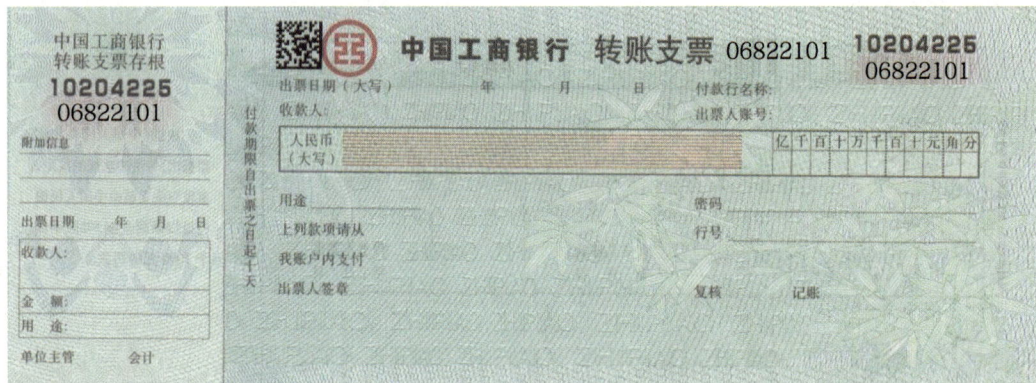

图4-11 待填写的转账支票

【练习4-3-2】（单选题）支票的提示付款期限为自出票之日起（   ）。

A.3天   B.5天   C.10天   D.15天

【练习4-3-3】（多选题）支票的基本当事人包括（   ）。

A.出票人   B.付款人   C.收款人   D.背书人

【练习4-3-4】（判断题）支票的付款人为支票上记载的出票人。（   ）

学习任务4.4   网上支付业务的办理

电子支付是指单位、个人直接或授权他人通过电子终端向银行发出支付指令，实现货币支付与资金转移的行为。电子终端是指客户用来发起电子支付指令的计算机、电话、销售点终端、自动柜员机、移动通信工具或者其他电子设备等。

电子支付以网络通信和数字技术为基础，交易当事人使用电子支付手段通过信息网络进行货币支付或资金流转，突破了时空限制，具有方便、快捷、高效、低成本的优势，已经成为最为广泛使用的结算方式。

电子支付包括网上支付、电话支付、移动支付、POS机刷卡支付和其他电子支付等。其中，网上银行支付是目前应用比较多的一种电子支付类型，相对于其他类型的电子支付，能够"看得见"款项的来龙去脉，又比传统结算方式简单快捷，而且能随时查询，因此被广泛采用。

一、网上银行

网上银行是指银行机构通过互联网设立虚拟银行柜台，借助于网络与信息技术手段，实现转账结算服务。网上银行按照服务对象分为企业网上银行和个

ATM

POS

人网上银行。办理网上银行业务，应遵循下列规定：

1.开户时，必须出具身份证或者有关证件，并遵守有关实名制规定。

2.交易时，客户使用浏览器通过互联网连接到网银中心，发出网上交易请求，网银中心接受并审核客户的交易请求，并将交易请求转发给相应成员行的业务主机，成员行业务主机完成交易处理，并将结果返回给网银中心，网银中心对交易结果进行再处理后，返回相应信息给客户。

3.为了保证交易安全，交易过程中会采用密码、文件数字证书、动态口令卡、动态手机口令、移动口令牌、移动数字证书等方式进行身份认证。

二、网上银行结算业务办理流程

1.利用网上银行办理资金支付业务，必须按单位付款签字程序规定，由经办人办妥付款申请手续，方可转交出纳员进行办理。

2.出纳员初步审核付款申请无误，插入数字证书，按照付款申请之内容逐笔录入划款信息，确认无误，进行划款。

3.稽核会计对付款凭证进行复核，成功后打印支付凭证。

4.付款完成后，出纳员在付款申请单上加盖"付讫"章，并与稽核会计同时在付款单上签字，作为入账依据。对于应由银行出具的网银单据，必须以开户银行出具并加盖银行业务印章的原始单据作为记账凭证。

5.出纳人员因特殊原因请假的，必须进行书面授权或者办理交接手续。

三、网上银行业务办理

（一）登录网上银行

1.插入U盾，选择登录企业网上银行，如图4-12所示。

图4-12　登录企业网上银行

2.选择U盾登录，如图4-13所示。

3.选择数字证书，如图4-14所示；输入U盾密码登录，如图4-15所示。

（二）网上银行业务查询

1.登录后在"账户管理"模块中双击账号即可查询账户余额，如图4-16所示。

2.交易明细查询，可按时间和金额筛选，如图4-17所示。

ICBC 融e购 | 企业商城

加入融e购，共享工行商友圈

一手资源
便捷的在线支付
优质的商品供应
良好的用户体验
优惠的采购价格

企业网银

U 盾 登 录

动态演示　　热点解答

企业网银普及版

卡号/用户名/关系账号

vmdf

登　录

如果您已成功注册我行金融e家对公网上银行，并申领了U盾，请插入U盾，然后点击"企业网银"下的"U盾登录"按钮。如果您申领了普通卡证书或财智账户卡，请点击"企业网银普及版"下的"登录"按钮。

对公网上银行，为您提供便捷的在线账务查询与对账、支付结算、代发工资、贷款融资、电子票据、现金管理等服务，是您全天候的金融合作伙伴。

请不要在网吧等公共场所使用本系统；每次使用企业网上银行服务后，请选择"退

图 4-13　通过U盾登录企业网银

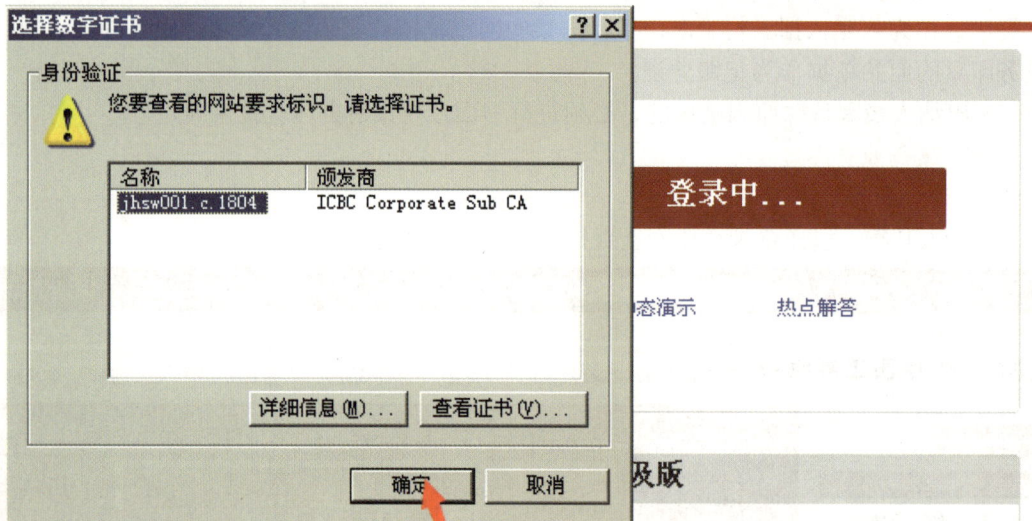

选择数字证书

身份验证

您要查看的网站要求标识。请选择证书。

名称	颁发商
jhsw001.c.1804	ICBC Corporate Sub CA

详细信息(M)...　查看证书(V)...

确定　　取消

登录中...

态演示　　　热点解答

及版

图 4-14　选择数字证书

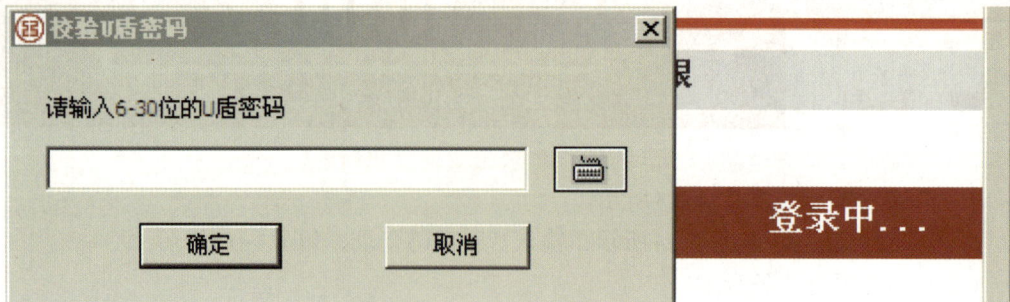

校验U盾密码

请输入6-30位的U盾密码

确定　　　取消

银

登录中...

图 4-15　输入U盾密码

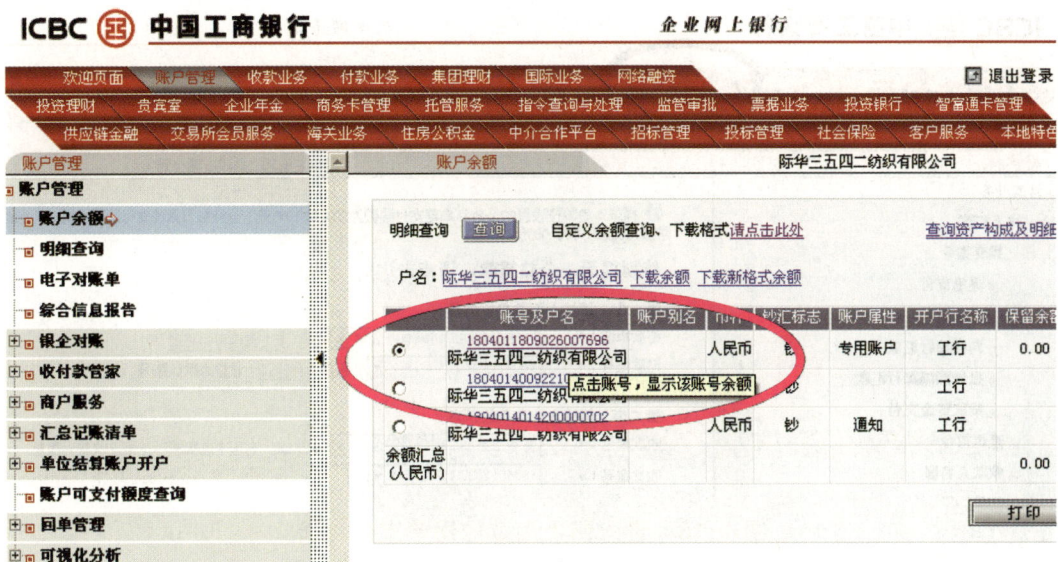

图4-16　查询账户

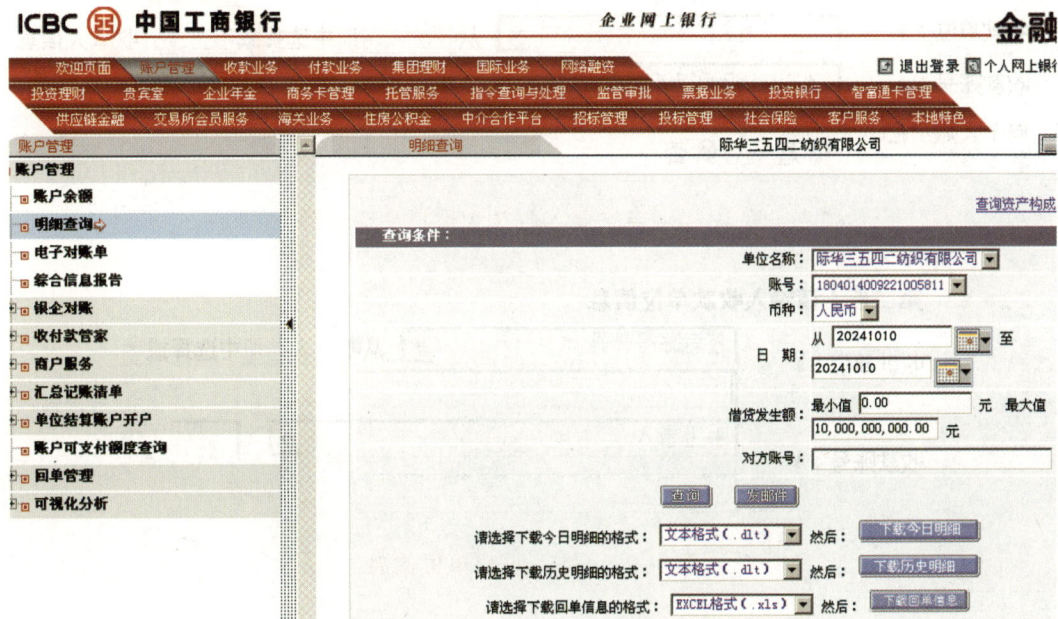

图4-17　按时间和金额筛选条件查询明细

（三）网上办理付款业务

主要操作步骤：付款业务→网上汇款→提交指令→逐笔支付。

1.进入付款业务界面，如图4-18所示。

（1）初次付款。

初次付款情况下，录入收款人信息，选择"手工录入"，如图4-19所示。

进入收款单位名称及账号的输入界面，如图4-20所示。

输入收款银行及汇款方式信息，如图4-21所示。

输入汇款金额，如图4-22所示。

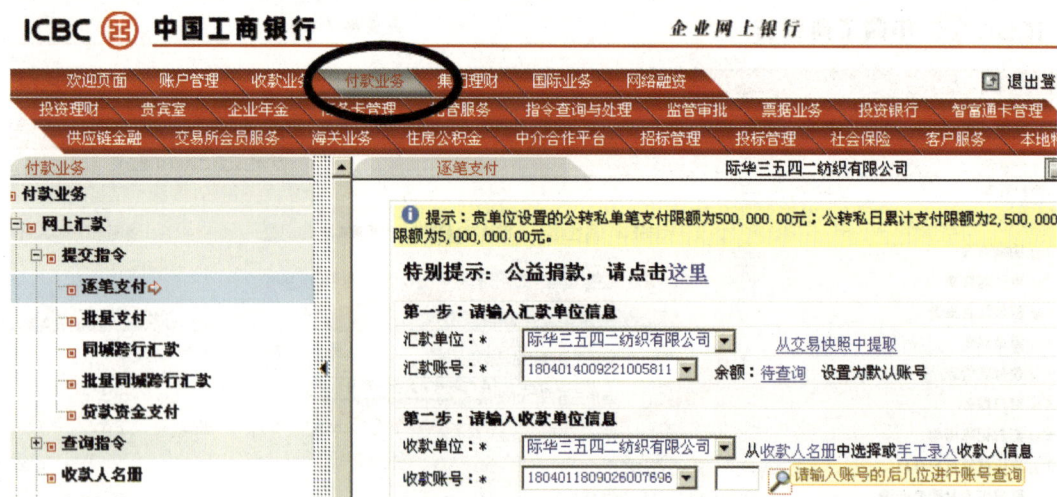

图4-18　进入网上汇款的逐笔支付界面

图4-19　手工录入收款人信息命令界面

图4-20　输入收款单位信息

图4-21　输入收款银行及汇款方式

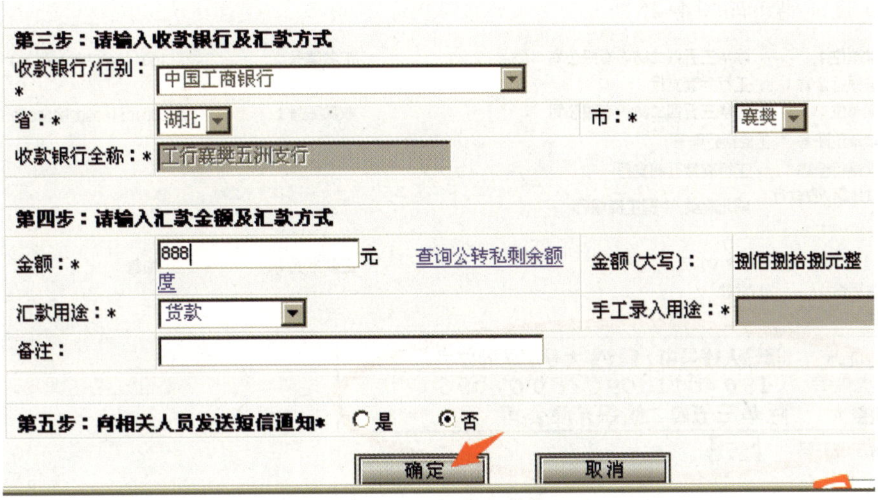

图 4-22　输入汇款金额

如果收款人为他行，既可以手工录入详细信息，也可以在下拉菜单中选择，如图 4-23 所示。

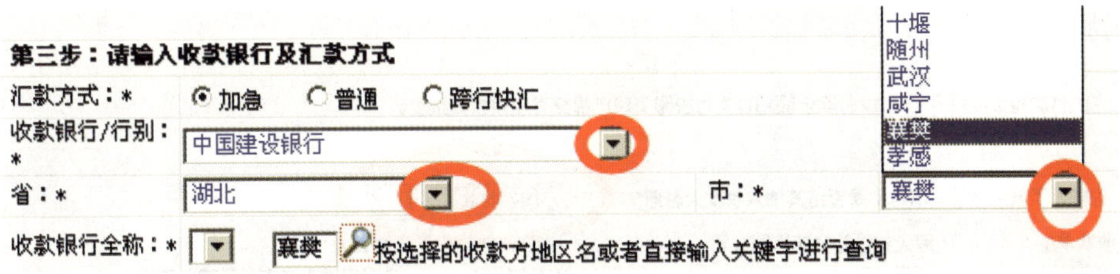

图 4-23　输入收款银行及汇款方式

输入转账金额及用途，如图 4-24 所示。

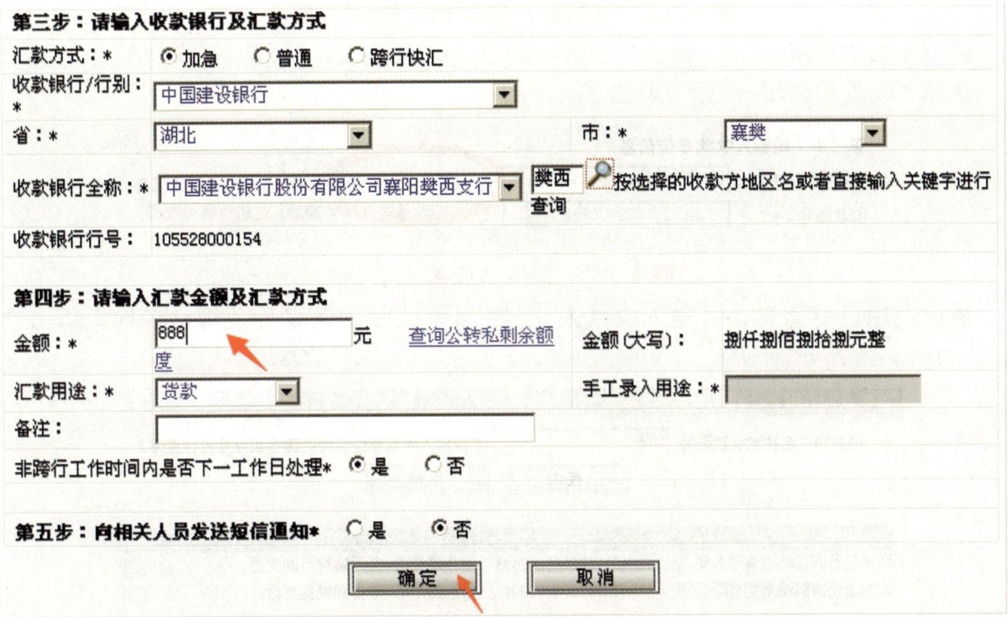

图 4-24　输入金额及用途

输入验证码，如图 4-25 所示。

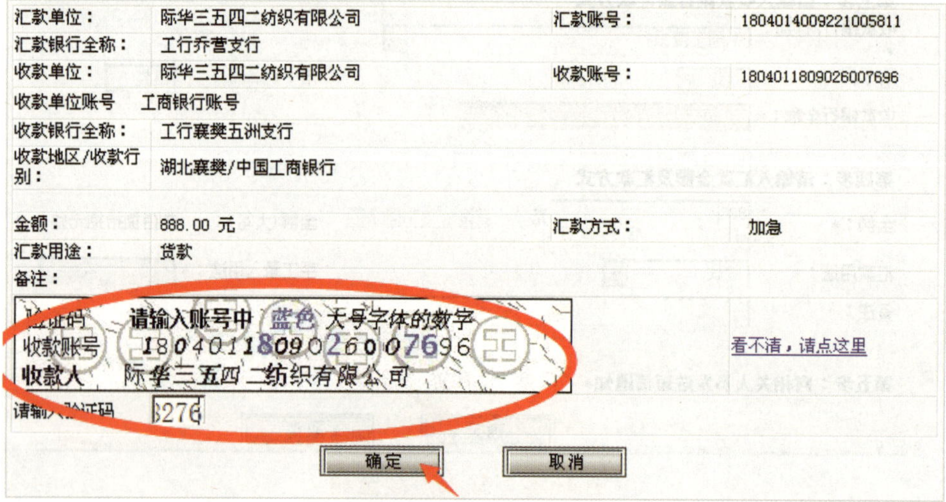

图 4-25　输入验证码

提交后输入 U 盾密码，并按 U 盾 "OK" 键两次。提交成功，可将收款人信息加入收款人名册，如图 4-26 所示。

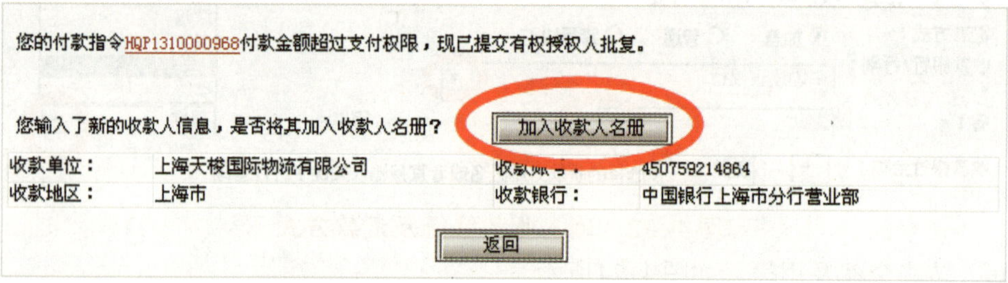

图 4-26　将收款人信息加入收款人名册

（2）非初次付款。

选择 "收款人名册"，如图 4-27 所示。

图 4-27　选择 "收款人名册"

快速调用已有信息，可输入收款人账号后 4 位或收款人名称关键字查询，单击 "汇款"，如图 4-28 所示。

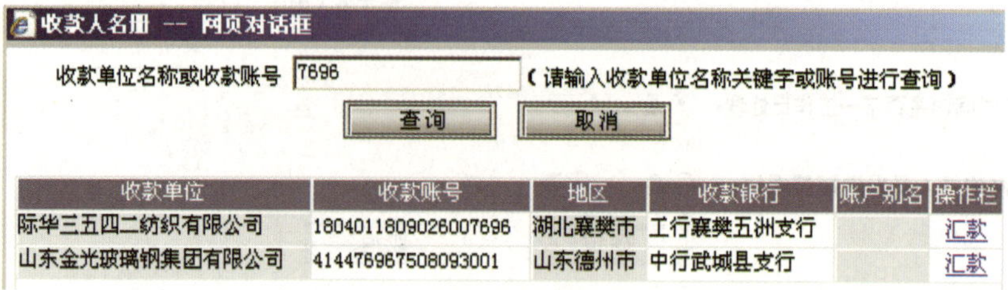

图 4-28　快速调用收款人信息

核对信息，如不需更改，则直接输入金额、用途即可，如图4-29所示。

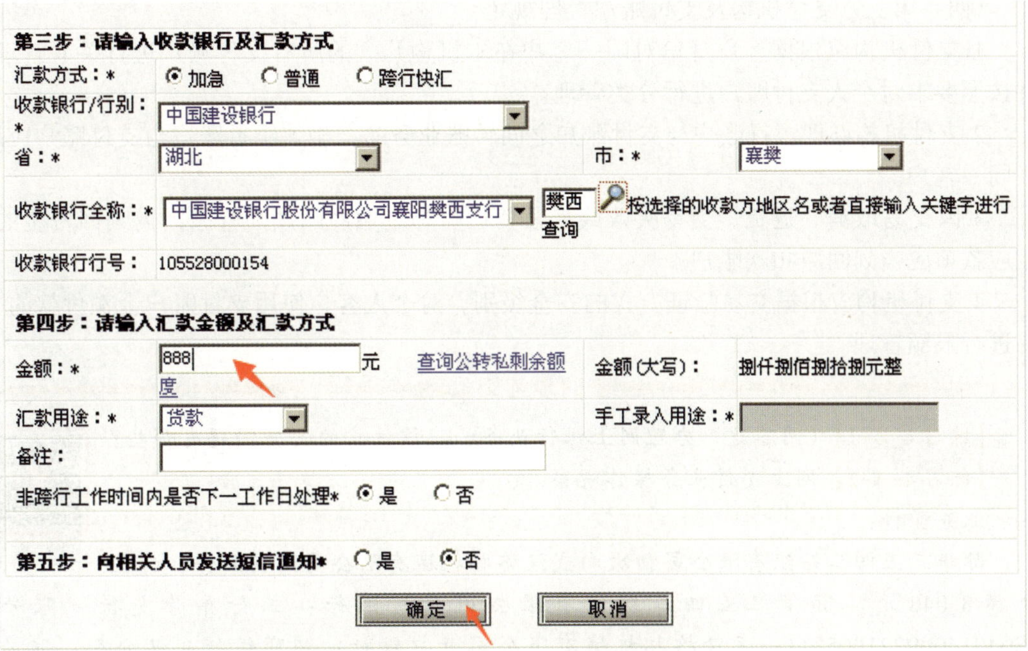

图4-29　输入金额和用途

2.剩余操作步骤参照初次付款办理流程。

四、第三方支付业务办理

（一）第三方支付的概念

第三方支付是指经过中国人民银行批准，从事第三方支付业务的非银行支付机构，借助通信、计算机和信息安全技术，采用与各大银行签约的方式，在用户与银行支付结算系统之间建立连接的电子支付模式，包括线上支付和线下支付，其中，通过手机进行的支付称为移动支付。线上支付是指通过互联网实现的用户和商户之间、商户和商户之间的在线货币支付、资金清算等行为。线下支付是指通过非线上支付方式进行的支付行为，包括POS机刷卡支付、电话支付、手机近端支付等。移动支付将主导未来零售电子支付发展方向，手机已经成为每个人的日常必需品，每一部手机都可能成为一个移动支付工具。面对互联网时代人们生活的碎片化，随机性交易不断增加，也只有移动支付能够满足这种特殊条件下的支付需要。随着现代移动通信技术和移动互联网的发展，移动支付的基础将越加牢固。

（二）第三方支付交易的流程

1.实名开户并留存有效证件。

2.将支付账户和银行卡进行绑定，并对支付账户进行充值。

3.收款、付款。

客户下单后，通过支付平台将自己支付账户中的虚拟资金划转到支付平台暂存，客户收到商品并确认后，支付平台将款项划转到商家账户中，支付行为完成。

（三）第三方支付交易的身份验证

支付机构可以组合选用下列三类要素，对客户使用支付账户付款进行身份验证：（1）仅客户本人知悉的要素；（2）仅客户本人持有并特有的，不可复制或者不可重复利用的要素；（3）客户本人生理特征要素。

（四）第三方支付机构及支付账户管理规定

1.支付机构应根据客户身份对同一客户在本机构开立的所有支付账户进行关联管理，并按照要求对个人支付账户进行分类管理。

2.支付机构办理银行账户与支付账户之间转账业务的，相关银行账户与支付账户应属于同一客户。

3.因交易取消、退货、交易失败或者投资理财等金融产品赎回等原因需划回资金的，相应款项应当划回原扣款账户。

4.支付机构应根据交易验证方式的安全级别，对个人客户使用支付账户余额付款的交易进行限额管理。

▶同步练习4.4◀

【练习4-4-1】（问答题）办理网上银行业务，应该注意的安全问题有哪些？

【练习4-4-2】网上支付业务操作观察。

练习4-4-1

业务资料：

际华三五四二纺织有限公司初次向武汉格拓机械有限公司购买配件，付款金额3 048元。际华三五四二纺织有限公司开户银行：工行乔营支行，账号：1804014009221005811；武汉格拓机械有限公司开户银行：招商银行武汉分行，账号：127906607123456。

操作步骤：

（1）输入收款单位信息。

经办人员登录中国工商银行网银，单击"付款业务"→"网上汇款"→"逐笔支付"，先输入汇款单位信息，再输入收款单位信息，如图4-30所示。

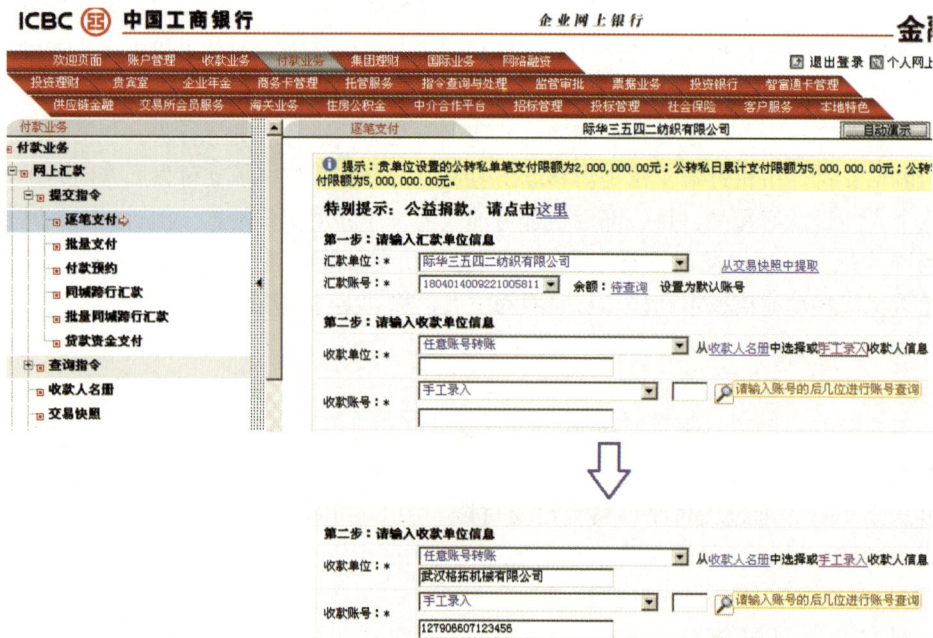

图4-30　输入收款单位信息

（2）输入收款银行，如图 4-31 所示。

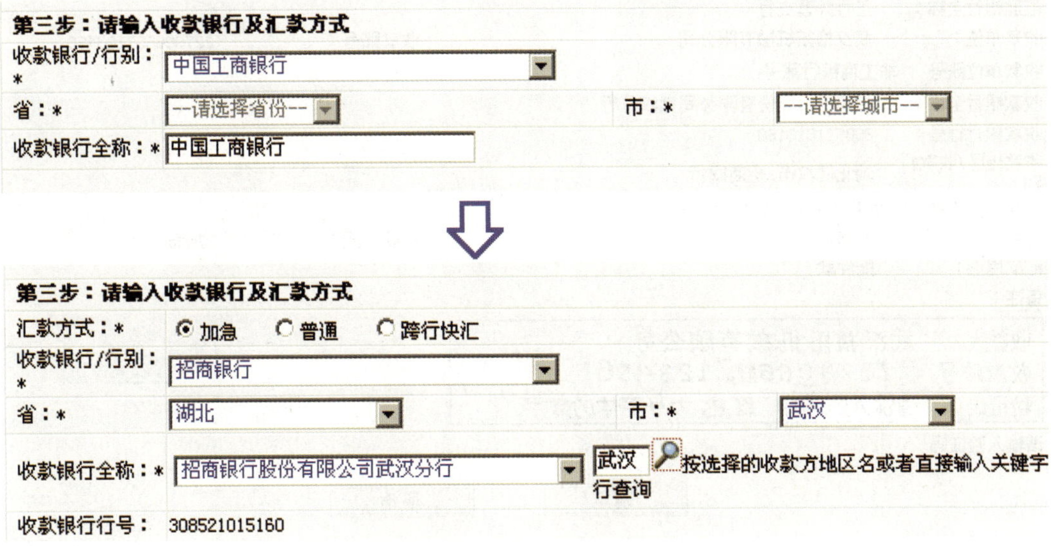

图 4-31　输入收款银行

（3）输入金额及用途，如图 4-32 所示。

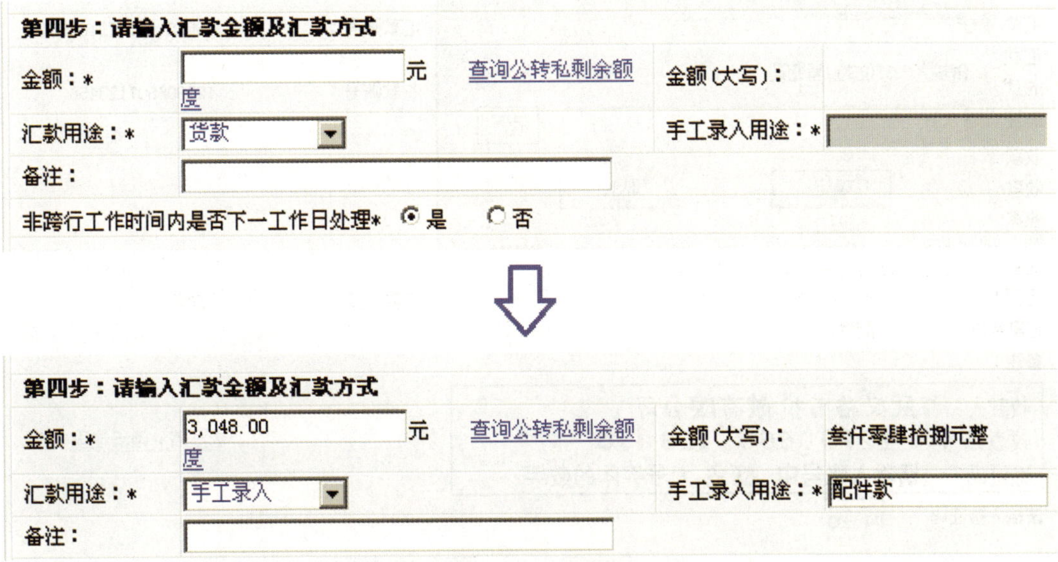

图 4-32　输入金额及用途

（4）核对付款信息并输入验证码，如图 4-33 所示，单击"确定"按钮。

（5）输入 U 盾密码，如图 4-34 所示，单击"确定"按钮，付款成功。

（6）将收款人信息加入收款人名册，如图 4-35 所示。

汇款单位：	际华三五四二纺织有限公司		汇款账号：	1804014009221005811
汇款银行全称：	工行乔营支行			
收款单位：	武汉格拓机械有限公司		收款账号：	127906607123456
收款单位账号	非工商银行账号			
收款银行全称：	招商银行股份有限公司武汉分行			
收款银行行号：	308521015160			
收款地区/收款行别：	湖北武汉市/招商银行			
非跨行工作时间内是否下一工作日处理：是				
金额：	3,048.00 元		汇款方式：	加急
汇款用途：	配件款			
备注：				

收款人　　　武汉格拓机械有限公司
收款账号　　127906607123456
验证码　　　请输入账号中 红色 大号字体的数字

看不清，请点这里

请输入验证码　0746

[确定]　　[取消]

图4-33　核对付款信息并输入验证码

| 逐笔支付 | 际华三五四二纺织有限公司 | [自动演示] [更] |

校验U盾密码　　　　　　　　　　×

请输入6-30位的U盾密码

[_____]　[⌨]

[确定]　　[取消]

| 汇款账号： | 1804014009221005811 |
| 收款账号： | 127906607123456 |

非跨行工作时间内是否下一工作日处理：是

金额：	3,048.00 元		汇款方式：	加急
汇款用途：	配件款			
备注：				

收款人　　　武汉格拓机械有限公司
收款账号　　127906607123456
验证码　　　请输入账号中 红色 大号字体的数字

看不清，请点这里

请输入验证码　0746

[确定]　　[取消]

图4-34　输入U盾密码

您输入了新的收款人信息，是否将其加入收款人名册？　[加入收款人名册]

| 收款单位： | 武汉格拓机械有限公司 | 收款账号： | 127906607123456 |
| 收款地区： | 湖北武汉市 | 收款银行： | 招商银行股份有限公司武汉分行 |

图4-35　将收款人信息加入收款人名册

学习任务4.5　　商业汇票结算业务的办理

一、商业汇票结算方式

（一）商业汇票的概念和种类

1.商业汇票的概念。

商业汇票是指由出票人签发的，委托付款人在指定日期无条件支付确定金额给收款人或者持票人的票据。商业汇票的付款期限，最长不得超过6个月。

2.商业汇票的种类。

根据承兑人不同，商业汇票分为银行承兑汇票和商业承兑汇票。承兑即承诺兑付，是指汇票付款人在汇票上签章表示承诺将来在汇票到期日支付汇票金额的票据行为。

银行承兑汇票是由在"承兑银行"开立存款账户的存款人签发，并由承兑申请人向承兑银行申请，经银行审查同意承兑的票据。银行承兑汇票协议如图4-36所示；银行承兑汇票票样如图4-37至图4-40所示。

银行承兑汇票协议

编号：

银行承兑汇票的内容：

出票人全称	收款人全称
开户银行	开户银行
账号	账号

汇票号码

汇票金额（大写）

出票日期　　年　月　日　　　　　到期时间　　年　月　日

以上汇票经银行承兑，出票人愿遵守《支付结算办法》的规定及下列条款：

一、出票人于汇票到期日前将应付票款足额交存承兑银行。

二、承兑手续费按票面金额千分之（　　）计算，在银行承兑时一次付清。

三、出票人与持票人和发生任何交易纠纷，均由其双方自行处理，票款于到期前仍按第一条办理不误。

四、承兑汇票到期日，承兑银行凭票无条件支付票款。如到期日之前出票人不能足额交付票款时，承兑银行对不足支付部分的票款转作出票申请人逾期贷款，并按照有关规定计收罚息。

五、承兑汇票款付清后，本协议自动失效。

承兑银行签章　　　　　出票人签章

年　月　日

图4-36　银行承兑汇票协议

商业承兑汇票是指由收款人签发，经付款人承兑，或者由付款人签发并承兑的汇票。商业承兑汇票格式如图4-41、图4-42、图4-43所示。

银行承兑汇票（卡片）		1	10204252 25421599

银行承兑汇票（卡片） 1 10204252 25421599

出票日期（大写）　　年　　月　　日

出票人全称		收款人	全称											
出票人账号			账号											
付款行全称			开户银行											
出票金额	人民币（大写）				亿	千	百	十	万	千	百	十	元	角	分
汇票到期日（大写）		付款行	行号											
承兑协议编号			地址											

本汇票请你行承兑，此项汇票款我单位按承兑协议于到期前足额交存你行，到期请予支付。

密押

出票人签章　　　　备注：　　　复核　　经办

此联承兑行留存备查，到期支付票款时作借方凭证附件

图4-37　银行承兑汇票第1联

银行承兑汇票 2 10204252 25421599

出票日期（大写）　　年　　月　　日

出票人全称		收款人	全称											
出票人账号			账号											
付款行全称			开户银行											
出票金额	人民币（大写）				亿	千	百	十	万	千	百	十	元	角	分
汇票到期日（大写）		付款行	行号											
承兑协议编号			地址											

本汇票请你行承兑，到期无条件付款。

本汇票已经承兑，到期日由本行付款。

承兑人签章

承兑日期　年　月　日

出票人签章　　备注：　　　复核　　记账

密押

此联收款人开户行随托收凭证寄付款行作借方凭证附件

图4-38　银行承兑汇票第2联（注：银行承兑汇票主题图案为兰花）

被背书人	被背书人
背书人签章	背书人签章
年　月　日	年　月　日

粘贴单处

图4-39　银行承兑汇票第2联背面

银行承兑汇票（存根）　**3**　**10204252**
25421599

出票日期（大写）		年　　　月　　　日													

出票人全称		收款人	全称											
出票人账号			账号											
付款行全称			开户银行											
出票金额	人民币（大写）					亿	千	百	十	万	千	百	十	元	角	分
汇票到期日（大写）		付款行	行号											
承兑协议编号			地址											
			密押										
		备注：												

此联由出票人存查

图4-40　银行承兑汇票第3联

商业承兑汇票（卡片）　**1**　**00100062**
25171566

出票日期（大写）		年　　　月　　　日													

付款人	全称		收款人	全称										
	账号			账号										
	开户银行			开户银行										
出票金额	人民币（大写）					亿	千	百	十	万	千	百	十	元	角	分
汇票到期日（大写）		付款人开户行	行号											
交易合同号码			地址											
		备注：												
出票人签章														

此联承兑人留存

图4-41　商业承兑汇票第1联

商业承兑汇票　**2**　**00100062**
25171566

出票日期（大写）		年　　　月　　　日													

付款人	全称		收款人	全称										
	账号			账号										
	开户银行			开户银行										
出票金额	人民币（大写）					亿	千	百	十	万	千	百	十	元	角	分
汇票到期日（大写）		付款人开户行	行号											
交易合同号码			地址											
本汇票已经承兑，到期无条件支付票款。		本汇票请予以承兑，于到期日付款。												
承兑人签章		出票人签章												
承兑日期　　年　　月　　日														

此联持票人开户行随托收凭证寄付款人开户行作借方凭证附件

图4-42　商业承兑汇票第2联（注：商业承兑汇票主题图案为兰花）

被背书人	被背书人	
背书人签章 年 月 日	背书人签章 年 月 日	粘贴单处

图4-43 商业承兑汇票第2联背面

（二）商业汇票的适用范围

商业汇票适用于在银行开立存款账户的法人或其他组织，收付款人具有真实的交易关系或者债权债务关系。同城、异地都可使用商业汇票的结算方式。

与银行汇票结算方式相比，商业汇票的适用范围相对较窄，各企业、事业单位之间只有根据购销合同进行合法的商品交易，才能签发商业汇票。**除商品交易以外，其他方面的结算不可采用商业汇票结算方式。**

与银行汇票等结算方式相比，商业汇票的使用对象相对较少。商业汇票的使用对象是在银行开立账户的法人或者其他组织。使用商业汇票的收款人、付款人以及背书人、被背书人等必须同时具备两个条件：一是在银行开立账户；二是具有法人资格。

（三）商业汇票的绝对记载事项

签发商业汇票必须记载下列事项，欠缺记载下列事项之一的，商业汇票无效：

1.表明“商业承兑汇票”或“银行承兑汇票”的字样；

2.无条件支付的委托；

3.确定的金额；

4.付款人名称；

5.收款人名称；

6.出票日期；

7.出票人签章。

（四）商业汇票的背书

商业汇票的背书，是指以转让商业汇票权利或者将一定的商业汇票权利授予他人行使为目的，按照法定的事项和方式在商业汇票背面或者粘单上记载有关事项并签章的票据行为。

1.背书的记载事项。

（1）背书的绝对记载事项。

❶背书人和被背书人两项为绝对记载事项，否则，背书无效。

❷背书人背书时，必须在票据上签章。

❸汇票以背书转让或者以背书将一定的汇票权利授予他人行使时，必须记载被背书人名称和背书日期。

❹如果背书人未记载被背书人名称即将票据交付他人的，持票人在票据被背书人栏内记载自己的名称与背书人记载具有同等法律效力。

（2）背书的相对记载事项。

未记载背书日期的，视为在汇票到期日前背书。

（3）背书的不得记载事项。

❶背书不得附有条件。背书时附有条件的，所附条件不具有汇票上的效力。

❷多头背书、部分背书属于无效背书。

2.背书粘单。

第一位使用粘单的背书人必须将粘单粘接在票据上，并且在汇票和粘单的粘接处签章，否则该粘单记载的内容即为无效。

3.背书连续。

背书连续主要是指背书在形式上连续。如果背书在实质上不连续，付款人仍应对持票人付款。但是，如果付款人明知持票人不是真正的票据权利人，则不得向持票人付款，否则应自行承担责任。

4.法定禁止背书。

被拒绝承兑、被拒绝付款或者超过付款提示期限等三种情形下的汇票，不得背书转让；背书转让的，背书人应当承担汇票责任。出票人填明"不得转让"字样的商业汇票和持票人填明"委托收款"的商业汇票，均不得背书转让。

二、商业汇票结算的基本规定

1.使用商业汇票的单位必须是在银行开立存款账户的企业法人。个体经济户、农村承包户、个人、法人的附属单位等不具有法人资格的单位或个人，以及虽具有法人资格但没有在银行开立账户的单位，都不能使用商业汇票。

2.签发商业汇票应以商品交易为基础，禁止签发、承兑、贴现无商品交易的商业汇票。商业汇票在同城、异地都可以使用，而且没有结算起点的限制。

3.商业汇票可以由付款人签发，也可以由收款人签发，但都必须经过承兑。只有经过承兑的商业汇票才具有法律效力，承兑人负有到期无条件付款的责任。

4.商业汇票一律记名，允许背书转让。出票人在汇票上记载"不得转让"字样，则该汇票不得转让。

5.商业汇票承兑后，承兑人即为付款人，负有到期无条件支付票款的责任。

6.商业汇票承兑期限由交易双方商定，最长不得超过6个月。如果分期付款，应一次性签发若干张不同期限的商业汇票。

7.商业汇票到期后，一律通过银行办理转账结算，银行不支付现金。商业汇票的提示付款期限为自汇票到期日起10日内。

8.无款支付的规定。不得签发没有资金保证的商业承兑汇票，否则，银行按照商业承兑汇票的票面金额处以5%但不低于1 000元的罚款，并处以2%赔偿金给收款人。银行承兑汇票到期，付款人无款支付或不足支付的，银行除凭票向收款人无条件支付款项外，将根据承兑协议对付款人执行扣款。对尚未收回的款项转入付款人的逾期贷款户，并按每日万分之五计收罚息。

三、商业汇票结算业务办理程序

（一）银行承兑汇票

银行承兑汇票结算流程如图4-44所示。

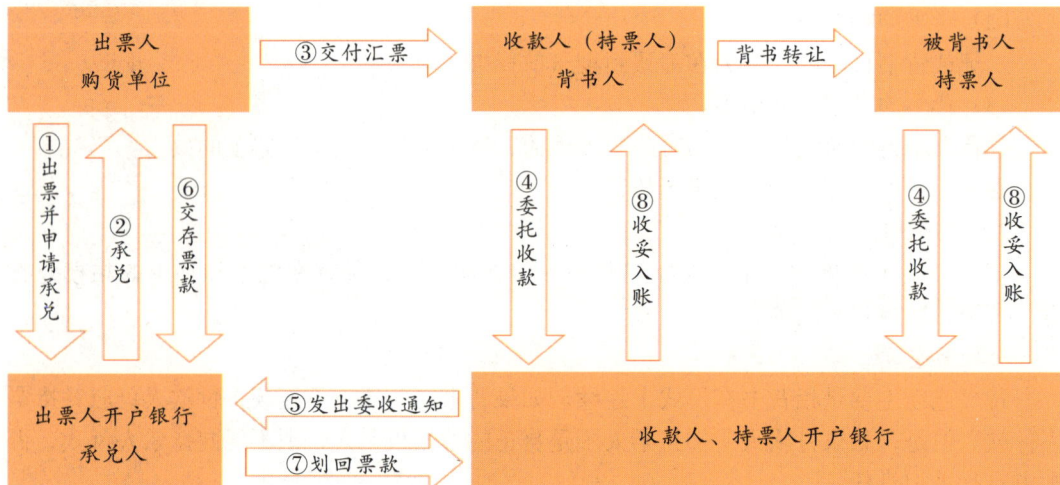

图4-44 银行承兑汇票结算流程

1.付款单位出纳签发银行承兑汇票并申请承兑。

首先，交易双方经过协商，签订商品交易合同，并注明"采用银行承兑汇票进行结算"，然后由付款单位到银行申请开具银行承兑汇票，由承兑申请人（出票人）向其开户银行申请承兑。

银行承兑汇票出票人在申请办理银行承兑汇票时必须具备以下条件：

（1）为在承兑银行开立存款账户的法人以及其他组织；

（2）与承兑银行具有真实的委托付款关系；

（3）能提供具有法律效力的购销合同及其增值税发票；

（4）有足够的支付能力、良好的结算信誉；

（5）与银行信贷关系良好，无贷款逾期记录；

（6）能提供相应的担保或按要求存入一定比例的保证金。

2.银行予以承兑。

承兑申请人开户银行按照有关规定审查，符合承兑条件的，与承兑申请人签订"银行承兑协议书"，并按票面金额的一定比例收取承兑手续费。在银行承兑汇票上盖章，退给承兑申请人（付款人）。

3.承兑申请人（付款人、出票人）将银行承兑汇票交给收款人，请求发运货物。

4.收款单位出纳签收汇票，并办理委托收款。

（1）收款人收到银行承兑汇票后，应审查以下内容：

❶是否为中国人民银行统一印制的银行承兑汇票。

❷汇票的签发和到期日期、收付款单位的名称（全称）和账号及开户银行（大小写金额）等栏目是否填写齐全、正确。

❸汇票上的签章（签发人处应加盖签发单位印章，承兑人盖章处盖付款人预留银行印

章并填写承兑的日期）是否齐全、正确。

④汇票是否超过有效承兑期限，最长为6个月，但应注意有效期是从承兑日开始计算，而不是从汇票的签发日开始。

⑤汇票上有无批注“不得转让”的字样。经转让的汇票，背书是否连续（每一手的背书人是否为前一手的被背书人或收款人），背书的签章是否正确（是否为单位公章或财务专用章加法定代表人名章）。

（2）审核无误后填开一式三联的银行承兑收据，一份交给客户，一份交给会计记账，一份出纳留存。

（3）出纳根据会计凭证将收到的银行承兑汇票登入台账，方便后期对账核对。

（4）收款单位出纳办理委托收款。

收款人于银行承兑汇票到期日起10日内，持银行承兑汇票和委托收款凭证，连同进账单一并送交开户银行，办理托收转账，银行受理后将进账单第1联退给收款人或被背书人。

5.收款人开户银行向出票人开户银行发出委托收款通知。

6.出票人在银行承兑汇票到期前足额交存票款。

7.出票人开户行（承兑银行）将款项划拨给收款人开户银行。

8.收款人收妥票款入账。

案例4-3 ——填写银行承兑汇票

众信科技有限公司从聚荣科技有限公司购进一批货物，价税合计117 000元。双方约定采用银行承兑汇票结算，承兑协议编号为20246226。众信科技有限公司于2024年3月16日签发经其开户银行承兑的银行承兑汇票一张。该汇票于2024年8月16日到期，承兑期为5个月。众信科技有限公司的开户银行为中国银行武汉月湖支行（行号为369678，地址为武汉市解放大道3221号），账号为2468013579。聚荣科技有限公司的开户银行为中国银行武汉阳光支行，账号为2468033699。银行承兑汇票填写结果（第2联）如图4-45所示。

银行承兑汇票　2　　10404256　51321509

出票日期（大写）　贰零贰肆 年 叁 月 壹拾陆 日

出票人全称	众信科技有限公司	收款人	全　称	聚荣科技有限公司
出票人账号	2468013579		账　号	2468033699
付款行全称	中国银行武汉月湖支行		开户银行	中国银行武汉阳光支行
出票金额	人民币（大写）壹拾壹万柒仟元整		亿千百十万千百十元角分	¥11700000
汇票到期日（大写）	贰零贰肆年捌月壹拾陆日	付款行	行号	369678
承兑协议编号	20246226		地址	武汉市解放大道3221号
本汇票请你行承兑，到期无条件付款。 出票人签章	本汇票已经承兑，到期日由本行付款。 承兑人签章 承兑日期　年　月　日 备注：		密押 复核　记账	

此联收款人开户行随托收凭证寄付款行作借方凭证附件

图4-45　填写完毕的银行承兑汇票第2联

（二）商业承兑汇票

商业承兑汇票结算流程如图4-46所示。

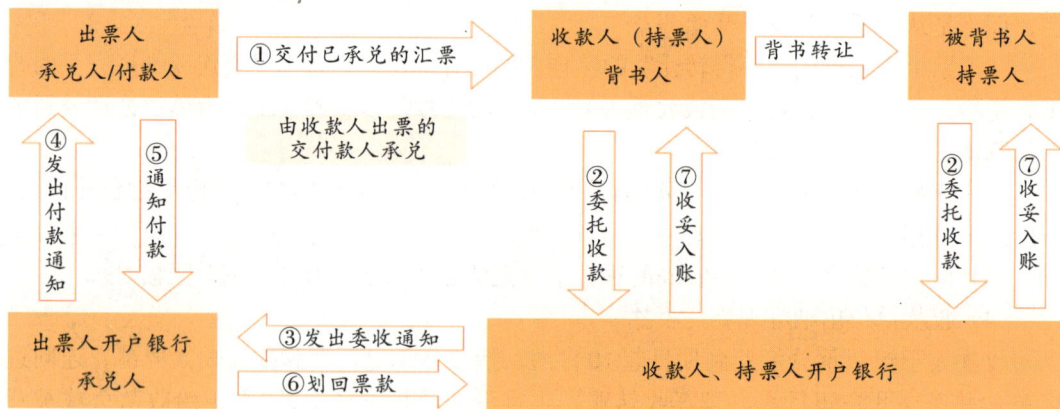

图4-46　商业承兑汇票结算流程

1.签发汇票。

商业承兑汇票按照双方协定，可以由收款人签发后交付款人承兑或由付款人签发并承兑。

2.委托银行收款。

收款人收到汇票后保管至到期日，在汇票到期日起10日内，将汇票和委托收款凭证交其开户银行，委托开户银行向承兑人（付款人）收取票款。根据银行的收账通知，据以编制收款凭证。

委托银行收款时，应填写一式五联的"委托收款凭证"，在其中"委托收款凭证名称"栏内注明"商业承兑汇票"字样及汇票号码。在商业承兑汇票第二联背面加盖收款单位公章后，一并送交开户银行。开户银行审查后办理有关收款手续，并将盖章后的"委托收款凭证"第一联退回给收款单位保存。

3.付款人到期付款。

付款人应于商业承兑汇票到期前将票款足额交存银行，在收到开户银行转来的委托收款凭证付款通知时，当日通知银行付款。付款人在收到银行的付款通知时，据以编制付款凭证。

四、商业汇票贴现

汇票贴现，是指商业汇票的持票人，将未到期的商业汇票转让给银行或非银行金融机构，银行或非银行金融机构按票面金额扣除贴现利息后，将余额付给持票人的票据融资行为。商业汇票持有人如果在汇票到期以前急需资金，可以凭承兑的商业汇票向银行办理贴现，以提前取得货款。商业汇票贴现步骤如下：

（一）申请贴现

汇票持有人向银行申请贴现，由出纳员填制一式五联的"贴现凭证"。贴现凭证如图4-47所示。

1.逐项填写贴现申请人的名称、账号、开户银行，贴现汇票的种类、出票日、到期日，汇票承兑人的名称、账号和开户银行，汇票金额的大、小写等。

贴现凭证（代申请书）①

填写日期　　年　　月　　日　　第　　号

<table>
<tr><td rowspan="3">贴现汇票</td><td>种　类</td><td></td><td>号码</td><td></td><td rowspan="3">申请人</td><td>名　称</td><td colspan="3"></td></tr>
<tr><td>出票日</td><td colspan="3">年　月　日</td><td>账　号</td><td colspan="3"></td></tr>
<tr><td>到期日</td><td colspan="3">年　月　日</td><td>开户银行</td><td colspan="3"></td></tr>
<tr><td colspan="2">汇票承兑人(或银行)</td><td colspan="3">名称</td><td colspan="2">账号</td><td>开户银行</td><td colspan="2"></td></tr>
<tr><td colspan="2">汇票金额
(即贴现金额)</td><td colspan="6">人民币
(大写)</td><td colspan="2">千百十万千百十元角分</td></tr>
<tr><td colspan="2">贴现率
每　月</td><td>‰</td><td>贴现利息</td><td colspan="2">千百十万千百十元角分</td><td colspan="2">实付贴现金额</td><td colspan="2">千百十万千百十元角分</td></tr>
<tr><td colspan="3">兹根据《银行结算办法》的规定，附送承兑汇票申请贴现，请审核。
此致
__________(贴现银行)
申请人盖章</td><td>银行审批</td><td colspan="3">负责人　　信贷员</td><td colspan="3">科目(借)______
对方科目(贷)______
复核　　记账</td></tr>
</table>

此联银行作贴现借方凭证

图 4-47　贴现凭证第 1 联（共 5 联）

2. 填完贴现凭证后，在第 1 联贴现凭证“申请人盖章”处和商业汇票第 2 联、第 3 联背面加盖预留银行印鉴，然后一并送交开户银行信贷部门。

3. 开户银行信贷部门按照有关规定对汇票及贴现凭证进行审查，审查无误后在贴现凭证“银行审批”栏签注“同意”字样，并加盖有关人员印章后送银行会计部门。

（二）办理贴现

1. 银行会计部门对银行信贷部门审查的内容进行复核，审查无误后即按规定计算并在贴现凭证上填写贴现率、贴现利息和实付贴现金额。

按照规定，贴现利息应根据贴现金额、贴现天数（自银行向贴现单位支付贴现票款日起至汇票到期日前一天止的天数）和贴现率计算求得。用公式表示即为：

贴现利息=贴现金额×贴现天数×日贴现率

日贴现率=月贴现率÷30

实付贴现金额=贴现金额−贴现利息

其中，贴现率是国家规定的月贴现率；贴现利息是指汇票持有人向银行申请贴现需要付给银行的贴现利息；实付贴现金额是指汇票金额（即贴现金额）减去应付贴现利息后的净额，即汇票持有人办理贴现后实际得到的款项金额。

2. 银行会计部门填写完贴现率、贴现利息和实付贴现金额后，将贴现凭证第 4 联加盖“转讫”章后交给贴现单位作为收账通知，同时将实付贴现金额转入贴现单位账户。

3. 贴现单位根据开户银行转回的贴现凭证第 4 联，按实付贴现金额编制银行存款收款凭证：

借：银行存款

　　贷：应收票据

同时按贴现利息编制转账凭证：

借：财务费用

　　贷：应收票据

4. 在“应收票据登记簿”登记有关贴现情况。

5.票据到期。汇票到期，由贴现银行通过付款单位开户银行向付款单位办理清算，收回票款。

案例4-4 ——办理商业承兑汇票贴现，计算贴现利息和贴现金额，并填写贴现凭证

2024年6月8日，美华公司（平安银行东湖支行，账号1234567890）向红星公司（华夏银行江南支行，账号1357924680）销售产品并取得红星公司签发的商业承兑汇票一张，号码为PA3698621，票面金额为600 000元，付款期为6个月。2024年7月22日，美华公司因急需用款，持该汇票到银行申请贴现，经银行同意后于2024年7月23日办理贴现。银行月贴现率为6‰，贴现天数为138天。

1.计算贴现利息和实付贴现金额：

贴现利息=600 000×138×6‰÷30=16 560（元）

实付贴现金额=600 000−16 560=583 440（元）

2.填写贴现凭证，如图4-48所示。

贴现凭证（收款通知）④

填写日期 贰零贰肆 年 柒月贰拾叁日　　第 2024071369 号

贴现汇票 种类	商业承兑汇票	号码 PA3698621	申请人	名称	美华公司
贴现汇票 出票日	贰零贰肆 年 陆月 零捌日		申请人	账号	1234567890
贴现汇票 到期日	贰零贰肆 年 壹拾贰月 零捌日		申请人	开户银行	平安银行东湖支行
汇票承兑人（或银行）	名称 红星公司		账号 1357924680	开户银行	华夏银行江南支行

汇票金额（即贴现金额）	人民币（大写）陆拾万元整	¥60000000
贴现率每月 6‰	贴现利息 1656000	实付贴现金额 ¥58344000

上述款项已入你单位账号。
此致
贴现申请人
银行盖章

备注：

此联银行给申请人的收款通知

图4-48　填写贴现凭证

3.根据银行转回的贴现凭证第4联，编制银行存款收款凭证：

借：银行存款　　583 440

　贷：应收票据　　583 440

同时编制转账凭证：

借：财务费用　　16 560

　贷：应收票据　　16 560

五、商业汇票结算的账务处理

单位使用商业汇票应当设置“应付票据”或“应收票据”科目进行核算。

（一）付款单位

1.开出、承兑商业汇票采购货物：

借：材料采购

　　应交税费——应交增值税（进项税额）

贷：应付票据

2.支付银行承兑汇票手续费：

借：财务费用——手续费

贷：银行存款

3.到期偿还票款：

借：应付票据

贷：银行存款

（二）收款单位

1.收到商业汇票：

借：应收票据

贷：主营业务收入

应交税费——应交增值税（销项税额）

2.票据到期，收回票款：

借：银行存款

贷：应收票据

3.如果票据到期，未收回票款：

借：应收账款

贷：应收票据

同步练习 4.5

【练习 4-5-1】（操作题）填写银行承兑汇票，如图 4-49 所示。华信科技有限公司从合力科技有限公司购进一批货物，货款 234 000 元。双方约定采用银行承兑汇票结算，承兑协议编号为 202413579。华信科技有限公司于 2024 年 3 月 18 日签发经其开户银行承兑的银行承兑汇票一张，该汇票于 2024 年 6 月 18 日到期，承兑期为 3 个月。华信科技有限公司的开户银行为中国工商银行武汉分行大地支行（行号为 678123，地址为武汉市解放大道 9678 号），账号为 123456789。合力科技有限公司的开户银行为中国工商银行武汉分行江河支行，账号为 987654321。

练习 4-5-1

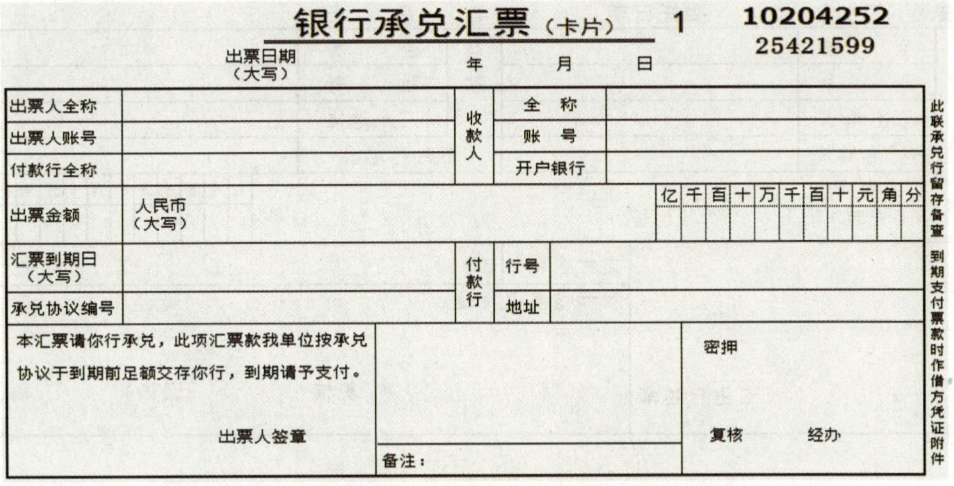

银行承兑汇票（卡片） 1 10204252 25421599

出票日期（大写） 年 月 日

出票人全称		收款人	全称	
出票人账号			账号	
付款行全称			开户银行	
出票金额	人民币（大写）			亿 千 百 十 万 千 百 十 元 角 分
汇票到期日（大写）		付款行	行号	
承兑协议编号			地址	

本汇票请你行承兑，此项汇票款我单位按承兑协议于到期前足额交存你行，到期请予支付。

出票人签章

备注：

密押

复核 经办

此联承兑行留存备查 到期支付票款时作借方凭证附件

图 4-49 待填写的银行承兑汇票

【练习4-5-2】（单选题）商业承兑汇票的持票人将未到期的票据通过向银行贴付一定利息而获得现金的票据行为是（　　）。

A.承兑　　　　　　　B.贴现　　　　　　　C.转贴现　　　　　　D.再贴现

【练习4-5-3】（单选题）依法定方式签发票据，并将票据交付给收款人的人称（　　）。

A.背书人　　　　　　B.出票人　　　　　　C.收款人　　　　　　D.付款人

【练习4-5-4】（思考题）商业承兑汇票和银行承兑汇票的相同点和不同点有哪些？

学习任务4.6　　　　　　　　汇兑结算业务的办理

汇兑（电汇、信汇）结算业务越来越少使用。对公客户的汇款通常通过网上银行办理，也可以在柜面填写业务委托书，再通过银行从网上办理。个人客户的现金汇款在柜面填写汇款凭证办理。个人客户的转账汇款在柜面填写汇款凭证，再通过银行从网上办理。个人客户的转账汇款可以在ATM机或智能终端自助办理，个人客户的转账汇款也可以通过网上银行、手机银行办理。

一、汇兑结算方式

（一）汇兑的概念

汇兑，是指汇款人委托银行将款项汇给异地收款人的结算方式。具有划拨款项简单、灵活的特点。汇兑适用于异地单位、个体经济户和个人的各种款项结算。

（二）汇兑种类

汇兑按划款方式不同分为信汇和电汇两种，由汇款人根据需要选择使用。信汇、电汇没有金额起点的限制。信汇是以邮寄方式将汇款凭证转给外地收款人指定的汇入行。电汇是汇款人将款项交存汇出行，汇出行通过电报方式将汇款凭证转发给目的地的分行或代理行（汇入行），指示汇入行向收款人支付款项的一种汇款方式。电汇凭证如图4-50、图4-51、图4-52所示。

图4-50　电汇凭证（第1联）

电汇凭证　（借方凭证）　2

□普通　□加急		委托日期	年　　月　　日		
汇款人	全　称		收款人	全　称	
	账　号			账　号	
	汇出地点			汇入地点	
汇出行名称			汇入行名称		亿千百十万千百十元角分
金额	人民币（大写）				
此汇款支付给收款人。		支付密码			
		附加信息及用途：			
汇款人签章			复核　　　　记账		

此联汇出行作借方凭证

图4-51　电汇凭证（第2联）

电汇凭证　（汇款依据）　3

□普通　□加急		委托日期	年　　月　　日		
汇款人	全　称		收款人	全　称	
	账　号			账　号	
	汇出地点			汇入地点	
汇出行名称			汇入行名称		亿千百十万千百十元角分
金额	人民币（大写）				
		支付密码			
		附加信息及用途：			
			复核　　　　记账		

此联汇出行凭以汇出汇款

图4-52　电汇凭证（第3联）

（三）汇兑凭证记载事项

1.表明"信汇"或"电汇"的字样；

2.无条件支付的委托；

3.确定的金额；

4.收款人名称；

5.汇款人名称；

6.汇入地点、汇入行名称；

7.汇出地点、汇出行名称；

8.委托日期；

9.汇款人签章。

汇兑凭证上欠缺上列记载事项之一的，银行不予受理。

二、汇兑结算的基本规定

（一）汇兑结算没有起点的限制

无论是信汇还是电汇，都没有金额起点的限制，不管款多款少都可使用。

（二）支取现金的规定

汇款人和收款人均为个人，需要在汇入银行支取现金的，应在信、电汇凭证的"汇款金额"大写栏，先填写"现金"字样，后填写汇款金额。款项汇入异地后，收款人需携带本人身份证件，到银行一次性办理现金支付手续。

（三）留行待取的规定

汇款人将款项汇往异地需要派人领取的，在办理汇款时，应在签发的汇兑凭证各联的收款人账号或地址栏注明"留行待取"字样。留行待取的汇款，需要指定单位的收款人领取汇款的，应注明收款人的单位名称。

（四）汇款依据的规定

汇出银行受理汇款人签发的汇兑凭证，经审查无误后，应及时向汇入银行办理汇款，并向汇款人签发汇款回单。汇款回单只能作为汇出银行受理汇款的依据，不能作为该笔汇款已转入收款人账户的证明。

汇入银行对开立存款账户的收款人，应将汇给其的款项直接转入收款人账户，并向其发出收账通知。收账通知是银行将款项确已收入收款人账户的凭据。

（五）退汇的规定

汇款人对汇出银行尚未汇出的款项可以申请撤销。申请撤销时，应出具正式函件或本人身份证件及原信、电汇回单。对汇出银行已经汇出的款项可以申请退汇。汇入银行对收款人拒绝接受的汇款，应立即办理退汇。汇入银行对向收款人发出取款通知2个月后仍无法交付的汇款，应主动办理退汇。

（六）转汇的规定

收款人如需将汇款转到另一个地点，应在汇入银行重新办理汇款手续。转汇时，收款人和用途不得改变，汇入银行必须在信（电）汇凭证上加盖"转汇"戳记。转汇银行不得受理汇款人或汇出银行对汇款的撤销或退汇。

三、办理汇兑的程序

汇兑结算流程如图4-53所示。

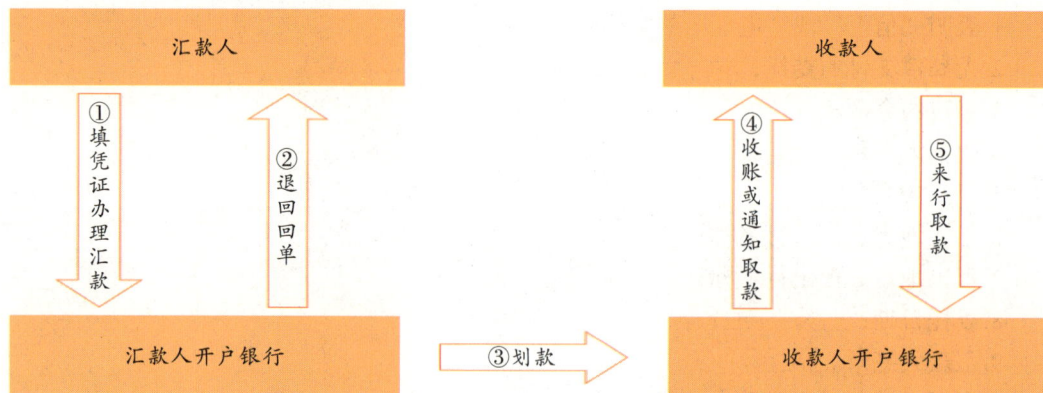

图4-53 汇兑结算流程

（一）汇款人办理汇款

汇款人委托银行办理汇兑结算时，出纳员应填写一式四联的信汇凭证或一式三联的电汇凭证。填写时注意汇款金额、收款人名称、汇款人名称、汇款日期必须填写正确，否则银行不予受理。如需注明“留行待取”或“现金”字样的，在有关栏目填写。填好后在第二联“汇款人盖章”处加盖预留银行印鉴，交其开户银行办理划转手续。

案例4-5——填写电汇凭证

2024年6月9日，大信科技有限公司采用普通电汇方式支付巧工数控科技有限公司货款468 000元。大信科技有限公司的开户银行为中国工商银行北京上地支行，账号为111356789，地点在北京市海淀区。巧工数控科技有限公司的开户银行为中国工商银行武汉江河支行，账号为333556677，地点在湖北省武汉市硚口区。支付密码器给出的支付密码为1350 7890 2340 1122。填写的电汇凭证如图4-54所示。

电汇凭证（回单）　1

☑普通　☐加急　　委托日期　贰零贰肆 年　陆 月　零玖 日

汇款人	全　称	大信科技有限公司	收款人	全　称	巧工数控科技有限公司
	账　号	111356789		账　号	333556677
	汇出地点	北京市海淀区		汇入地点	湖北省武汉市硚口区
汇出行名称		中国工商银行北京上地支行	汇入行名称		中国工商银行武汉江河支行
金额	人民币（大写）	肆拾陆万捌仟元整	亿千百十万千百十元角分		¥46800000
汇出行签章			支付密码		1350 7890 2340 1122
			附加信息及用途：		复核　　记账

此联为汇出行给汇款人的回单

图4-54　已填写的电汇凭证

（二）银行受理汇兑

汇款单位开户银行受理汇款人签发的汇兑凭证，经审查无误后即可办理汇款手续，在凭证第1联回单联加盖“转讫”章后退给汇款人，同时收取汇款手续费。

（三）通知收款人收款

出纳员办理好汇兑手续后，应该传真汇兑凭证或电话通知收款单位，告知对方准备收取汇款。

（四）收款人办理进账或取款

在银行开立存款账户的收款人，收到汇入行转来的收账通知后，收款单位出纳到汇入银行办理转账。如果需要办理取款，出纳员应在收款通知上加盖本单位的预留银行印鉴后，到银行办理取款。

需要在汇入银行支取现金的，汇款凭证上必须有按规定填写的“现金”字样。

（五）汇兑的撤销和退汇

1.汇兑的撤销。

汇款人对汇出银行尚未汇出的款项可以申请撤销。

2. 汇兑的退汇。

对在汇入银行开立存款账户的收款人，由汇款人与收款人自行联系退汇；对未在汇入银行开立存款账户的收款人，汇款人应出具正式函件或本人身份证件以及原信、电汇回单，由汇出银行通知汇入银行，经汇入银行核实汇款确未支付，并将款项退回汇出银行，方可办理退汇。

四、汇兑结算的账务处理

（一）付款单位

委托银行汇出款项后，根据信（电）汇凭证回单和有关发票账单等，作如下会计分录：

借：材料采购/库存商品等

　　应交税费——应交增值税（进项税额）

　贷：银行存款

或　借：应付账款

　贷：银行存款

（二）收款单位

收到购货单位根据银行转来的汇兑凭证收款通知和有关发票账单等，作如下会计分录：

借：银行存款

　贷：主营业务收入

　　应交税费——应交增值税（销项税额）

或　借：银行存款

　贷：应收账款

同步练习 4.6

【练习 4-6-1】（操作题）填写电汇凭证，如图 4-55 所示。2024 年 6 月 9 日，智信科技有限公司采用普通电汇方式支付中洲科技有限公司货款 936 000 元。智信科技有限公司的开户银行为中国工商银行北京上地支行，账号为 1023560789。中洲科技有限公司的开户银行为中国工商银行郑州大河支行，账号为 555666777。支付密码器给出的支付密码为 3120 6789 1357 2826。

同步练习 4.6

电汇凭证　（回单）　1

☐普通　☐加急　　委托日期　　年　　月　　日

汇款人	全　称		收款人	全　称	
	账　号			账　号	
	汇出地点			汇入地点	
汇出行名称			汇入行名称		
金额	人民币（大写）				亿 千 百 十 万 千 百 十 元 角 分
		支付密码			
		附加信息及用途：			
汇出行签章		复核		记账	

此联为汇出行给汇款人的回单

图 4-55　待填写的电汇凭证

学习任务4.7　银行卡结算业务的办理

在零售支付领域，支付工具由纸基迅速向卡基转变，以银行卡为主要表现形式的卡基支付工具正在走向顶峰。除了可以在ATM机、POS机上使用银行卡办理支付业务以外，银行卡账户也可以开通网上银行和手机银行业务。

一、银行卡的概念与分类

（一）银行卡的概念

银行卡是指经中国人民银行批准由商业银行（含邮政金融机构）向社会发行的具有消费信用、转账结算、存取现金等全部或部分功能的信用支付工具，包括信用卡和借记卡。银行卡样式如图4-56所示。

图4-56　银行卡样式

（二）银行卡的分类

1.按照是否给予持卡人授信额度分为信用卡、借记卡。

信用卡按是否向发卡银行交存备用金分为贷记卡、准贷记卡两类。贷记卡是指发卡银行给予持卡人一定的信用额度，持卡人可在信用额度内先消费、后还款的信用卡。准贷记卡是指持卡人须先按发卡银行要求交存一定金额的备用金，当备用金账户余额不足支付时，可在发卡银行规定的信用额度内透支的信用卡。

借记卡按功能不同分为转账卡（含储蓄卡，下同）、专用卡、储值卡。借记卡不具备透支功能。转账卡是实时扣账的借记卡，具有转账结算、存取现金和消费功能。专用卡是具有专门用途、在特定区域使用的借记卡，具有转账结算、存取现金功能。储值卡是发卡银行根据持卡人要求将其资金转至卡内储存，交易时直接从卡内扣款的预付钱包式借记卡。

2.按照币种不同分为人民币卡、外币卡和双币种卡。

3.按照发行对象不同分为单位结算卡、个人卡。

单位结算卡是银行面向单位客户发行的，客户凭结算卡和密码可在银行营业网点柜台及ATM机、POS机等自助设备办理业务。单位在银行开户申请办理单位结算卡时，需要与开户行签订单位结算卡使用协议，并提供法人授权委托书、单位结算卡业务申请书、单位结算卡关联账户申请表、法定代表人或单位负责人身份证原件及复印件、持卡人身份证原件及复印件。银行审核后发给申请单位结算卡，单位在领卡并激活后，可在开户网点申请办理结算卡的基本信息、关联账户、交易对象、支付限额等签约信息维护。单位在经过以上申请、领卡激活、签约信息维护这三步后，就可以凭卡在各个营业网点柜台以及

ATM机等自助设备上办理现金存取、转账汇兑等支付结算业务，也可以通过POS机进行消费。

4.按信息载体不同分为磁条卡和芯片（IC）卡。磁条卡将逐步退出市场。

二、银行卡账户与交易

（一）银行卡交易的基本规定

1.单位人民币卡可办理商品交易和劳务供应款项的结算，但不得透支。单位卡不得支取现金。

2.发卡银行对贷记卡的取现应当每笔进行授权，每卡每日累计取现不得超过限定额度。

3.发卡银行应当依照法律规定遵守信用卡业务风险控制指标。

4.准贷记卡的透支期限最长为60天。贷记卡的首月最低还款额不得低于其当月透支余额的10%。

（二）银行卡的资金来源

单位卡账户的资金，一律从其基本存款账户转账存入，不得交存现金，不得将销货收入的款项存入其账户。

个人卡在使用过程中，需要向其账户续存资金的，只限于将其持有的现金存入和工资性款项以及属于个人的劳务报酬收入转账存入。严禁将单位的款项存入个人卡账户。

（三）银行卡的计息和收费

1.计息。

（1）发卡银行对准贷记卡及借记卡（不含储值卡）账户内的存款，按照中国人民银行规定的同期同档次存款利率及计息办法计付利息。

（2）发卡银行对贷记卡账户的存款、储值卡（含IC卡的电子钱包）内的币值不计付利息。

（3）贷记卡持卡人非现金交易享受如下优惠条件：

❶免息还款期待遇。银行记账日至发卡行规定的到期还款日之间为免息还款期，最长为60天。

❷最低还款额待遇。持卡人在到期还款日前偿还所使用全部银行款项有困难的，可按发卡行规定的最低还款额还款。

贷记卡选择最低还款额还款或超过批准的信用额度用卡，不得享受免息还款期待遇。贷记卡支取现金、准贷记卡透支，不享受免息还款期和最低还款额待遇。贷记卡透支按月计收复利，准贷记卡按月计收单利。透支利率为日利率0.05%。

2.收费。

收费是指商业银行办理银行卡收单业务向商户收取结算手续费。

（四）银行卡申领、注销和挂失

1.银行卡的申领。

凡在中国境内金融机构开立基本存款账户的单位，可凭中国人民银行核发的开户许可证申领单位卡。单位卡可申领若干张，持卡人资格由申领单位法定代表人或其委托的代理人书面指定和注销。凡具有完全民事行为能力的公民，可凭本人有效身份证件及发卡银行规定的相关证明文件申领个人卡。个人卡的主卡持卡人，可为其配偶及年满18周岁的亲属申领附属卡，申领的附属卡最多不得超过两张，也有权要求注销其附属卡。

2.银行卡的注销。

持卡人在还清全部交易款项、透支本息和有关费用后，有下列情形之一的，可申请办理销户：（1）信用卡有效期满45天后，持卡人不更换新卡的；（2）信用卡挂失满45天后，没有附属卡又不更换新卡的；（3）信用卡被列入止付名单，发卡银行已收回其信用卡45天的；（4）持卡人死亡，发卡银行已收回其信用卡45天的；（5）持卡人要求销户或担保人撤销担保，并已交回全部信用卡45天的；（6）信用卡账户两年（含）以上未发生交易的；（7）持卡人违反其他规定，发卡银行认为应该取消资格的。

销户时，单位卡账户余额转入其基本存款账户，不得提取现金；个人卡账户可以转账结清，也可以提取现金。

3.银行卡的挂失。

持卡人丧失银行卡，应立即持本人身份证件或其他有效证明，并按规定提供有关情况，向发卡银行或代办银行申请挂失。

▷▷▷同步练习4.7◁◁◁

【练习4-7-1】（思考题）借记卡和信用卡的主要区别是什么？

同步练习4.7

学习任务4.8　　银行本票结算业务的办理

一、银行本票结算方式

（一）银行本票的概念和特点

银行本票是由银行签发的，承诺自己在见票时无条件支付确定的金额给收款人或者持票人的票据。它有两个基本关系人，即出票人和收款人。本票的出票人也就是付款人。

银行本票均为不定额本票，根据中国人民银行2004年10月13日下发的《中国人民银行关于调整票据、结算凭证种类和格式的通知》（银发〔2004〕235号）的规定，定额本票和不定额本票合并为本票（不定额）。

银行本票结算的特点：（1）使用方便；（2）信誉度高，支付能力强；（3）银行本票一律记名，允许背书转让。

（二）银行本票的适用范围

单位和个人在同一票据交换区域需要支付的各种款项，均可以使用银行本票。

银行本票可以用于转账，注明"现金"字样的银行本票可以用于支取现金。

提取现金的银行本票收款人和付款人均应为个人。

（三）银行本票的记载事项

银行本票必须记载下列事项：（1）表明"银行本票"的字样；（2）无条件支付的承诺；（3）确定的金额；（4）收款人名称；（5）出票日期；（6）出票人签章。

欠缺记载上列事项之一的，银行本票无效。

二、银行本票结算的相关规定

1.银行本票一律记名，即本票上必须注明收款人。

2.不允许签发远期本票，银行本票仅限于见票即付。银行本票允许背书转让。

3.银行本票的提示付款期限自出票日起最长不超过2个月（不分大月小月，统一按次月对日计算，到期日遇节假日顺延）。持票人超过付款期限提示付款的，代理付款人不予受理。

4.申请人或收款人为单位的，不得申请现金银行本票。用于转账的，在银行本票上划销"现金"字样。

5.注明"现金"字样的现金银行本票丢失，可以挂失止付。注明"转账"字样的转账银行本票丢失，不予挂失。遗失的银行本票在付款期满后1个月确未被冒领，可以办理退款手续。

三、银行本票结算业务办理程序

银行本票结算流程如图4-57所示。

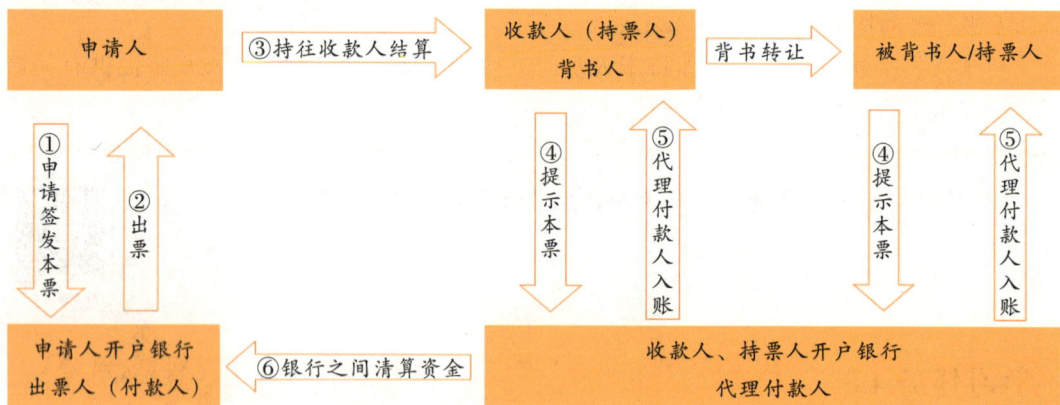

图4-57 银行本票结算流程

1.付款单位申请使用银行本票。

付款单位使用银行本票办理结算时，应向银行填写一式三联的"银行本票申请书"（具体格式由各个银行自主确定，中国人民银行不进行统一规定），如图4-58所示。

图4-58 银行本票申请书

2.银行受理并签发银行本票。

签发银行受理“银行本票申请书”，核验“银行本票申请书”内容和印鉴，办妥转账或收妥现金之后，即可向汇款人签发转账或支取现金的银行汇票。银行本票一式两联，第1联为卡片联，此联出票行留存，结清本票时作借方凭证附件；第2联为正联，供出票行结清本票时作付出传票。正联的背面内容为被背书人及被背书人签章、持票人向银行提示付款签章、身份证件名称、发证机关及号码。票样如图4-59、图4-60、图4-61所示。

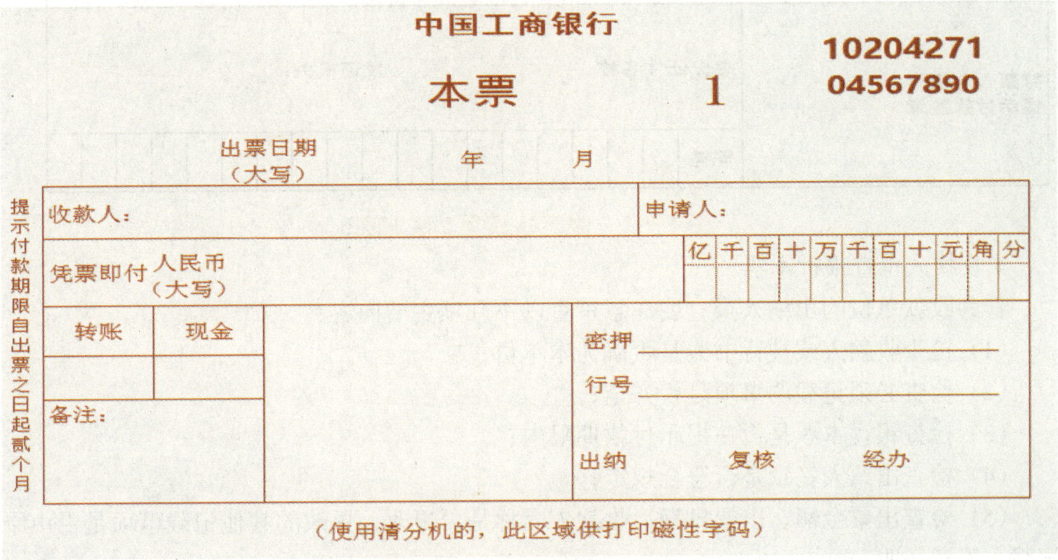
中国工商银行
本票　1
10204271
04567890
出票日期（大写）　年　月
提示付款期限自出票之日起贰个月
收款人：
申请人：
凭票即付　人民币（大写）
亿 千 百 十 万 千 百 十 元 角 分
转账　现金
密押
行号
备注：
出纳　复核　经办
（使用清分机的，此区域供打印磁性字码）

图4-59　银行本票（第1联）

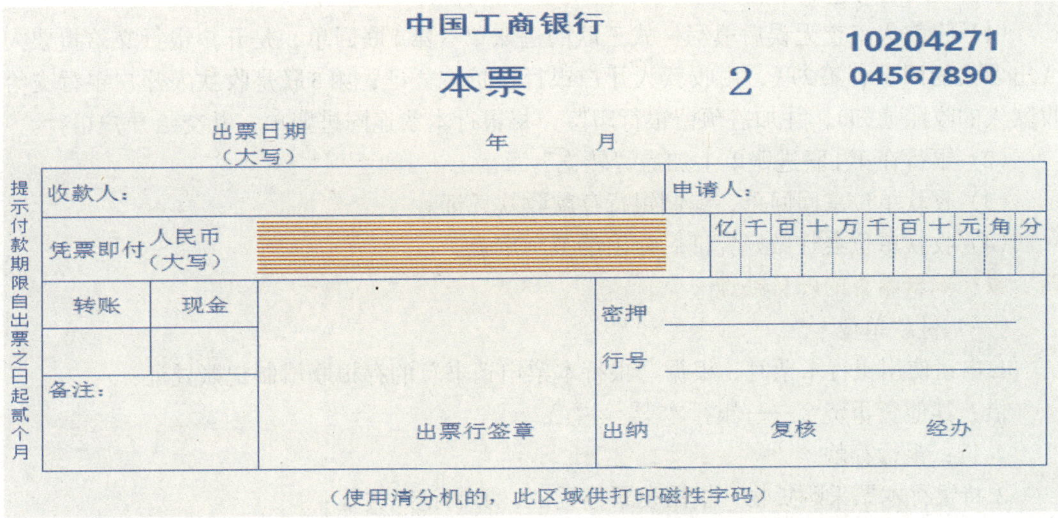
中国工商银行
本票　2
10204271
04567890
出票日期（大写）　年　月
提示付款期限自出票之日起贰个月
收款人：
申请人：
凭票即付　人民币（大写）
亿 千 百 十 万 千 百 十 元 角 分
转账　现金
密押
行号
备注：
出票行签章
出纳　复核　经办
（使用清分机的，此区域供打印磁性字码）

图4-60　银行本票（第2联）（注：银行本票主题图案为菊花）

出票银行签发银行本票时，应当加编密押，并将密押记载在“出纳　复核　经办”栏内，密押不得更改。

3.办理结算。

申请人将银行本票交给收款人办理结算，索取发票。

被背书人	被背书人	粘贴单处
背书人签章 年 月 日	背书人签章 年 月 日	
持票人向银行 提示付款签章	身份证件名称： 发证机关： 号码	

图4-61 银行本票第2联背面

4.收款人审查银行本票。

作为收款单位的出纳人员，要注意审查以下几项主要内容：

（1）检查收款人或被背书人是否确为本单位；

（2）检查必须记载的事项是否齐全；

（3）检查银行本票是否在提示付款期限内；

（4）检查出票人签章是否符合规定；

（5）检查出票金额、出票日期、收款人名称是否更改，更改的其他记载事项是否由原记载人签章证明。

5.收款人填写进账单。

（1）收款人审查无误后填写一式三联的进账单（第1联回单，是开户银行交给持票人或出票人的回单；第2联，由收款人开户银行作贷方凭证；第3联是收款人开户银行交给收款人的收账通知），并加盖预留银行印鉴，将银行本票连同进账单一并交给开户银行。

（2）银行在第1联进账单上加盖“转讫”章。

（3）收款单位拿回回单，编制银行存款收款凭证。

（4）收款单位会计做好凭证后交出纳签字审查。

四、银行本票结算的账务处理

（一）付款单位

1.申请使用银行本票时，根据“银行本票申请书”的存根联填制记账凭证：

借：其他货币资金——银行本票

　贷：银行存款

2.持银行本票采购货物，根据发票等凭证，填制记账凭证：

借：材料采购/库存商品等

　　应交税费——应交增值税（进项税额）

　贷：其他货币资金——银行本票

（二）收款单位

收到购货单位交来的银行本票时，填写“进账单”，根据回单联和有关发票账单等，填制记账凭证：

借：银行存款

　贷：主营业务收入

　　　应交税费——应交增值税（销项税额）

如果实际结算金额与票面金额不一致，以现金或支票补差。

案例4-6——编制记账凭证

2024年9月1日，A公司申请办理银行本票6 000元，向其开户银行提交"银行本票申请书"，并将款项交存银行。取得银行本票后，根据银行盖章退回的申请书存根联，编制记账凭证（以会计分录代替）：

借：其他货币资金——银行本票　　　　　　　　　　　　　　　　6 000

　贷：银行存款　　　　　　　　　　　　　　　　　　　　　　　6 000

➤**同步练习4.8**◀

【练习4-8-1】（操作题）用文字补充说明图4-62中的箭头所指，以示意银行本票结算流程。

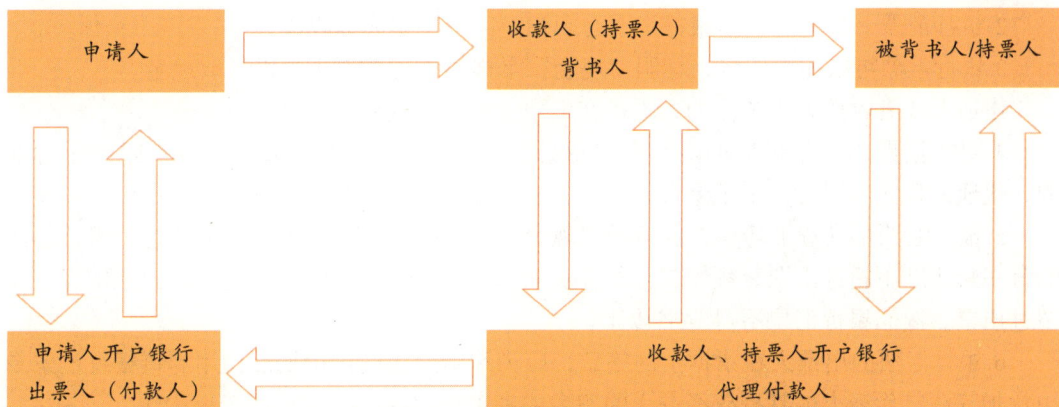

图4-62　银行本票结算流程

学习任务4.9　银行汇票结算业务的办理

一、银行汇票结算方式

（一）银行汇票的概念和适用范围

1.银行汇票的概念。

银行汇票是由出票银行签发的，由其在见票时按照实际结算金额无条件支付给收款人或持票人的票据。银行汇票的出票银行为银行汇票的付款人。

2.银行汇票的适用范围。

单位和个人在异地、同城或同一票据交换区域的各种款项结算，均可使用银行汇票。根据实际需要，银行汇票可以用于转账结算；填明"现金"字样的银行汇票也可以支取现金。单位不能使用现金银行汇票。

（二）银行汇票结算方式的特点

1.适用范围广，凡是各单位、个体经济户和个人需要在异地进行商品交易、劳务供应和其他经济活动及债权债务的结算，都可以使用银行汇票；

2.票随人走，钱货两清；

3.信用度高，安全可靠；

4.使用灵活，适应性强；

5.结算准确，余款自动退回。

（三）银行汇票的记载事项

银行汇票的记载事项有：（1）表明"银行汇票"的字样；（2）无条件支付的承诺；（3）确定的金额；（4）付款人名称；（5）收款人名称；（6）出票日期；（7）出票人签章。

汇票上未记载上述事项之一的，汇票无效。

二、银行汇票结算的相关规定

（一）银行汇票的签发和使用

1.银行汇票的签发和解付，只能由中国人民银行和商业银行参加"全国联行往来"的银行机构办理。

2.银行汇票一律记名，即银行汇票必须指定某一特定人为收款人。

3.银行汇票可以用于转账，标明"现金"字样的银行汇票也可以提取现金。

申请人或者收款人为单位的，不得在汇票上填明"现金"字样。

4.银行汇票的提示付款期限为自出票日起1个月内。持票人超过付款期限提示付款的，代理付款人（银行）不予受理。

5.银行汇票可以背书转让，但填明"现金"字样的银行汇票不得背书转让。银行汇票的背书转让以不超过出票金额的实际结算金额为准。未填写实际结算金额或实际结算金额超过出票金额的银行汇票不得背书转让。

6.银行汇票的出票人在票据上的签章，应为经中国人民银行批准使用的该银行汇票专用章加其法定代表人或其授权经办人的签名或者盖章。

7.银行汇票丧失，失票人可以凭人民法院出具的其享有票据权利的证明，向出票银行请求付款或退款。

8.填明现金和代理付款行的现金银行汇票，可以办理挂失止付；转账银行汇票不接受挂失止付。

（二）银行汇票的兑付

1.收款人受理银行汇票依法审查无误后，应在出票金额以内，根据实际需要的款项办理结算，并将实际结算金额和多余金额填入银行汇票和解讫通知的有关栏内。未填明实际结算金额和多余金额或实际结算金额超过出票金额的，银行不予受理。银行汇票的实际结算金额不得更改，更改实际结算金额的银行汇票无效。

2.持票人向银行提示付款时，必须同时提交银行汇票和解讫通知，缺少任何一联，银行不予受理。

3.持票人超过提示付款期限向代理付款银行提示付款不获付款的，必须在票据权利时效内向出票银行做出说明，并提供本人身份证件或单位证明，持银行汇票和解讫通知向出票银行请求付款。

三、银行汇票结算业务办理程序

银行汇票结算流程如图4-63所示。

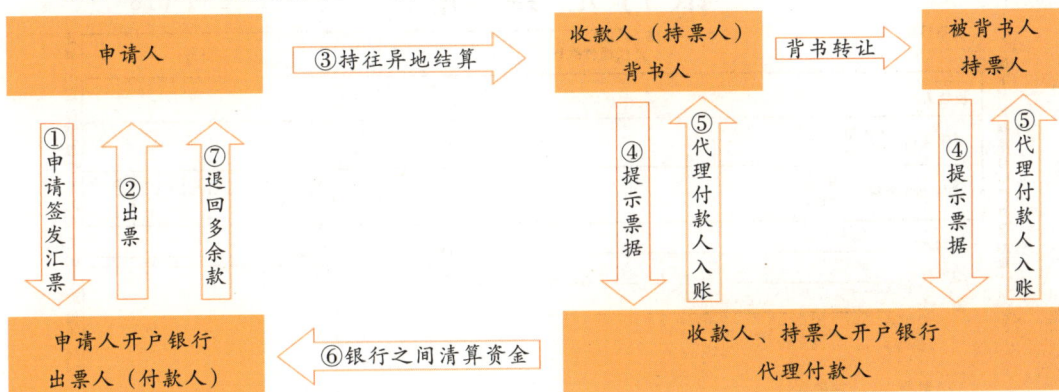

图4-63 银行汇票结算流程

（一）汇款人申请办理银行汇票

汇款人申请办理汇票，应按规定向签发银行提交"银行汇票申请书"，加盖汇款人预留银行的印鉴，由银行审查后签发银行汇票。如汇款人未在银行开立存款账户，则可以交存现金办理汇票。

交存现金办理的汇票，需要在汇入银行支取现金的，应在汇票申请书上的"金额"大写栏先填写"现金"字样，后填写汇款金额。

申请办理银行汇票，需要填写银行汇票申请书，如图4-64所示。

图4-64 银行汇票申请书

（二）银行签发汇票

签发银行受理"银行汇票申请书"，核验"银行汇票申请书"内容和印鉴，办妥转账或收妥现金之后，即可向汇款人签发转账或支取现金的一式四联银行汇票，如图4-65至图4-69所示。

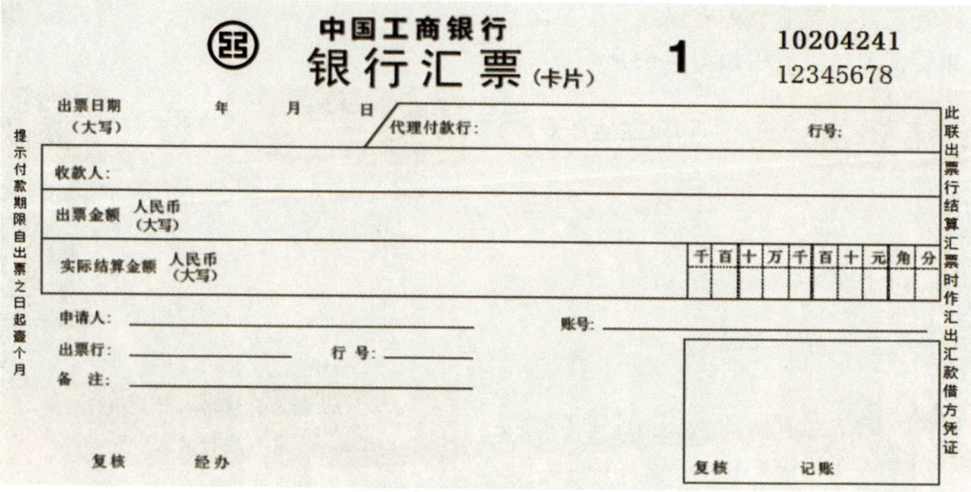

中国工商银行
银行汇票（卡片） 1
10204241
12345678

出票日期（大写） 年 月 日 | 代理付款行： | 行号：

收款人：

出票金额 人民币（大写）

实际结算金额 人民币（大写） | 千 百 十 万 千 百 十 元 角 分

申请人： 账号：
出票行： 行 号：
备 注：

复核 经办 | 复核 记账

提示付款期限自出票之日起壹个月

此联出票行结算汇票时作汇出汇款借方凭证

图 4-65　银行汇票第 1 联（卡片）

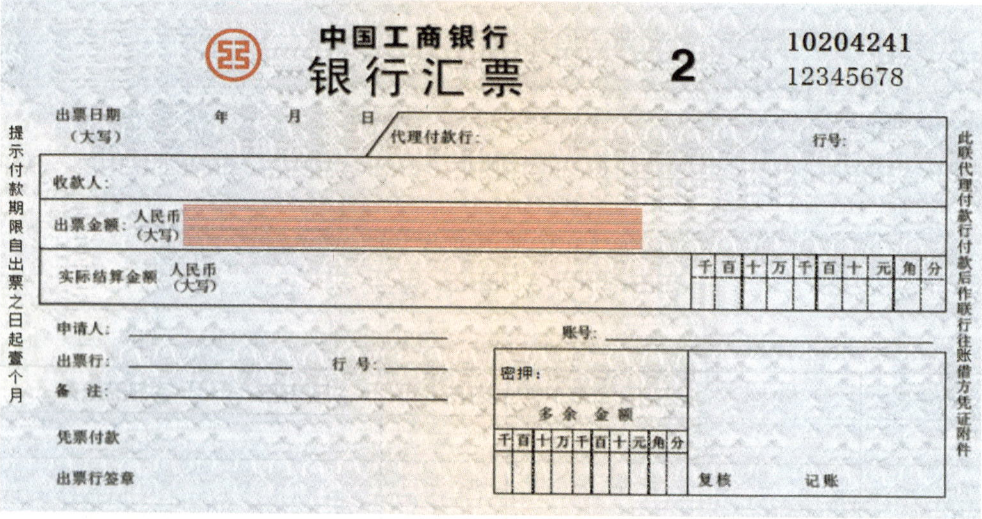

中国工商银行
银行汇票 2
10204241
12345678

出票日期（大写） 年 月 日 | 代理付款行： | 行号：

收款人：

出票金额：人民币（大写）

实际结算金额 人民币（大写） | 千 百 十 万 千 百 十 元 角 分

申请人： 账号：
出票行： 行 号：
备 注：

凭票付款
出票行签章

密押：
多余金额
千 百 十 万 千 百 十 元 角 分

复核 记账

提示付款期限自出票之日起壹个月

此联代理付款行付款后作联行往账借方凭证附件

图 4-66　银行汇票第 2 联正面（注：银行汇票主题图案为兰花）

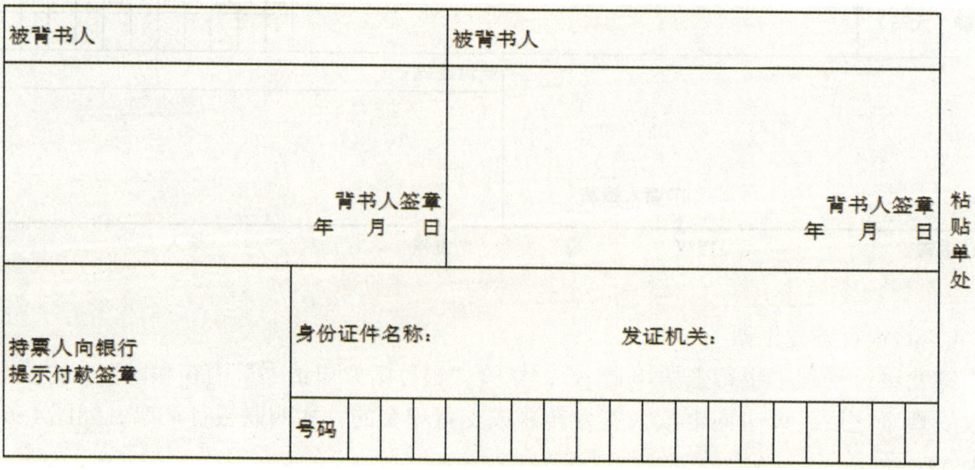

被背书人	被背书人
背书人签章 年 月 日	背书人签章 年 月 日

粘贴单处

持票人向银行提示付款签章	身份证件名称： 发证机关：
	号码

图 4-67　银行汇票第 2 联背面

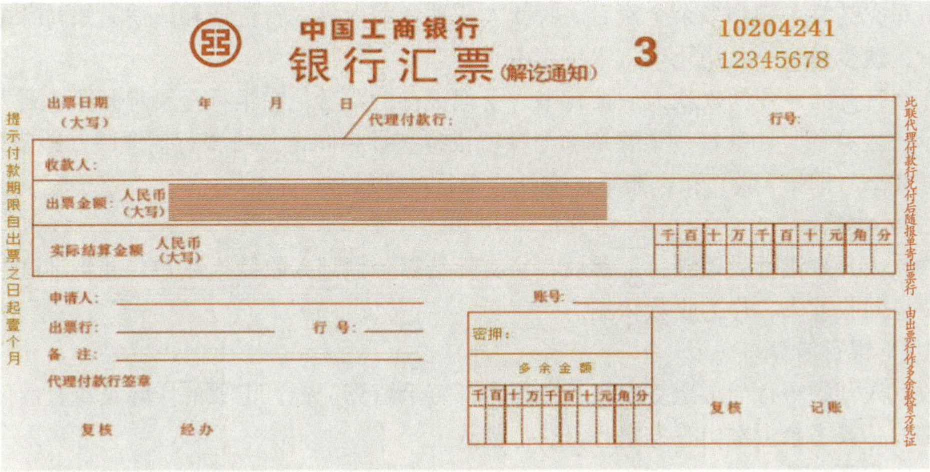
中国工商银行
银行汇票（解讫通知）　3　10204241　12345678

出票日期（大写）　年　月　日　代理付款行：　行号：
收款人：
出票金额：人民币（大写）
实际结算金额　人民币（大写）　千 百 十 万 千 百 十 元 角 分
申请人：　账号：
出票行：　行号：
备　注：
代理付款行签章
复核　经办
密押：
多余金额　千 百 十 万 千 百 十 元 角 分
复核　记账
提示付款期限自出票之日起壹个月
此联代理付款行兑付后随报单寄出票行　由出票行作多余款贷方凭证

图4-68　银行汇票第3联（解讫通知）

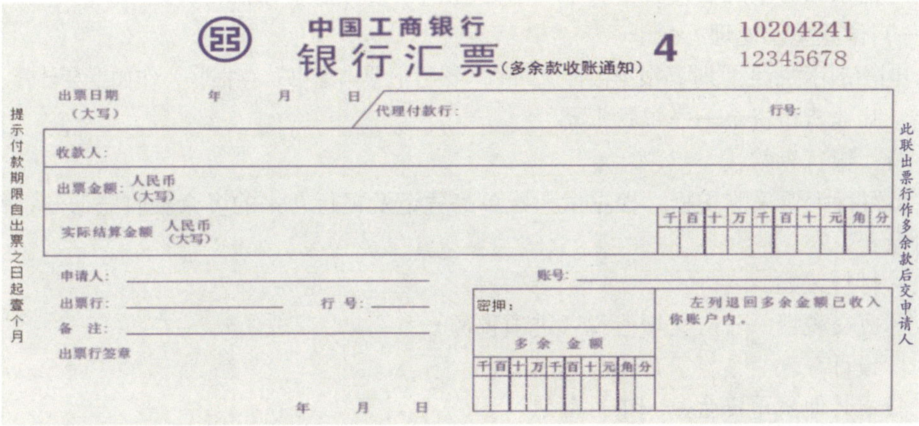
中国工商银行
银行汇票（多余款收账通知）　4　10204241　12345678

出票日期（大写）　年　月　日　代理付款行：　行号：
收款人：
出票金额：人民币（大写）
实际结算金额　人民币（大写）　千 百 十 万 千 百 十 元 角 分
申请人：　账号：
出票行：　行号：
备　注：
出票行签章
年　月　日
密押：
多余金额　千 百 十 万 千 百 十 元 角 分
左列退回多余金额已收入你账户内。
提示付款期限自出票之日起壹个月
此联出票行作多余款后交申请人

图4-69　银行汇票第4联（多余款收账通知）

银行工作人员加盖银行汇票专用章及法定代表人或其授权经办人的签名或盖章，将银行汇票申请书回单、银行汇票（第2联）和银行汇票解讫通知（第3联）交汇款人。

（三）持往异地办理结算

汇款人持银行汇票（第2联）和解讫通知（第3联）向填明的收款人办理结算。

（四）收款人审核和进账

收款单位出纳员受理银行汇票时，应该认真审查，审查的内容主要包括：

1.收款人或背书人是否确为本单位。

2.银行汇票是否在付款期内，日期、金额等填写是否正确无误。

注：原先通过使用压数机压印金额的防伪措施现已改为密押。

3.出票人印章是否清晰。

4.银行汇票和解讫通知是否齐全、相符。

5.必须记载的事项是否齐全。

审查无误后，在汇款金额以内，根据实际需要的款项办理结算，并将实际结算金额和多余金额准确、清晰地填入银行汇票和解讫通知的有关栏内。全额解付的银行汇票，应在“多余金额”栏写上“0”符号。

填写完结算金额和多余金额后。收款人或被背书人将银行汇票和解讫通知同时提交兑付银行，缺少任何一联均无效，银行将不予受理。

在银行开立账户的收款人或被背书人受理银行汇票后，在银行汇票背面"持票人向银行提示付款签章"处签章，该签章须与预留银行签章相同，并将银行汇票联（即第2联）、解讫通知单（即第3联）和进账单送交开户银行办理转账。

（五）收款

收款人开户银行受理银行汇票后，将实际结算金额划入收款人账户，并将进账单收账通知联退回收款人，作为收款依据。

（六）银行清算

收款人开户银行与汇票签发银行办理内部资金清算。银行汇票的实际结算金额低于出票金额的，其多余金额由签发银行退交汇款人。

四、银行汇票结算的账务处理

银行汇票结算中应当设置"其他货币资金——银行汇票存款"科目。

（一）付款单位处理

1.申请使用银行汇票时，根据银行退回的"银行汇票申请书"存根联，作如下会计分录：

借：其他货币资金——银行汇票
　　贷：银行存款

2.持银行汇票采购货物，根据发票账单等凭证及银行转来的多余款收账通知，作如下会计分录：

借：材料采购
　　　应交税费——应交增值税（进项税额）
　　　银行存款（根据多余款收账通知）
　　贷：其他货币资金——银行汇票

（二）收款单位处理

收款单位收到购货单位交来的银行汇票联（即第2联）、解讫通知单（即第3联）和填写的进账单送其开户银行办理进账手续后，根据银行退回的进账单收账通知所列实际结算金额和发票账单等原始凭证，作如下会计分录：

借：银行存款
　　贷：主营业务收入
　　　　应交税费——应交增值税（销项税额）

◆───► 同步练习4.9 ◄───◆

【练习4-9-1】（判断题）单位和个人在异地、同城或同一票据交换区域的各种款项结算，均可使用银行汇票。（　　　）

【练习4-9-2】（判断题）对于银行汇票的兑付，持票人向银行提示付款时，必须同时提交银行汇票和解讫通知，缺少任何一联，银行不予受理。（　　　）

同步练习4.9

【练习4-9-3】（判断题）银行汇票只能用于转账结算，不可以支取现金。（　　　）

【练习4-9-4】（选择题）银行汇票的提示付款期限为自出票日起（　　　）内。持票人超过付款期限提示付款的，代理付款银行不予受理。

A.1个月　　　　　　B.2个月　　　　　　C.10日　　　　　　D.6个月

学习任务 4.10　　托收承付和委托收款结算业务的办理

一、托收承付和委托收款结算业务概述

（一）托收承付结算业务

托收承付是根据购销合同由收款人发货后委托银行向异地付款人收取款项，由付款人向银行承认付款的结算方式。

办理托收承付结算的款项，必须是商品交易，以及因商品交易而产生的劳务供应的款项。代销、寄销、赊销商品的款项，不得办理托收承付结算。收付双方使用托收承付结算必须签有符合相关规定的购销（买卖）合同，并在合同上订明使用托收承付结算方式。收款人办理托收，必须具有商品确已发运的证件（包括铁路、航运、公路等运输部门签发运单、运单副本和邮局包裹回执）和其他有关证件。托收承付结算每笔的金额起点为 1 万元（新华书店系统每笔的金额起点为 1 000 元）。托收承付结算款项的划回方法，分邮寄和电报两种，由收款人选用。

（二）委托收款结算业务

委托收款是收款人委托银行向付款人收取款项的结算方式。

委托收款在同城、异地均可使用。委托收款结算款项的划回方式，分邮寄和电报两种，由收款人选用。

委托收款以银行以外的单位为付款人的，委托收款凭证必须记载付款人开户银行名称；银行以外的单位或在银行开立存款账户的个人为收款人的，委托收款凭证必须记载收款人开户银行名称；未在银行开立存款账户的个人为收款人的，委托收款凭证必须记载被委托银行名称。欠缺记载的，银行不予受理。

（三）托收承付和委托收款结算凭证

托收承付和委托收款结算业务办理时合用的是同一种格式的托收凭证，如图 4-70 至图 4-78 所示。

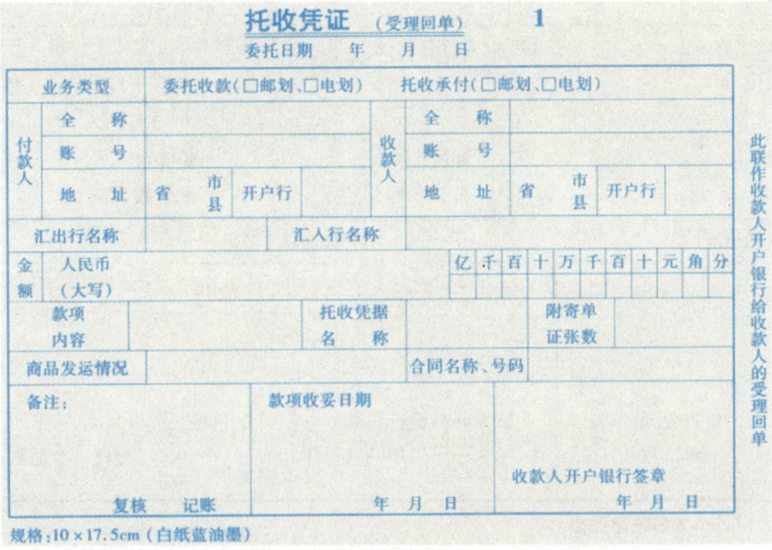

图 4-70　托收凭证第 1 联

托收凭证 （贷方凭证） **2**

委托日期　年　月　日

业务类型	委托收款(□邮划、□电划)		托收承付(□邮划、□电划)		
付款人	全　　称		收款人	全　　称	
	账　　号			账　　号	
	地　　址 省 市县 开户行			地　　址 省 市县 开户行	
汇出行名称		汇入行名称			
金额	人民币（大写）			亿 千 百 十 万 千 百 十 元 角 分	
款项内容		托收凭据名　　称		附寄单证张数	
商品发运情况		合同名称、号码			
备注：	上列款项随附有关债务证明,请予办理。				
收款人开户银行签章　　年　月　日		收款人签章		复核　　记账	

此联收款人开户银行作贷方凭证

规格：10×17.5cm（白纸红油墨）

图4-71　托收凭证第2联

托收凭证 （借方凭证） **3**

委托日期　年　月　日　　　　付款期限　年　月　日

业务类型	委托收款(□邮划、□电划)		托收承付(□邮划、□电划)		
付款人	全　　称		收款人	全　　称	
	账　　号			账　　号	
	地　　址 省 市县 开户行			地　　址 省 市县 开户行	
汇出行名称		汇入行名称			
金额	人民币（大写）			亿 千 百 十 万 千 百 十 元 角 分	
款项内容		托收凭据名　　称		附寄单证张数	
商品发运情况		合同名称、号码			
备注：					
付款人开户银行收到日期：　年 月 日	收款人开户银行签章　　年 月 日			复核　　记账	

此联付款人开户银行作借方凭证

规格：10×17.5cm（白纸黑油墨）

图4-72　托收凭证第3联

托收凭证 （汇款依据或收账通知）　4

| 委托日期　　年　月　日 | | 付款期限　　年　　月　　日 | |

业务类型	委托收款(□邮划、□电划)	托收承付(□邮划、□电划)	

付款人	全　称		收款人	全　称	
	账　号			账　号	
	地　址	省　市县　开户行		地　址	省　市县　开户行

| 汇出行名称 | | 汇入行名称 | |

金额	人民币（大写）		亿 千 百 十 万 千 百 十 元 角 分

款项内容		托收凭据名　称		附寄单证张数	

| 商品发运情况 | | 合同名称、号码 | |

备注：	上列款项已划回收入你方账户内。 收款人开户银行签章 年　月　日	
复核　　记账		

规格：10×17.5cm（白纸紫油墨）

此联付款人开户行凭以汇款或收款人开户银行作收账通知

图4-73　托收凭证第4联

托收凭证 （付款通知）　5

| 委托日期　　年　月　日 | | 付款期限　　年　　月　　日 | |

业务类型	委托收款(□邮划、□电划)	托收承付(□邮划、□电划)	

付款人	全　称		收款人	全　称	
	账　号			账　号	
	地　址	省　市县　开户行		地　址	省　市县　开户行

| 汇出行名称 | | 汇入行名称 | |

金额	人民币（大写）		亿 千 百 十 万 千 百 十 元 角 分

款项内容		托收凭据名　称		附寄单证张数	

| 商品发运情况 | | 合同名称、号码 | |

备注：		付款人注意： 1. 根据支付结算办法,上列委托收款（托收承付）款项在付款期限内未提出拒付,即视为同意付款,以此代付款通知。 2. 如需提出全部或部分拒付,应在规定期限内,将拒付理由书并附债务证明退交开户银行。
付款人开户银行收到日期 　　年　月　日 复核　　记账	收款人开户银行签章 年　月　日	

规格：10×17.5cm（白纸绿油墨）

此联为付款人开户银行给付款人的按期付款通知

图4-74　托收凭证第5联

| 托收承付 委托收款 | 结算 | 全部 部分 | 拒绝付款理由书 | 回单或 付款通知 | | 1 |

图 4-75　托收承付和委托收款拒付理由书第1联

图 4-76　托收承付和委托收款拒付理由书第2联

图 4-77　托收承付和委托收款拒付理由书第3联

图4-78　托收承付和委托收款拒付理由书第4联

二、托收承付结算业务办理程序

托收承付结算流程如图4-79所示。

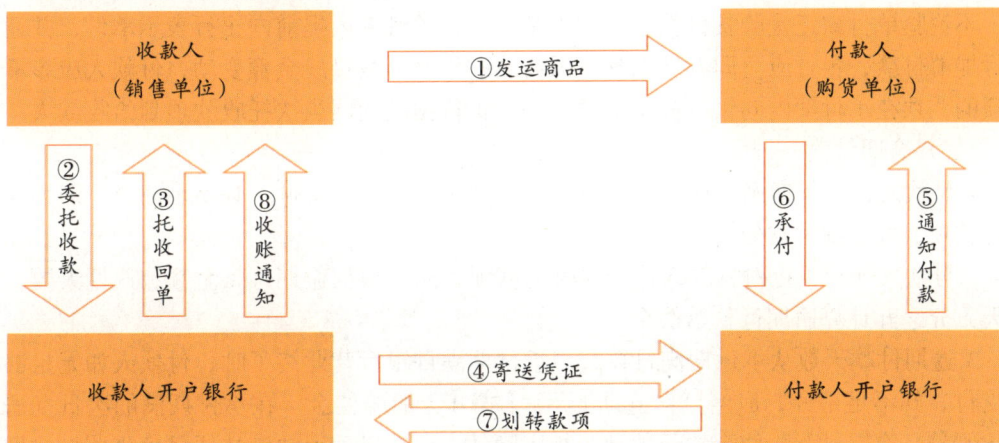

图4-79　托收承付结算流程

（一）委托银行办理托收

1.收款人填制托收凭证。

收款人按照签订的购销合同发货后，填制托收凭证，签发托收承付凭证，必须记载下列事项：（1）表明"托收承付"的字样；（2）确定的金额；（3）付款人名称及账号；（4）收款人名称及账号；（5）付款人开户银行名称；（6）收款人开户银行名称；（7）托收附寄单证张数或册数；（8）合同名称、号码；（9）委托日期；（10）收款人签章。

2.送交银行。

收款人应将托收凭证并附发运证件或其他符合托收承付的有关证明和交易单证送交开户银行。收款人如需取回发运证件，银行应在托收凭证上加盖"已验发运证件"戳记。

3.银行受理。

收款人开户银行接到托收凭证及其附件后，应当按照托收款项的范围、条件、金额起点及其他规定，并按照托收凭证记载的要求认真进行审查：有无商品确已发运的证件，托收凭证各栏是否填写齐全并符合要求，收款人是否按照规定在托收凭证上签章，必要时还应查验收付款人签订的购销合同。凡不符合要求或违反购销合同发货的，不能办理。审查时间最长不得超过次日。

审查无误后，将托收凭证第3、4、5联连同交易单证一并寄交付款人开户行。

（二）承付

1.通知付款人。

付款人开户银行收到托收凭证及其附件后，应当及时通知付款人。付款人应在承付期内审查核对，安排资金。

2.确定承付期。

验单付款的承付期为3天，从付款人开户银行发出承付通知的次日算起（承付期内遇法定休假日顺延）。付款人在承付期内，未向银行表示拒绝付款，银行即视作承付，并在承付期满的次日（法定休假日顺延）上午银行开始营业时，将款项主动从付款人的账户内付出，按照收款人指定的划款方式，划给收款人。

验货付款的承付期为10天，从运输部门向付款人发出提货通知的次日算起。对收付双方在合同中明确规定，并在托收凭证上注明验货付款期限的，银行从其规定。

不论验单付款还是验货付款，付款人都可以在承付期内提前向银行表示承付，并通知银行提前付款，银行应立即办理划款；因商品的价格、数量或金额变动，付款人应多承付款项的，须在承付期内向银行提出书面通知，银行据以随同当次托收款项划给收款人。

（三）逾期付款

1.付款人在承付期满日银行营业终了时，如无足够资金支付，其不足部分，即为逾期未付款项，按逾期付款处理。

2.付款人开户银行对付款人逾期支付的款项，应当根据逾期付款金额和逾期天数，按每天万分之五计算逾期付款赔偿金。

3.逾期付款天数从承付期满日算起。承付期满日银行营业终了时，付款人如无足够资金支付，其不足部分，应当算作逾期1天，计算1天的赔偿金。在承付期满的次日（遇法定休假日，逾期付款赔偿金的天数计算相应顺延，但在以后遇法定休假日应当照算逾期天数）银行营业终了时，仍无足够资金支付，其不足部分，应当算作逾期2天，计算2天的赔偿金。其余类推。

4.银行审查拒绝付款期间，不能算作付款人逾期付款，但对无理的拒绝付款，而增加银行审查时间的，应从承付期满日起计算逾期付款赔偿金。

5.赔偿金实行定期扣付，每月计算一次，于次月3日内单独划给收款人。在月内有部分付款的，其赔偿金随同部分支付的款项划给收款人，对尚未支付的款项，月终再计算赔偿金，于次月3日内划给收款人；次月又有部分付款时，从当月1日起计算赔偿金，随同部分支付的款项划给收款人，对尚未支付的款项，从当月1日起至月终再计算赔偿金，于第三月3日内划给收款人；第三月仍有部分付款的，按照上述方法计扣赔偿金。

6.赔偿金的扣付列为企业销货收入扣款顺序的首位。付款人账户余额不足全额支付时，应排列在工资之前，并对该账户采取"只收不付"的控制办法，待一次足额扣付赔偿金后，才准予办理其他款项的支付。因此而产生的经济后果，由付款人自行负责。

7.付款人开户银行对付款人逾期未能付款的情况，应当及时通知收款人开户银行，由其转知收款人。

8.付款人开户银行要随时掌握付款人账户逾期未付的资金情况，俟账户有款时，必须将逾期未付款项和应付的赔偿金及时扣划给收款人，不得拖延扣划。在各单位的流动资金账户内扣付货款，要严格按照企业销货收入扣款顺序的规定（即从企业销货收入中预留工资后，按照应缴纳税款、到期贷款、应偿付货款、应上缴利润的顺序）扣款；同类性质的款项按照应付时间的先后顺序扣款。

9.付款人开户银行对不执行合同规定、三次拖欠货款的付款人，应当通知收款人开户银行转知收款人，停止对该付款人办理托收。收款人不听劝告，继续对该付款人办理托收，付款人开户银行对发出通知的次日起1个月之后收到的托收凭证，可以拒绝受理，注明理由，原件退回。

10.付款人开户银行对逾期未付的托收凭证，负责进行扣款的期限为3个月（从承付期满之日算起）。在此期限内，银行必须按照扣款顺序陆续扣款。期满时，付款人仍无足够资金支付该笔尚未付清的欠款，银行应于次日通知付款人将有关交易单证（单证已作账务处理或已部分支付的，可以填制应付款项证明单）在2日内退回银行。银行将有关结算凭证连同交易单证或应付款项证明单退回收款人开户银行转交收款人，并将应付的赔偿金划给收款人。

对付款人逾期不退回单证的，开户银行应当自发出通知的第3天起，按照该笔尚未付清欠款的金额，每天处以万分之五但不低于50元的罚款，并暂停付款人向外办理结算业务，直到退回单证时止。

（四）拒绝付款

1.拒付条件或者理由。

发生下列情况，付款人在承付期内可向银行提出全部或部分拒绝付款：

（1）没有签订购销合同或购销合同中未订明托收承付结算方式的款项。

（2）未经双方事先达成协议，收款人提前交货或因逾期交货，付款人不再需要该货物的款项。

（3）未按合同规定的到货地址发货的款项。

（4）代销、寄销、赊销商品的款项。

（5）验单付款，发现所列货物的品种、规格、数量、价格与合同规定不符，或货物已到，经查验货物与合同规定或发货清单不符的款项。

（6）验货付款，经查验，货物与合同规定或与发货清单不符的款项。

（7）货款已经支付或计算有错误的款项。

2.拒付手续办理。

（1）付款人填写拒付理由书。

付款人对以上情况提出拒绝付款时，必须填写"拒绝付款理由书"并签章，注明拒绝付款的理由，涉及合同的应引证合同上的有关条款。

（2）银行受理。

开户银行必须认真审查拒绝付款理由书，查验合同。对于不属于以上七种拒绝付款情况的，以及超过承付期拒付和应当部分拒付提为全部拒付的，银行均不得受理，应实行强制扣款。银行同意部分或全部拒绝付款的，应在拒绝付款理由书上签注意见。

（五）重办托收

收款人对被无理拒绝付款的托收款项，在收到退回的结算凭证及其所附单证后，需要委托银行重办托收，应当填写"重办托收理由书"，连同购销合同、有关证据和原托收凭证及交易单证，一并送交银行。经开户银行审查，确属无理拒绝付款的，可以重办托收。

三、委托收款结算业务办理程序

委托收款结算流程如图4-80所示。

图4-80　委托收款结算流程

（一）收款人委托收款

1.填制委托收款凭证。

委托收款凭证必须记载下列事项：（1）表明"委托收款"的字样；（2）确定的金额；（3）付款人名称；（4）收款人名称；（5）委托收款凭据名称及附寄单证张数；（6）委托日期；（7）收款人签章。

2.委托。

收款人办理委托收款应向银行提交委托收款凭证和有关的债务证明。

（二）付款人付款

银行接到寄来的委托收款凭证及债务证明，审查无误办理付款。

1.分别两种情况处理。

付款人为银行的，银行应在当日将款项主动支付给收款人；以单位为付款人的，银行应及时通知付款人，按照有关规定，需要将有关债务证明交给付款人的，应交给付款人签收。

2.付款手续办理的两种情况。

付款人应于接到通知的当日书面通知银行付款。按照有关规定，付款人未在接到通知日的次日起3日内通知银行付款的，视同付款人同意付款，银行应于付款人接到通知日的次日起第4日上午开始营业时，将款项划给收款人。付款人提前收到由其付款的债务证明，应通知银行于债务证明的到期日付款。付款人未在接到通知日的次日起3日内通知银行付款，付款人接到通知日的次日起第4日在债务证明到期日之前的，银行应于债务证明到期日将款项划给收款人。

银行在办理划款时，付款人存款账户不足支付的，应通过被委托银行向收款人发出未付款项通知书。按照有关办法规定，债务证明留存付款人开户银行的，应将其债务证明连同未付款项通知书邮寄被委托银行转交收款人。

（三）付款人拒绝付款

付款人审查有关债务证明后，对收款人委托收取的款项需要拒绝付款的，可以办理拒绝付款。

1.以银行为付款人的，应自收到委托收款及债务证明的次日起3日内出具拒绝证明，连同有关债务证明、凭证寄给被委托银行，转交收款人。

2.以单位为付款人的，应在付款人接到通知日的次日起3日内出具拒绝证明，持有债务证明的，应将其送交开户银行。银行将拒绝证明、债务证明和有关凭证一并寄给被委托银行，转交收款人。

➤ 同步练习4.10 ◄

【练习4-10-1】（操作题）用文字补充说明图4-81中的箭头所指，以示意托收承付结算流程。

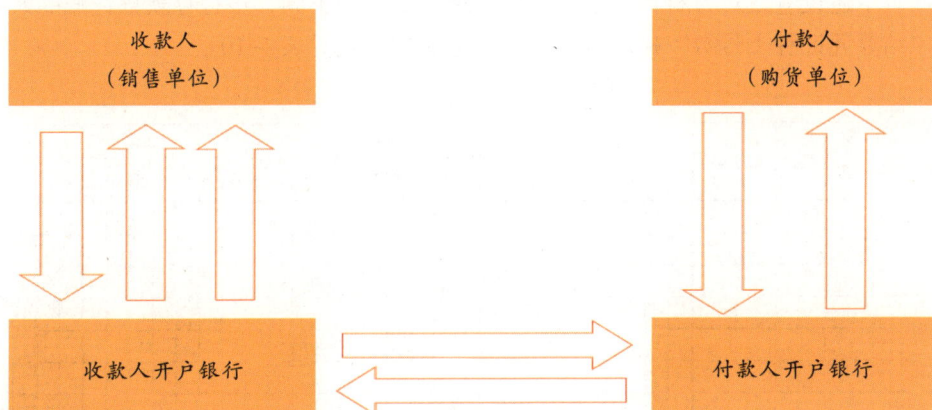

图4-81 托收承付结算流程

【练习4-10-2】（操作题）用文字补充说明图4-82中的箭头所指，以示意委托收款结算流程。

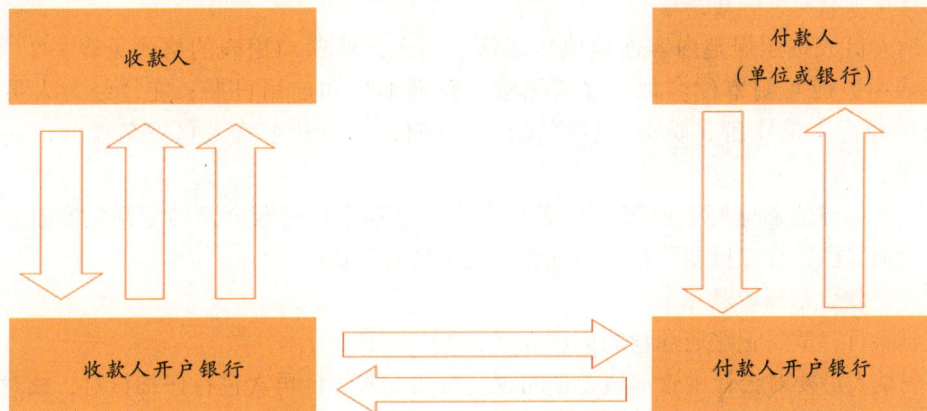

图4-82 委托收款结算流程

学习任务4.11 银行存款日记账的登记与核对

一、银行存款日记账的种类

为了实现对银行存款业务的核算和监督，每个单位必须设置银行存款日记账。

银行存款日记账是逐日、逐笔、序时记录银行存款收付业务的日记账簿，由出纳人员依据有关银行存款收款记账凭证、银行存款付款记账凭证和将现金存入银行的库存现金付款记账凭证登记完成。

为了防止账页散失和随意抽换，保证银行存款核算资料的安全与完整，银行存款日记账必须采用按序编号的订本式账簿。

银行存款日记账分为三栏式日记账和多栏式日记账，各个单位根据需要选用。

银行存款日记账一般采用三栏式账页格式，在账页中设有"借方（或收入）"、"贷方（或支出）"和"余额（或结余）"三栏式，为了清晰地反映银行存款收付业务的账户对应关系，在账页中还设有"对方科目"栏。与库存现金日记账不同，银行存款日记账的账页还需设置"结算凭证种类号数"栏。银行存款日记账的格式见表4-10。

表4-10　　　　　　　　　　　　　　银行存款日记账　　　　　　　　　　　　　　第 1 页

年		记账凭证		结算凭证		摘要	对方科目	借方									贷方									借或贷	余额									核对
月	日	种类	号数	种类	号数			百	十	万	千	百	十	元	角	分	百	十	万	千	百	十	元	角	分		百	十	万	千	百	十	元	角	分	

二、银行存款日记账的启用

出纳人员应按照规定内容逐项填写账簿启用表。账簿启用表的格式见表3-8。在账簿启用表中，应写明单位名称、账簿名称、账簿编号和启用日期；在"经管人员"一栏中写明经管人员姓名、职别、接管或移交日期，由会计主管人员签名盖章，并加盖单位公章。

年度开始建立新账时，应将上年度12月末银行存款日记账余额转记到年度新账第一行的"余额"栏，在"摘要"栏加盖红色"上年结转"章。

三、银行存款日记账的登记

登记银行存款日记账应注意的问题如下：

1.出纳人员要对会计主管审核无误的收、付款记账凭证再次进行仔细核对，核对无误后进行登记。

2.登记时，分别填写"年、月、日"、"记账凭证种类号数"、"结算凭证种类号数"及"摘要"各栏。日记账应逐笔分行记录，不得将收款记账凭证和付款记账凭证合并登记，也不得将收、付款记账凭证相抵后以差额登记。登记完毕后，应当逐项复核，复核无误后在记账凭证上的"账页"一栏内填写记账符号"√"，表示已经登记入账。

3.不得跳行登账，不得隔页登账，不得随意更换账页和撕去账页，作废的账页要留在账簿中。在一个会计年度内，账簿尚未用完时，不得更换账簿或重抄账页。记账时如不慎发生跳行、隔页时，应在空页或空行中间划线以示注销，或注明"此行空白"或"此页空白"字样，并由记账人员盖章，以示负责。

4.文字和数字必须整洁清晰，准确无误。在登记书写时，不要滥造简化字，不得使用同音异义字；摘要文字紧靠左线；数字要写在金额栏内，不得越格错位、参差不齐；文字、数字字体大小适中，紧靠底线书写，上面要留有适当空距，一般应占格高的1/2或2/3，以备按规定的方法改错。记录金额时，若为没有角、分的整数，应分别在角、分栏内写上"0"，不得省略不写或以"-"号代替。阿拉伯数字一般自左向右适当倾斜，以使账簿记录整齐、清晰。

5.使用蓝黑色墨水钢笔书写或黑色碳素笔书写，不得使用圆珠笔（银行复写账簿除外）或铅笔书写。红色墨水用以更正错账及结账等。

6.为便于计算日记账中连续记录的累计数额，并使前后账页的合计数据相互衔接，在每一账页登记完毕结转下页时，应结出本页发生额合计数及余额，写在本页最后一行和下页第一行的有关栏内，并在"摘要"栏注明"过次页"和"承前页"字样；也可以在本页最后一行用铅笔字结出发生额合计数和余额，核对无误后，用蓝、黑色墨水钢笔在下页第一行写出上页的发生额合计数及余额，在"摘要"栏内写上"承前页"字样，不必在本页最后一行写"过次页"的发生额和余额。

7.银行存款日记账不得出现贷方余额（或红字余额）。

8.为了提供在法律上有证明效力的核算资料，保证银行存款日记账的合法性，账簿记录不得随意涂改，严禁刮、擦、挖、补，或使用化学药物清除字迹。发现差错必须根据差错的具体情况采用划线更正、红字更正、补充登记等方法更正。

9.每日完结，出纳人员应核对银行存款收入、付出合计数和当日账面余额，检查各项收支款项。

10.期末，出纳人员应将本单位的银行存款日记账与开户银行的银行对账单进行逐笔核对，检查单位银行存款日记账的数据是否正确。

四、银行存款日记账与银行存款总分类账的核对

为防止差错和其他问题的发生，每月末，出纳登记的银行存款日记账都必须与主办会计登记的银行存款总分类账进行核对。

对于实现会计电算化核算的单位，银行存款日记账的登记由具有记账权限的记账会计完成，系统在执行记账功能的同时自动完成银行存款日记账的登记。通常，出纳凭证在记账前需要出纳人员的电子签字确认。核对工作也是通过操作执行对账命令来实现，操作较为简单。具体操作技能的掌握在"会计信息化"（或"会计信息系统""会计电算化""会计软件应用""会计软件操作"）课程中完成。

【练习4-11-1】（判断题）出纳人员可以登记的账簿为总账。（　　　）

【练习4-11-2】（判断题）银行存款日记账可以出现贷方余额。（　　　）

同步练习4.11

学习任务4.12　　　　　　　银行存款的清查

一、银行存款清查的意义

银行存款清查是指企业的出纳人员和指定的会计人员定期（一般是每月末）或不定期与开户银行核对账目，以确定是否账账相符。

对账之前，企业应将银行存款业务全部登记入账。账单核对时，可能会出现银行存款日记账余额与银行对账单同日余额不符的情况。不符的原因可能有三个方面：一是计算错误；二是记账错漏；三是存在未达账项。

计算错误是企业或银行对银行存款结存额的计算发生错误。

记账错漏是指企业或银行对存款的收入、支出的错记或漏记。

未达账项是指银行和企业对同一笔款项收付业务，因记账时间不同而发生的一方已经入账、另一方尚未入账的款项。

未达账项不属于工作差错，形成未达账项有下列四种情况：

1.企业已经收款入账、银行尚未收款入账的款项。

2.企业已经付款入账、银行尚未付款入账的款项。

3.银行已经收款入账、企业尚未收款入账的款项。

4.银行已经付款入账、企业尚未付款入账的款项。

银行存款的清查是对出纳工作的一种监督管理，是保证账实相符、保障银行存款资产安全的基本措施。

二、银行存款清查的工作流程与人员分工

银行存款清查一般按以下四个步骤进行：

第一步，将本单位的银行存款日记账与银行对账单进行逐日逐笔核对，核对内容为结算种类、号码和金额。凡双方都有记录的，用铅笔在金额栏旁边作上记号"√"。

第二步，核对后清理出各类未达账项。

第三步，编制银行存款余额调节表，计算调整。

第四步，将填制正确的银行存款余额调节表提交会计主管审核签章，报开户银行，清查完毕。

出纳人员应当及时将本期发生的银行结算业务反馈给分管会计人员，月末会同分管会计人员将银行存款日记账与总分类账进行核对，保证账账相符，并与清查人员一起核对银行存款日记账和银行对账单，编制银行存款余额调节表并得到分管会计人员的审核确认，或者配合分管会计人员编制银行存款余额调节表，保证账实相符。

三、编制银行存款余额调节表

银行存款余额调节表的一般格式见表4-11。

表4-11　　　　　　　　　　　银行存款余额调节表

单位名称：　　　　　　　　　　　　年　月　日　　　　　　　　　　　　单位：元

项　目	金　额	项　目	金　额
银行存款日记账余额		银行对账单余额	
加：银行已收、企业未收款		加：企业已收、银行未收款	
减：银行已付、企业未付款		减：企业已付、银行未付款	
调节后的存款余额		调节后的存款余额	

左方"调节后的存款余额"=银行存款日记账余额+银行已收、企业未收款-银行已付、企业未付款

右方"调节后的存款余额"=银行对账单余额+企业已收、银行未收款-企业已付、银行未付款

调节后左方和右方的存款余额应该相等。如果调节后双方不一致，则说明单位与银行至少一方记账有错误，应进一步核对。属于银行方面的原因，应及时通知银行更正；属于本单位的原因，应按照错账更正方法进行更正。

注意：不能根据编制的"银行存款余额调节表"更改账簿记录。对于银行已入账而企业未入账的未达账项，企业不能根据"银行存款余额调节表"编制记账凭证进行账务处理。企业必须在收到银行的收、付款通知时，才能进行账务处理。通过"银行存款余额调节表"，除了核对银行存款账目以确定银行存款账实是否相符外，还可以明确企业当时可以实际动用的银行存款数额。

案例4-7————编制银行存款余额调节表

资料：中为公司2024年11月的基本存款账户（账号为1023516789）的"银行存款日记账"（简）和11月底银行送来的"银行对账单"，见表4-12和表4-13。要求查找2024年11月的未达账项，并编制银行存款余额调节表。

表4-12　　　　　　　　　　　银行存款日记账（简）　　　　　　　　　　　单位：元

2024年		记账凭证		结算凭证		摘要	借方	贷方	余额
月	日	字	号	名称	号数				
11	1					期初余额			623 415
11	2	收	1	汇票	5102#	销售产品	83 452		706 867
11	4	付	1	转支	1008#	支付采购材料款		10 270	696 597
11	6	付	2	转支	1009#	支付广告费		5 600	690 997
11	8	付	3	现付	3102#	取现		1 000	689 997
11	9	收	2	转支	4018#	收回货款	55 000		744 997
11	12	付	4	现付	3103#	预付差旅费		4 000	740 997
11	15	付	5	汇票	2103#	购买设备		80 000	660 997
11	18	收	3	汇票	4123#	预收货款	50 000		710 997
11	19	付	6	电汇	1113#	预付货款		22 000	688 997
11	22	收	4	委收	6248#	收回货款	72 000		760 997
11	25	付	7	转支	1010#	偿还货款		35 780	725 217
11	28	付	8	特转	3425#	上缴增值税		32 400	692 817
11	30					本月合计	260 452	191 050	692 817

表4-13　　　　　　　　　　　　　　银行对账单　　　　　　　　　　　　　单位：元

2024年		交易代码	凭证种类	凭证号	摘要	借方	贷方	余额	柜员
月	日								
11	1	略			期初余额			623 415	略
11	2		汇票	5102#	收款		83 452	706 867	
11	4		转支	1008#	付货款	10 270		696 597	
11	6		转支	1009#	付广告费	5 600		690 997	
11	8		现付	3102#	提现	1 000		689 997	
11	12		委收	5205#	收货款		33 400	723 397	
11	15		汇票	2103#	付设备款	80 000		643 397	
11	18		汇票	4123#	收货款		50 000	693 397	
11	19		电汇	1113#	付货款	22 000		671 397	
11	22		委收	6248#	收货款		72 000	743 397	
11	24		特转	4321#	收利息		245	743 642	
11	25		转支	1010#	付货款	35 780		707 862	
11	28		特转	3425#	付税款	32 400		675 462	
11	29		转支	4201#	付养老保险金	43 500		631 962	
11	30				可用余额：631 962				

经逐笔核对，在"银行存款日记账"和"银行对账单"上进行标识，找出核对不符的账目。银行存款日记账中发现的不符项目见表4-14。

表4-14　　　　　　　　　　　　银行存款日记账　　　　　　　　　　　　单位：元

2024年		记账凭证		结算凭证		摘要	借方	贷方	余额
月	日	字	号	名称	号数				
11	9	收	2	转支	4018#	收回货款	55 000		
11	12	付	4	现付	3103#	预付差旅费		4 000	

银行对账单中发现的不符项目见表4-15。

表4-15　　　　　　　　　　　　　银行对账单　　　　　　　　　　　　单位：元

2024年		交易代码	凭证种类	凭证号	摘要	借方	贷方	余额	柜员
月	日								
11	12		委收	5205#	收货款		33 400		略
11	24		特转	4321#	收利息		245		
11	29		转支	4201#	付养老保险金	43 500			

中为公司和银行双方有下列未达账项：

（1）企业已收、银行未收的款项为 55 000 元。

（2）企业已付、银行未付的款项为 4 000 元。

（3）银行已收、企业未收的款项为 33 645 元。

（4）银行已付、企业未付的款项为 43 500 元。

据此编制银行存款余额调节表，见表 4-16。

表 4-16　　　　　　　　　　　银行存款余额调节表

单位名称：中为公司　　　　　　　　2024 年 11 月 30 日　　　　　　　　　　单位：元

项目	金额	项目	金额
银行存款日记账余额	692 817.00	银行对账单余额	631 962.00
加：银行已收、企业未收款	33 645.00	加：企业已收、银行未收款	55 000.00
减：银行已付、企业未付款	43 500.00	减：企业已付、银行未付款	4 000.00
调节后的存款余额	682 962.00	调节后的存款余额	682 962.00

➤ 同步练习 4.12 ◄

【练习 4-12-1】（操作题）动易科技有限公司 2024 年 12 月 31 日银行存款日记账的余额为 85 840 元，银行对账单的余额为 61 140 元，经过逐笔核对发现如下未达账项：

（1）企业收到销货款 25 000 元已入账，银行尚未入账。

（2）企业支付购料款 7 000 元已入账，银行尚未入账。

（3）银行收到购货方汇来货款 15 000 元已入账，企业尚未入账。

（4）银行代企业支付购料款 12 000 元已入账，企业尚未入账。

（5）企业送存支票 7 500 元，企业已经入账，银行尚未入账

（6）银行代付电话费 2 200 元，银行已经入账，企业未入账。

根据以上资料编制银行存款余额调节表（见表 4-17）。

表 4-17　　　　　　　　　　　银行存款余额调节表

单位名称：动易科技有限公司　　　　　2024 年 12 月 31 日　　　　　　　　　单位：元

项　目	金　额	项　目	金　额
银行存款日记账余额		银行对账单余额	
加：银行已收、企业未收款		加：企业已收、银行未收款	
减：银行已付、企业未付款		减：企业已付、银行未付款	
调节后的存款余额		调节后的存款余额	

【练习 4-12-2】（单选题）编制银行存款余额调节表的调节公式是（　　）。

A.银行存款日记账余额+银行已收、企业未收款-银行已付、企业未付款=银行对账单余额+企业已收、银行未收款-企业已付、银行未付款

B.银行存款日记账余额+企业已收、银行未收款-企业已付、银行未付款=银行对账单余额+银行已收、企业未收款-银行已付、企业未付款

C.银行存款日记账余额+企业已收、银行未收款−银行已付、企业未付款=银行对账单余额+银行已收、企业未收款−企业已付、银行未付款

D.银行存款日记账余额+银行已收、企业未收款−企业已付、银行未付款=银行对账单余额+企业已收、银行未收款−银行已付、企业未付款

【练习4-12-3】（单选题）经过"银行存款余额调节表"调整后的银行存款余额为（　　）。

A.企业账上的银行存款余额

B.银行账上的企业存款余额

C.企业可动用的银行存款数额

D.企业应当在会计报表中体现的银行存款余额

【练习4-12-4】（单选题）对银行存款进行清查，应该采用的方法是（　　）。

A.定期盘点法　　　　　　　　B.与银行核对账目法

C.实地盘存法　　　　　　　　D.和往来单位核对账目法

【练习4-12-5】（单选题）北为公司2024年6月30日银行存款日记账的余额为101万元，经逐笔核对，未达账项如下：银行已收、企业未收款2万元；银行已付、企业未付款1.5万元。调整后的企业银行存款余额应为（　　）万元。

A.100　　　　　　　　　　　B.101.5

C.102　　　　　　　　　　　D.103.5

【练习4-12-6】（多选题）产生未达账项的情况有（　　）。

A.企业已收款入账，而银行尚未收款入账

B.企业已付款入账，而银行尚未付款入账

C.银行已收款入账，而企业尚未收款入账

D.银行已付款入账，而企业尚未付款入账

【练习4-12-7】（多选题）关于银行存款的清查，下列说法正确的有（　　）。

A.不需要根据"银行存款余额调节表"作任何账务处理

B.对于未达账项，等以后有关原始凭证到达后再作账务处理

C.如果调整之后双方的余额不相等，则说明银行或企业记账有误

D.对于未达账项，需要根据"银行存款余额调节表"作账务处理

【练习4-12-8】（判断题）银行存款日记账余额与银行对账单上的余额不相符，一定存在未达账项。（　　）

【练习4-12-9】（判断题）银行存款日记账期末余额应与银行对账单期末余额核对相符，如不相符，只要能说明清楚即可，不需要编制银行存款余额调节表调账。（　　）

【练习4-12-10】（判断题）未达账项包括企业未收到凭证而未登记入账的款项和企业、银行都未收到凭证而未登记入账的款项。（　　）

练习4-12-1至练习4-12-10

学习项目五　　出纳资料及工作交接

学习目标

➤ 掌握出纳报告的编制方法

➤ 掌握出纳资料整理和保管的方法

➤ 熟悉出纳工作移交的程序和方法

内容结构

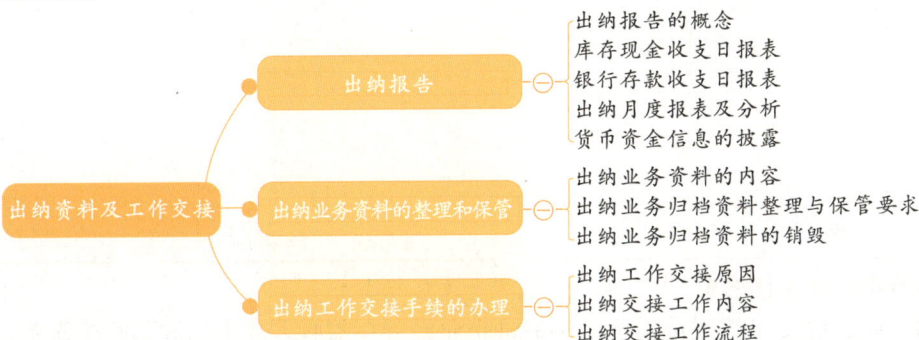

引　言

　　编制出纳报告，整理、传递和归档出纳资料，办理出纳工作交接手续，都是出纳工作的重要环节。出纳报告是反映单位货币资金收支存及其相关管理情况的内部报告，必须按照货币资金的管控规定，及时、准确地编报，学习重点是要熟悉出纳报告的内容及其编制方法要点；出纳资料是记录出纳业务内容、明确相关经济责任的书面证明，在保证其真实性和完整性的基础上，必须按有关规定，及时进行整理、传递和归档，学习重点是要熟悉出纳资料整理的方法和保管的有关规定；出纳工作交接手续的办理是出纳人员任职和离职时必须办理的重要事情，学习重点主要是熟悉交接工作程序、内容和方法。

出纳资料很重要，定期归档。

学习任务5.1　　　　　　　　　　　出纳报告

一、出纳报告的概念

　　出纳报告是企业出纳人员依据库存现金日记账、银行存款日记账等资料编制的，用于反映企业库存现金和银行存款等收入、支出、结存以及管理情况的报告，主要包括库存现金收支日报表、银行存款收支日报表、出纳月度报表和文字分析等内容。出纳报告属于企业内部报告，其格式可根据自身管理的需要进行设计。未经有关领导批准，不得任意传送或泄露其内容；在接受国家行政主管部门和司法部门检查时，出纳人员不得擅自隐瞒、篡改出纳报告的内容。

二、库存现金收支日报表

库存现金收支日报表是反映每日企业库存现金收入、支出和结存情况的内部报表，一般格式见表5-1。

表5-1　　　　　　　　　　　　库存现金收支日报表

年　　月　　日

凭证号码	摘要	收入金额	支出金额	结存金额	备注
合计					

三、银行存款收支日报表

银行存款收支日报表是用于反映每日企业银行存款收入、支出和结存情况的内部报表，一般的格式见表5-2。

表5-2　　　　　　　　　　　　银行存款收支日报表

年　　月　　日

凭证号码	票据号码	摘要	收入金额	支出金额	结存金额	备注
合计						

四、出纳月度报表及分析

出纳月度报表是出纳人员根据库存现金日记账、银行存款日记账等资料编制的月度报表。出纳月度报表以月度为报告期，每月编制一次。

月末结账后，出纳人员依据库存现金和银行存款日记账或日报表等资料，将相同收支项目分类汇总，填写月度报表并提交公司相关领导。出纳月度报表的格式见表5-3。

表 5-3

出纳月度报表

年　　月　　日至年　　月　　日　　　　　　　　编号：

项目	月初余额	本月收入	本月支出	月末余额	本月累计	备注
库存现金						
银行存款						
基本账户						
一般账户						
专用账户						
其他货币资金						
外埠存款						
银行汇票						
银行本票						
有价证券						
股票						
债券						
月末账面结存资金合计						

会计主管：　　　　记账：　　　　出纳：　　　　审核：　　　　制表：

出纳月度报表的编制要点说明如下：

1.出纳月度报表中的项目数据，应当与库存现金日记账、银行存款日记账等有关明细账和备查账簿内容相符，保证出纳信息的真实、完整、准确。

2."本月收入"项目，依据日记账账面本月借方（增加）相同项目合计数字填列或日报表相同项目数合计（累计数）填列。

3."本月支出"项目，依据日记账账面本月贷方（减少）相同项目合计数字填列或日报表相同项目数合计（累计数）填列。

4.月初余额即上月报表的月末余额。

5.月末余额=月初余额+本月收入−本月支出。

6.月末账面结存资金合计=库存现金月末余额+银行存款月末余额+其他货币资金月末余额+有价证券月末余额。

企业对出纳月度报表主要从货币资金的构成及收支合理性方面进行分析。通过月初余额与月末余额对比、本月收入与本月支出对比、本月项目与上月相关项目对比，确定企业货币资金构成及收支的合理性，查明收、支、存的变动情况，分析产生波动的原因，为企业管理者进行相关决策提供依据。

五、货币资金信息的披露

会计期末，企业的库存现金、银行存款和其他货币资金需要在资产负债表中作为"货币资金"项目予以列报。资产负债表资产项目的第一项为"货币资金"，该项目反映企业库存现金、银行存款和其他货币资金（外埠存款、银行汇票存款、银行本票存款等）实有数额。本项目应根据"库存现金"、"银行存款"和"其他货币资金"账户期末余额的合计数填列。

➤同步练习5.1◄

【练习5-1-1】（单选题）下列不属于资产负债表中"货币资金"项目反映的数据是（   ）。

　　A.库存现金　　　　　　　　　　　B.银行存款

　　C.其他货币资金　　　　　　　　　D.交易性金融资产

（二维码）练习5-1-1至练习5-1-5

【练习5-1-2】（多选题）下列各项中，应在出纳月度报表收入与支出项目中反映的有（   ）。

　　A.收到货款　　　　B.支付税款　　　　C.确认应收账款　　　　D.银行提现业务

【练习5-1-3】（判断题）出纳月度报表是出纳人员根据库存现金日记账、银行存款日记账编制的月度报表。（   ）

【练习5-1-4】（判断题）出纳月度报表不反映库存现金与银行存款之间划转的款项，因其不影响企业资金的增加与减少。（   ）

【练习5-1-5】（判断题）库存现金、银行存款月初余额为日记账月初余额，即上月报表的期末余额。（   ）

【练习5-1-6】（操作题）出纳魏晓慧填制出纳月度报表。

动易科技有限公司2024年10月份有关业务资料如下：

（1）库存现金月初余额3 000元，银行存款基本账户月初余额105 000元，银行汇票存款月初余额150 000元。

（2）2日，采购员持银行汇票到海峰公司购入原材料，价税合计金额146 250元，已将银行汇票交给供货方。

（3）6日，收到小额销售货款现金740元。

（4）8日，开出现金支票，提取现金2 000元备用。

（5）11日，以现金支付张川报销差旅费755元。

（6）16日，办公室报销购买办公用品款785元，以现金支付。

（7）21日，收到银行电汇通知，万联公司上月欠款165 000元到账。

（8）25日，出售乙产品一批，价税合计86 580元，收到银行本票一张，已办妥进账手续。

（二维码）练习5-1-6

（9）27日，10 250元的银行承兑汇票到期，收到进账通知。

操作要求：

根据以上数据，编制出纳月度报表（见表5-3）。

学习任务5.2　　出纳业务资料的整理和保管

一、出纳业务资料的内容

《会计档案管理办法》第五条规定："单位应当加强会计档案管理工作，建立和完善会计档案的收集、整理、保管、利用和鉴定销毁等管理制度，采取可靠的安全防护技术和措施，保证会计档案的真实、完整、可用、安全。"

出纳档案是会计档案的重要组成部分，是记录出纳业务内容、明确相关经济责任的书面证明，一旦遗失或因保管不善而损坏，将给出纳人员本人和单位带来严重的影响。因此，出纳人员必须按规定对有关的会计资料进行妥善保管，保证会计档案记录的真实性、完整性、连续性和准确性。

出纳归档资料是指出纳凭证、出纳账簿、出纳报告等核算资料，以及其他财务管理方面的重要凭证等。出纳归档资料是出纳收支活动及其账务处理的重要史料与证据。其具体包括：

1.会计凭证类：反映资金收付业务的原始凭证、记账凭证、汇总记账凭证及其他出纳凭证。

2.会计账簿类：库存现金日记账、银行存款日记账、其他货币资金明细账、辅助账簿及其他备查账簿。

3.财务报告类：包括日报、月报、季报、年报、附注及文字说明，以及其他出纳业务报告等。

4.其他会计资料类：按规定应单独存放保管的重要票证单据，如银行对账单、银行存款余额调节表，作废的支票、发票存根联及作废发票、收据存根联及作废收据、库存现金盘点报告单等，出纳档案移交清册、出纳档案保管清册、出纳档案销毁清册等。

二、出纳业务归档资料整理与保管要求

企业各种收款、付款记账凭证及其所附原始凭证，一般来说，过账以后要传递给记账会计，在年终归档前由记账会计进行整理与保存。出纳人员主要做好原始凭证的整理及全部会计凭证在出纳业务处理阶段的保管工作。银行对账单是出纳的重要原始凭证，为了保管与查对的便利，平时也可由出纳人员单独保管并整理成册，年终统一归档。

（一）出纳归档资料的整理

出纳人员对归档资料进行整理，一般包括分类、装订和成册三个步骤。

1.分类。出纳档案应按经济业务的性质和本单位的财务管理要求进行分类，一般应与本单位的会计分类相一致，兼顾档案装订和使用的需要。在对档案进行分类时，应当剔除无效或不需用的单据。

2.装订。由于原始凭证大多零落散乱，容易遗失，所以会计人员在对档案归类后应加以装订，以保证会计资料不会散落遗失。

在装订时，应当注意档案厚度以便于使用；使用活页账或卡片账的，在归档时应加以装订并编制页码，对不宜装订的应当连号顺放，防止散落；对于采用财务软件记账的单位，其打印的纸质会计档案必须装订编号；对于具备采用磁盘、磁带、光盘、微缩胶片等磁性介质保存会计档案条件的，由国务院业务主管部门统一规定，并报财政部、国家档案

局备案，保管时采用连号编排，保存在特定的档案盒中。

3.成册。对于装订完毕的出纳资料，应当立卷成册，启用封面或扉页，记录每册的编号、所属单位、所属期间及页数、经办人员等详细内容，并加盖单位公章和经办人员私章。在保管上有特殊要求的，可以加盖骑缝章或加贴封条。需要强调的是，出纳账簿在更换新账簿后，应将旧账归入出纳档案。移交归档前应对旧账进行整理，对编号、扉页内容、目录等项目填写不全的，应按照有关要求填写齐全；用计算机记账的单位，归档时要像订本账一样加上扉页，注明单位名称、所属时期、合计页数和记账人员签章等，并加盖公章。

（二）出纳归档资料保管要求

1.档案资料必须真实、完整、准确、连续，不得擅自篡改、涂抹或歪曲档案记录。

2.档案装订成册要按规定办理，做到不易散失，便于查阅。

3.档案资料必须按照规定的保管期限进行保管。

当年形成的会计档案，在会计年度终了后，可由单位会计管理机构临时保管1年，再移交单位档案管理机构保管。因工作需要确需推迟移交的，应当经单位档案管理机构同意。单位会计管理机构临时保管会计档案最长不超过3年。临时保管期间，会计档案的保管应当符合国家档案管理的有关规定，且出纳人员不得兼管会计档案。

会计档案的保管期限分为永久、定期两类。年度财务会计报告、会计档案保管清册、会计档案销毁清册、会计档案鉴定意见书永久保管；其他属于定期保管。定期保管期限一般分为10年和30年。会计档案保管的期限，从会计年度终了后的第一天算起。原始凭证、记账凭证、总账、明细账、日记账、其他辅助性账簿、会计档案移交清册等会计档案的保管期限为30年，银行存款余额调节表和银行对账单的保管期限为10年。

4.档案的使用、移交和销毁必须严格按照规定程序办理。

5.档案不得撕毁或遗失。

6.档案的存放地应当安全、防火、防盗、防潮及防虫。

7.档案资料应能积极地为本单位所利用。

三、出纳业务归档资料的销毁

出纳档案属于会计档案的一部分，保管期满需要销毁的，按下列程序进行：

1.由本企业档案管理机构提出销毁意见，编制会计档案销毁清册，见表5-4。

2.单位负责人、档案管理机构负责人、会计管理机构负责人、档案管理机构经办人、会计管理机构经办人在会计档案销毁清册上签署意见。国有企业经企业领导审查，报经上级主管部门批准后销毁。保管期满但未结清的债权、债务原始凭证和涉及其他未了事项的原始凭证，不得销毁，应当单独抽出立卷，保管到未了事项完结时为止。单独抽出立卷的会计档案，应当在会计档案销毁清册和会计档案保管清册中列明。正在项目建设期间的建设单位，其保管期满的会计档案不得销毁。

3.销毁会计档案时，应当由单位档案管理机构和会计管理机构共同派员监销。

4.监销人在销毁会计档案前，应当按照会计档案销毁清册所列内容对所要销毁的会计档案逐一进行清点核对，确认其确实无保留必要。销毁后，应当在会计档案销毁清册上签名或盖章，并将监销情况报告企业负责人。

表5-4

会计档案销毁清册

序号	类别	题名	所属年度	规定保管期限	实际保管年限	目录号	卷宗号	页数	备注
销毁原因									
财务负责人审批意见									
单位负责人审批意见									
监销人审批意见									

批准人：　　　　　　监销人：　　　　　　销毁人：　　　　　　档案保管人：

▶同步练习5.2◀

【练习5-2-1】（单选题）出纳对归档资料进行整理，一般包括分类、装订和（　　　）三个步骤。

A.成册　　　　　B.清点　　　　　C.核对　　　　　D.盘点

【练习5-2-2】（单选题）下列关于会计档案保管年限的说法中，错误的是（　　　）。

A.原始凭证和记账凭证的保管年限均为15年

B.银行存款余额调节表的保管年限为10年

C.会计档案保管清册永久保存

D.会计档案销毁清册永久保存

【练习5-2-3】（单选题）下列关于会计资料销毁的说法中，错误的是（　　　）。

A.保管期满但未结清的债权、债务的原始凭证和涉及其他未了事项的原始凭证，可以销毁

B.各单位按规定销毁会计档案时，应由单位档案管理机构和会计管理机构共同派员监销

C.国有企业经企业领导审查，报经上级主管部门批准后销毁

D.正在项目建设期间的建设单位，其保管期满的会计档案不得销毁

【练习5-2-4】（多选题）出纳归档资料包括（　　　）。

A.出纳凭证　　　　B.出纳账簿　　　　C.出纳报告　　　　D.其他会计资料类

【练习5-2-5】（多选题）出纳归档整理的会计账簿类资料包括（　　　）。

A.库存现金日记账　　　　　　　B.银行存款日记账

C.其他货币资金明细账　　　　　D.辅助账簿及其他备查账簿

【练习5-2-6】（多选题）下列会计档案中，应永久保存的有（　　　）。

A.汇总记账凭证　　　　　　　　B.会计档案保管清册

C.会计档案销毁清册　　　　　　　　　　D.总账

【练习5-2-7】（判断题）企业档案部门可以会同会计部门对企业会计档案进行清理，编制会计档案销毁清册，将保管期已满的会计档案按规定程序全部销毁。（　　　）

【练习5-2-8】（判断题）当年形成的会计档案在会计年度终了后，编制成册后必须移交本单位的档案部门保管。（　　　）

【练习5-2-9】（判断题）出纳账簿在更换新账簿后，应将旧账归入出纳档案。（　　　）

学习任务5.3　　　　　　出纳工作交接手续的办理

一、出纳工作交接原因

出纳工作交接是指出纳人员因工作调动或者离职等原因，由离任出纳人员将有关工作和资料移交给继任出纳人员的工作过程。

《中华人民共和国会计法》（以下简称《会计法》）第三十九条规定："会计人员调动工作或者离职，必须与接管人员办清交接手续。一般会计人员办理交接手续，由会计机构负责人（会计主管人员）监交；会计机构负责人（会计主管人员）办理交接手续，由单位负责人监交，必要时主管单位可以派人会同监交。"

《会计基础工作规范》第二十五条规定："会计人员工作调动或者因故离职，必须将本人所经管的会计工作全部移交给接替人员。没有办清交接手续的，不得调动或者离职。"

出纳人员办理交接手续主要有以下几个方面的原因：

1.出纳人员辞职或离开单位；

2.因企业内部工作变动，出纳人员不再担任出纳职务，例如，出纳人员轮岗调换到会计岗位；

3.企业出纳岗位内部增加工作，人员重新进行工作分工；

4.因病假、事假或临时调用，出纳人员不能继续从事出纳工作；

5.出纳人员因特殊情况如停职审查等按规定不宜继续从事出纳工作；

6.企业因其他情况按规定应办理出纳交接工作的，如企业解散、破产、兼并、合并、分立等情况发生时，出纳人员应向接收单位或清算组移交。

出纳人员交接要按照会计人员交接的要求进行，未办清交接手续的，不得调动或离职。

二、出纳交接工作内容

出纳工作交接的具体内容应根据各单位的具体情况而定，情况不同，移交的内容也不一样。但总体来看，出纳工作交接主要包括以下基本内容：

1.出纳凭证：包括与库存现金、银行存款及其他货币资金有关的原始凭证和记账凭证。

2.出纳账簿：包括库存现金日记账和银行存款日记账。

3.出纳报告：包括库存现金日报表、银行存款日报表和出纳月度报表等。

4.现金：包括库存的人民币和外币。

5.支票：包括空白支票、支票领用备查登记簿。

6.有价证券：包括债券、股票等。

7.用于银行结算的各种银行汇票、银行本票、商业汇票等票据。

8.各种收款收据：包括空白收据、已用或作废收据的存根联等。

9.印章：包括财务专用章、银行预留印鉴以及"现金收讫"、"现金付讫"、"银行收讫"、"银行付讫"和"作废"等业务专用章。

10.会计文件：如应由出纳人员保管的相关文件、银行对账单、合同、协议等。

11.会计用品：如报销单据、借据等。

12.办公室、办公桌与保险工具的钥匙，各种保密号码。

13.本部门保管的各种档案资料和公用会计工具、器具等。

14.每期固定办理的业务介绍，如按期缴纳电费、水费、电话费的时间等。

15.所负责业务的具体说明，如缴纳电话费的号码、台数等，银行账户的开户银行地址、联系人等。

16.经办未了事项及历史遗留问题的说明。

17.其他需要说明的业务事项。

三、出纳交接工作流程

（一）移交前准备

为了保证移交工作的顺利进行，出纳人员应明确交接的项目内容，然后逐项清点整理，使移交的财务资料完整无缺，未尽的事宜继续办理。出纳人员交接前的准备工作主要包括：

1.已经受理的经济业务尚未登记完毕的日记账以及股票、债券等明细账要登记完毕，并在最后一笔余额后加盖名章。

2.出纳日记账与库存现金、银行存款总账核对相符，库存现金账面余额与实际库存现金核对一致，银行存款账面余额与银行对账单相符。如有不符，要找出原因，弄清问题，加以解决，力求在移交前做到账证相符、账账相符、账实相符。

3.在出纳账簿的账簿启用表上填写移交日期，并加盖名章。

4.移交人对应收回的款项要尽快催收，应支付的款项要及时支付，各种借款要清理与核对，各种现金票据、有价证券收据、借据等要清理与核对，文件该归档的要归档，该收回的要及时收回，各种登记簿要与所登记内容进行核对，对未了事项写出书面材料。应将列入移交的内容填制好移交清册，如会计凭证、账簿、报表、印章、现金、有价证券、支票簿、发票、文件、其他会计资料和物品等内容。

5.接管人应尽早做好接管准备，特别是做好银行预留印鉴更换的准备工作，以便到任后能立即开始工作。

（二）编制移交清册

移交清册是出纳人员明确交接责任的书面证明，即出纳工作移交表，主要包括库存现金移交表、银行存款移交表、有价证券和贵重物品移交表、核算资料移交表和物品移交表以及出纳工作交接说明书等。

在实际工作中，移交清册一般根据财务制度和本企业管理的要求编制，一式三份，交接双方各持一份，监交人存档一份。

1.库存现金移交表。

库存现金移交表填制时先确定截止日期，按其实有数量逐项填写，其具体情况应在备注栏中反映，如已记录在有关账簿中的，应注明。库存现金移交表格式见表5-5。

表5-5   **库存现金移交表**

币别：人民币   移交日期：   年   月   日   金额单位：元

面值	数量（张）	移交金额	接交金额	备注
100元				
50元				
20元				
10元				
5元				
1元				
5角				
1角				
5分				
2分				
1分				
合计				

单位负责人：   移交人：   监交人：   接管人：

2.银行存款移交表。

银行存款移交表的格式见表5-6，其填写方法与库存现金移交表基本相同。

表5-6   **银行存款移交表**

移交日期：   年   月   日   金额单位：元

开户银行	账号	币种	期限	账面数	实有数	备注
合计						

单位负责人：   移交人：   监交人：   接管人：

3.有价证券及贵重物品移交表。

有价证券及贵重物品移交表是出纳人员经管的企业重要财产。移交时，移交人应根据清理核对后的有价证券和贵重物品（按品种、价值等）分别登记；对贵重物品较多的企业，可单独编制有价证券移交表与贵重物品移交表。有价证券及贵重物品移交表的格式见表5-7。

表5-7   **有价证券及贵重物品移交表**

移交日期：   年   月   日   金额单位：元

名称	购入日期	单位	数量	面值	到期日	备注
合计						

单位负责人：   移交人：   监交人：   接管人：

4.核算资料移交表。

核算资料主要包括出纳账簿、发票、银行结算凭证、收据及票据领用登记簿，以及其他文件资料等。核算资料移交表的格式见表5-8。

表5-8　　　　　　　　　　　　核算资料移交表

移交日期：　　年　　月　　日

名称	年度	数量	起止时间	备注
库存现金日记账账本				
银行存款日记账账本				
收据领用登记簿				
支票领用登记簿				
借款凭单				
现金支票				
转账支票				

单位负责人：　　　　移交人：　　　　监交人：　　　　接管人：

5.物品移交表。

物品移交表中的物品主要包括会计用品、公用会计工具等。出纳人员可以根据具体移交的物品编制物品移交表。物品移交表的格式见表5-9。

表5-9　　　　　　　　　　　　物品移交表

移交日期：　　年　　月　　日

名称	型号	购入日期	单位	数量	备注
公司财务章					
发票专用章					
保险柜					
点钞机					
打印机					
财务室钥匙					

单位负责人：　　　　移交人：　　　　监交人：　　　　接管人：

6.出纳工作交接说明书。

出纳工作交接说明书是把移交表中无法列入的或尚未列入的，以及重要项目内容进行具体说明的文件。该交接说明书应至少包括单位名称、交接日期、交接双方及监交人员的职务和签名、移交清册页数、需要说明的问题和意见。出纳工作交接说明书的格式见表5-10。

表 5-10　　　　　　　　　　出纳工作交接说明书

原出纳员_____因工作变动，出纳工作移交给_____接管，交接如下：
一、交接日期　　年　月　日
二、具体业务的移交
1.库存现金：　　月　日账面余额　　　　元，实存相符，日记账与总账相符；
2.银行存款余额　　　元，经编制"银行存款余额调节表"核对相符；
3.
三、移交的会计凭证、账簿、文件
1.本年度库存现金日记账　　本；
2.本年度银行存款日记账　　本；
3.空白现金支票　　张（　　　　号至　　　　号）；
4.空白转账支票　　张（　　　　号至　　　　号）；
5.
四、印鉴
1.现金收讫印章一枚；
2.现金付讫印章一枚。
五、交接前后工作责任的划分
　　　年　　月　　日前的出纳责任事项由　　　　负责；
　　　年　　月　　日起的出纳工作由　　　　负责。
以上移交事项均经交接双方认定无误。
六、本交接说明书一式三份，双方各执一份，存档一份。
　　　　移交人：　　　　接管人：　　　　监交人：
　　　　　　　　　　　　　　　　　　　　　公司章
　　　　　　　　　　　　　　　　　　　　　年　月　日

（三）正式办理出纳工作交接

出纳工作交接一般在单位会计机构负责人、会计主管人员监督下进行。出纳人员的离职交接，必须在规定的期限内，向接管人员移交清楚。办理移交时，移交人要按移交清册逐项移交，接收人要逐项核对点收，遇到特殊情况由监交人负责监督和协调。交接结束后，交接双方和监交人员要在移交清册上签名或盖章。

四、出纳交接业务办理

出纳工作交接时，现任出纳人员应对前任出纳人员交接的各项内容进行审验，审验完毕无误后，填写出纳工作交接说明书，在各项目上予以确认，并妥善保管好各种财产、物品及相关出纳核算资料。具体出纳交接业务办理操作如下：

1.会计账簿的交接。

账簿交接时，接管人应着重核对账账、账实是否相符，核对无误后，移交人员在结账数字下签章，并注明交接年、月、日。

2.银行存款以及有关票据的交接和印鉴的更换。

接管人应首先进行银行存款日记账与银行存款总账、银行对账单的核对，交接双方对有疑义的问题要一同到开户银行当场复核，核对无误后，再移交有关票据，同时更换预留在银行的私人印鉴。

3.库存现金、有价证券和其他贵重物品的移交。

在移交库存现金、有价证券和其他贵重物品时，应根据会计账簿有关记录，由移交人向接管人逐一点交，核对无误后，接管人在库存现金、有价证券、贵重物品移交表上签章，以示收到。

4.保险柜密码及重要工作台、室的钥匙的移交。

保险柜密码及重要工作台、室的钥匙应先按照实际情况进行交接，交接完毕后应更换保险柜密码和重要工作台、室的锁具。

5.工作计划的移交。

工作计划的移交，要由移交人详细介绍计划执行情况以及在日后执行过程中可能出现的问题，以便接管人接管后顺利地开展工作。

6.移交待办事项。

移交人应将处理方法和有关注意事项向接管人交代清楚，以便于工作继续进行。交接时点前、后的工作应各负其责，主要体现在以下几个方面：

（1）移交人应如实办理交接手续，不得故意隐瞒、误导有关的事实。

（2）移交后，移交人对自己经办的已办理移交的资料负完全责任，不得以资料已移交为借口推脱责任。

（3）接管人应认真接管移交工作，继续办理未了事项。

（4）接管人应继续使用移交后的账簿等资料，保持会计记录的连续性，不得自行另立账簿或擅自销毁移交资料。

▶ 同步练习5.3 ◀

【练习5-3-1】（操作题）2024年9月30日，中信实业公司新上任的出纳李四与原出纳张三办理交接工作，主管会计王五进行监督。盘点库存现金，8张100元，6张50元，10张20元，7张10元，9张5元，30张1元，18张5角，8张1角。请根据上述资料，填写库存现金移交表（见表5-5）。

练习5-3-1

【练习5-3-2】（单选题）下列说法中，正确的是（　　　）。

A.出纳人员交接账簿时，接管人应核对账账、账实是否相符，核对无误后，接管人应在结账数字下签章

B.出纳人员工作交接书是将移交表中已列入的内容进行具体说明的文件

C.出纳工作交接后，接管的出纳人员应及时向开户银行办理更换出纳人员印鉴手续

D.交接后，移交人对自己经办的已经移交的资料不再承担责任

【练习5-3-3】（多选题）下列关于出纳工作交接中注意事项的表述中，正确的有（　　　）。

练习5-3-2至
练习5-3-8

A.监交过程中，如果移交人不作交代，或者交代不清的，不得离职

B.移交时，交接双方一定要当面看清、点准、核对，不得由别人代替

C.接管的出纳人员交接后可自行另立新账

D.交接后，移交人应对自己经办的已经移交的资料的合法性、真实性承担法律责任，不因为资料已经移交而解除责任

【练习5-3-4】（多选题）出纳工作交接的印章包括（　　）。

A.现金收讫章　　　　　　　　　　　B.现金付讫章

C.银行收讫及银行付讫章　　　　　　D.银行预留印鉴

【练习5-3-5】（多选题）出纳工作交接应该包括的内容有（　　）。

A.现金，包括现钞、外币、金银珠宝、其他贵重物品

B.有价证券，包括国库券、债券、股票等

C.支票，包括空白支票，不含作废支票

D.发票，包括空白发票和已用发票（含作废发票）

E.收款收据，包括空白收据、已用收据（不含作废收据）

【练习5-3-6】（多选题）会计档案移交清册一般应填制一式三份，（　　）各执一份，存档一份。

A.移交人　　　　　B.接替人　　　　　C.监管人　　　　　D.存档

【练习5-3-7】（判断题）出纳人员办理交接手续，须由单位负责人监交。（　　）

【练习5-3-8】（判断题）在整理应移交的各种资料时，若存在未了事项，出纳人员应对其写出书面说明。（　　）

【练习5-3-9】（思考题）三合公司9月份发生以下事项：

（1）公司档案管理部门会同财务部将已结账到期会计档案编造清册，报请公司负责人批准后，由负责保管会计档案的张某在无他人在场时销毁。

（2）会计人员李某因病休假两个星期，其会计工作需要他人代理。李某考虑休假结束后仍从事会计工作，故未办理会计工作交接手续。

（3）因公司经理出差在外，财务部经理指定公司出纳赵某临时代理李某所管的固定资产明细账及收入、支出、费用明细账的登记工作。

要求：指出上述事项中哪些行为不符合会计法律制度的规定，并说明理由。

【练习5-3-10】（思考题）2012年1月，毛女士受聘于某投资咨询有限公司（以下简称公司），兼任会计及出纳工作。2014年5月11日，公司通过手机短信通知毛女士不要再来公司工作，随后双方的劳动关系于该日解除。2014年10月21日，公司通过书面及手机短信方式，要求毛女士来公司办理移交，毛女士回复因意外骨折无法如约。2015年5月12日，公司要求毛女士办理财务账册移交并返还财物。公司持法院开具的调查令，从公安机关调查获悉，保存在毛女士家中的有公司2014年度明细账及现金流水账。在法庭组织下，毛女士已将2014年度明细账原件交还给公司。对于现金流水账，毛女士表示不是正规的财务账册，而是为了保护自己所登记的备忘录，该备忘录已遗失。2015年5月27日，公司向法院起诉称，在毛女士担任公司出纳期间，非法占有公司钱款13.4万余元，要求返还并办理财务交接。

要求：试指出并分析上述情形所存在的问题。

练习5-3-9至
练习5-3-10

学习项目六 电子表格软件基本操作技能

学习目标

➤ 掌握 Excel 2016 软件的启动与退出方法

➤ 熟悉 Excel 2016 软件的用户界面

➤ 掌握 Excel 电子表中的数据输入方法

➤ 掌握 Excel 电子表中数据的编辑与保护方法

➤ 掌握单元格格式化的方法

➤ 学会使用 Excel 公式和单元格引用的方法

➤ 掌握 Excel 函数的基本应用方法

➤ 掌握数据管理分析的基本操作方法

内容结构

电子表格软件基本操作技能 ——
- Excel 2016 软件的启动和退出
- Excel 2016 软件的用户界面
- Excel 2016 文件的管理
- 数据的输入
- 数据的编辑与保护
- 单元格的格式化
- 公式的应用和单元格的引用
- 常用函数的基本应用
- 数据清单及管理分析

引 言

电子表格,又称电子数据表,是指由特定软件制作而成的,用于模拟纸上计算的由横竖线条(行列)交叉组成的表格,主要功能有:建立工作簿,管理数据,实现数据网上共享,制作图表,开发应用系统。

目前常见的电子表格软件有美国微软公司开发的 Excel、国内金山公司开发的 WPS、美国苹果公司开发的 Numbers 等。

Excel 软件操作界面直观、应用广泛、功能强大、使用便利,广泛用于数据管理和分析。作为出纳人员,熟练使用 Excel 软件,既可以提高工作质量和效率,又可以减轻工作负担。Excel 软件有诸多版本,本书主要介绍 Excel 2016。

学习任务6.1　　　　Excel 2016软件的启动和退出

一、Excel 2016软件的启动

Excel 2016软件的启动方法见表6-1。

表6-1　　　　　　Excel 2016软件的启动方法

方法	操作说明
方法1	单击"开始"菜单中的Excel命令
方法2	双击桌面上的Excel图标
方法3	单击任务栏上的Excel快捷方式图标
方法4	通过"开始"菜单中的"运行"对话框（开始→所有程序→附件→运行），运行Excel.exe文件
方法5	通过打开已有Excel工作簿文件（包括打开最近使用的工作簿）来启动Excel软件

采用前4种方法，在软件启动时将自动新建一个空白的工作簿文件。

二、Excel 2016软件的退出

Excel 2016软件的退出方法见表6-2。

表6-2　　　　　　Excel 2016软件的退出方法

方法	操作说明
方法1	单击窗口右上角的关闭按钮✖
方法2	右击任务栏中的Excel图标，再单击"关闭窗口"或"关闭所有窗口"
方法3	在键盘上按击快捷键"Alt+F4"
方法4	单击窗口左上角的空白处，在弹出的快捷菜单中单击"关闭"命令
方法5	双击窗口左上角的空白处

无论采用哪种方法，如果编辑内容在软件退出前未被保存，将弹出是否保存对话框。

➤同步练习6.1◀

【练习6-1-1】（多选题）可以通过（　　）实现Excel 2016软件的启动。

A."开始"菜单中的Excel命令　　　　B.桌面或任务栏中的快捷方式图标

C."运行"对话框　　　　D.打开已有Excel文件

【练习6-1-2】（判断题）可以从任务栏上启动Excel软件。（　　）

【练习6-1-3】（单选题）以下不是Excel 2016软件退出方法的是（　　）。

A.单击窗口右上角的关闭按钮　　　　B.Alt+F4

C.双击窗口左上角的空白处　　　　D.Ctrl+F4

【练习6-1-4】（判断题）不能通过双击窗口左上角的控制图标退出Excel 2016文件。（　　）

【练习6-1-5】（判断题）单击"文件"菜单中的"关闭"命令可以退出Excel 2016文件。（　　）

【练习6-1-6】（判断题）如果当前有多个工作簿文件在运行，在键盘上按击快捷键"Ctrl+F4"会退出Excel 2016软件。（　　）

【练习6-1-7】（多选题）退出Excel 2016软件的方法有（　　）。

A.单击标题栏最右边的关闭按钮

练习6-1-1至练习6-1-8

B.按击快捷键"Alt+F4"

C.右击任务栏中的Excel图标，再单击"关闭窗口"或"关闭所有窗口"命令

D.按击快捷键"Esc"

【练习6-1-8】（单选题）窗口右上角的✗按钮是（　　　）窗口按钮。

A.最大化　　　　　　　B.最小化　　　　　　　C.关闭　　　　　　　D.移动

【练习6-1-9】（操作题）使用不同方法启动 Excel 2016软件。

【练习6-1-10】（操作题）使用不同方法退出 Excel 2016软件。

学习任务6.2　　　Excel 2016软件的用户界面

一、Excel 2016软件用户界面

Excel软件启动后，会新建一个空白工作簿或者打开一个现有工作簿，并在屏幕上呈现出窗口，该窗口被称为用户界面。Excel 2016软件的用户界面由标题栏、功能区、编辑区、工作区（行列交叉的区域）、状态栏、任务窗格等要素组成，如图6-1所示。

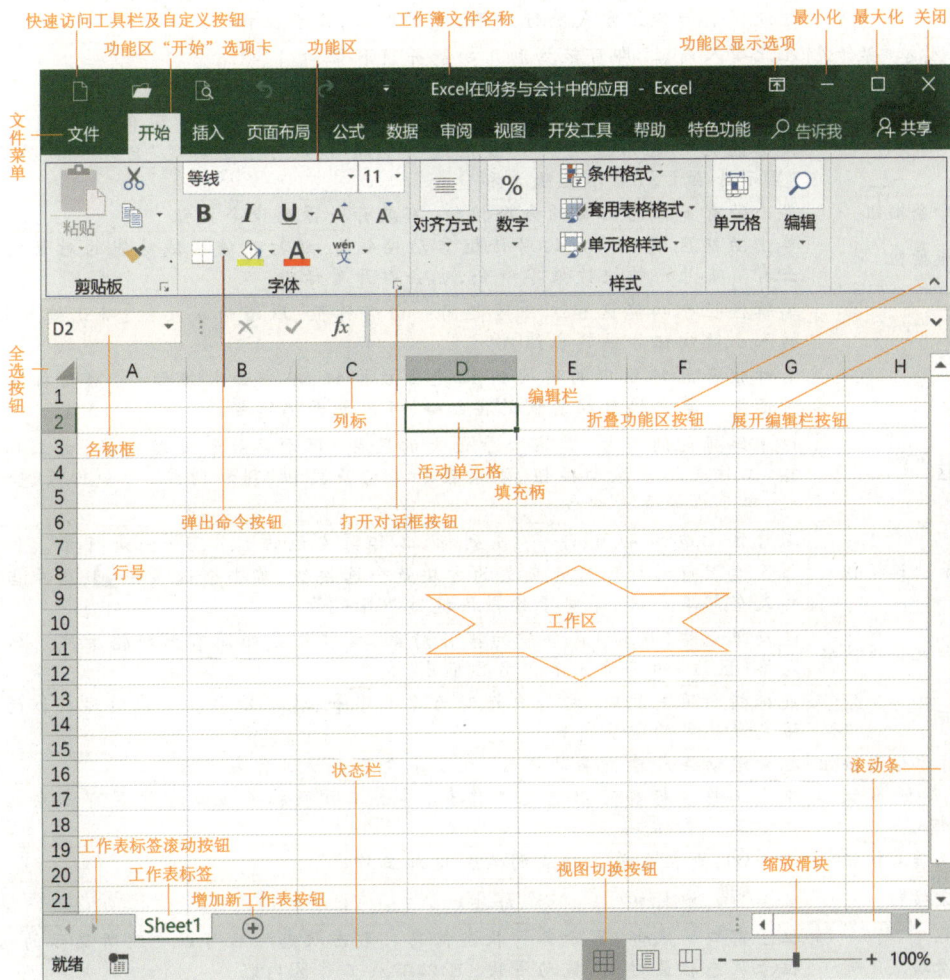

图6-1　Excel 2016用户界面

Excel 2016软件用户界面说明见表6-3。

表6-3　　　　　　　　　　Excel 2016软件用户界面说明

组件	简要说明
标题栏	位于窗口的最上方,分别列示有快速访问工具栏(默认在功能区上方显示)、文档名称、功能区显示选项按钮、最小化按钮、最大化按钮、关闭按钮等
快速访问工具栏	工作簿名称左边默认是快速访问工具栏,单击快速访问工具栏右侧的按钮▼,可以自定义常用命令按钮,以方便操作。快速访问工具栏也可以设置为在功能区的下方显示
工作簿名称	工作簿名称也称为Excel文档名称,位于标题栏正中。工作簿名称后面显示应用程序名称Excel
最小化、最大化(还原)、关闭按钮	单击窗口右上角的 ▬口✕或▬ 口✕,可以最小化、最大化/还原、关闭窗口
文件菜单	单击文件菜单,展开"信息、新建、打开、保存、另存为、历史记录、打印、共享、导出、发布、关闭、账户、反馈、选项"命令
功能区	功能区由选项卡、组和具体的操作命令组成 功能区位于标题栏下方,选项卡标签有:开始,插入,页面布局,公式,数据,审阅,视图,开发工具,帮助,特色功能。通过单击"文件"菜单→"选项"命令→"自定义功能区"命令,可以自定义选项卡。功能区集合了各种命令,这些命令通过选项卡和分组方式进行列示,直观性强,便于操作
告诉我你想要做什么	在此输入内容,即可轻松利用功能并获取帮助
共享	与他人协作,共享文档,查看共享文档的人员
功能区隐藏和显示按钮	单击标题栏右侧的"功能区显示选项"按钮⬆,在弹出的菜单中单击"自动隐藏功能区""显示选项卡""显示选项卡和命令",可以实现"自动隐藏功能区""显示选项卡""显示选项卡和命令"
展开命令按钮	单击带有下拉标记▼的命令按钮,可展开一系列命令按钮
对话框按钮	单击功能区域右下角的对话框启动按钮🗗,则打开该区域功能的对话框。单击有省略号…的快捷菜单命令,也会打开对话框
编辑区	编辑区位于功能区和工作区之间。由名称框、取消输入按钮、确认输入按钮、插入函数按钮和编辑栏组成 名称框和编辑栏中间的按钮𝑓𝑥是函数按钮,单击函数按钮,会启动插入函数对话框。单击编辑栏右侧的按钮▾,可以展开编辑栏
工作区	位于编辑区的下方,是窗口中最大的区域,用于存放和处理数据,由工作表标签、工作表标签滚动按钮、滚动条和滚动条按钮、列和列号、行和行号、全选按钮、单元格等要素组成
行列和全选按钮	工作区上边的A、B、C……是列标,工作区左边的1、2、3……是行号。位于工作区左上角列标和行号交叉的方块是全选按钮,单击全选按钮◢,选中当前工作表全部单元格,等同于按击快捷键"Ctrl+A"
活动单元格及区域	活动单元格(区域)是当前的操作对象,其特征是四周有加粗轮廓线。活动单元格(区域)的名称显示在名称框中
填充柄	鼠标指向填充柄时,指针自动变为黑十字✚,拖动填充柄可以实现数据的自动填充或公式的智能复制
滚动条和滚动按钮	拖动滚动条或单击滚动按钮,可上下左右查看工作表内容
工作表标签及滚动按钮	单击工作表标签可以选定工作表,单击工作表标签滚动按钮则可以左右滚动显示工作表标签
追加工作表按钮	单击⊕,则在当前工作表的右侧追加工作表
录制宏按钮	单击▦,则打开"录制宏"对话框
状态栏	位于窗口的底部,显示各种状态信息。右击状态栏后可以更改所显示的信息
缩放滑块及比例	位于状态栏最右侧,拖动滑块,可以缩放工作区内容
视图切换按钮	位于状态栏右侧,有普通、页面布局、分页预览三个按钮
快捷菜单	右击对象,则弹出针对当前环境或对象的快捷菜单

针对工作表的操作见表6-4。

表6-4　　　　　　　　　　　　针对工作表的操作

操作任务	操作方法
选择工作表	单击目标工作表的标签，使该表成为活动工作表
追加工作表	单击追加工作表按钮⊕，或者按击"Shift+F11"快捷键
在同一工作簿中复制工作表	先选择被复制工作表，再按住Ctrl键并拖动，完成工作表的复制，新工作表名称是原工作表名称后加一个带括号的序号
在同一工作簿中移动工作表	用鼠标拖动工作表标签，可以改变工作表排列顺序
在不同工作簿中复制或移动工作表	右击被复制工作表的标签，在弹出的快捷菜单中执行"移动或复制工作表"命令，再在弹出的对话框中选择目标工作簿，最后在目标工作簿中选择排列顺序。如果选中"建立副本"复选框，则是复制操作，否则为移动操作
删除工作表	用鼠标右击想要删除工作表的标签，在弹出的菜单中选择"删除"命令
工作表重命名	双击工作表标签，录入名称后回车
分割工作表	分割工作表，可在同一屏幕中看到相距很远的单元格 将鼠标指向工作区右上角的水平分割条，按住鼠标向下拖动，看到分割的上下两个窗口，通过垂直滚动条在两个窗口中都能看到当前工作表的全部。用同样的方法也能垂直分割工作表 把分割线拖回原处即成一个窗口
设置工作表数量	单击"文件"菜单，再单击"Excel选项"，在打开的对话框中选择"常规"，设定新建工作簿时包含的工作表数量
拆分窗格	在处理包含大量数据的工作表时，可以将Excel工作表窗口拆分为多达四个并且大小可调的不同窗格，滚动其中一个窗格而保持其他窗格不变，从而可以同时查看分隔较远的工作表数据。 方法：在工作表中选中要拆分窗格位置的单元格，单击"视图"选项卡下"窗口"分组中的"拆分"按钮，窗口将被拆分为两个窗格，拖动水平滚动条或垂直滚动条即可查看和比较工作表中的数据
冻结窗格	冻结工作表的某一部分，以便在滚动浏览工作表其他部分时该部分保持可见。方法：单击"视图"选项卡下的"窗口"分组里的"冻结窗格"按钮，在弹出的菜单中，根据需要选择执行"冻结窗格（或取消冻结窗格）""冻结首行""冻结首列"。若冻结顶部水平窗格，则选择待冻结处的下一行；若冻结左侧垂直窗格，则选择待冻结处的右边一列；若同时生成顶部和左侧冻结窗格，则单击待冻结处右下方的单元格

单元格及区域的定义，见表6-5。

表6-5 单元格及区域的定义

术语	定义
单元格	工作表中行与列交汇所形成的方格称为单元格，用列标和行号来表示，列标用大写英文字母表示，行号用阿拉伯数字表示，每个单元格地址唯一
区域	若干个单元格组成的矩形范围，分为连续区域、并集区域（或称合集区域）、交集区域
连续区域	由若干个连续单元格组成的区域称为连续区域，表示方法是将第一个和最后一个单元格地址中间用冒号连接。例如，A3:E8表示从A3到E8所组成的一个矩形区域
合集区域	互不相连的单元格组成的区域称为合集区域，单元格地址之间用逗号连接，例如，"A3,A6,A8:A20"
交集区域	交集区域用于表示单元格引用的公共区域，单元格引用之间用空格连接。例如，"A1:B5 B2:C6"是指其公共单元格区域B2:B5

单元格、区域、行和列的选定，操作方法见表6-6。

表6-6 单元格、区域、行和列的选定

选定对象	操作方法
选定单个单元格	用鼠标单击相应的单元格，或在键盘上移动方向键
选定工作表中所有单元格	单击全选按钮，或者按击"Ctrl+A"组合键
选定某个单元区域	单击欲选定区域的第一个单元格，然后拖动鼠标直至选定最后一个单元格；如果选定较大的单元区域，先选定第一个单元格或单元区域，然后按住Shift键，再单击欲选定区域中最后一个单元格
选定不相邻单元格或区域	先选定第一个单元格或单元区域，然后按住Ctrl键，再选定其他单元格或单元区域
选定整行	单击行号即可实现
选定整列	单击列标即可实现
选定相邻的行或列	沿着开始行号或者列标拖动鼠标至最后的行或列 或者，先选定第一行或第一列，然后按住Shift键，再选定最后的行或列
选定不相邻的行或列	先选定第一行或第一列，然后按住Ctrl键，再选定其他的行或列

插入和删除单元格、行、列，操作方法见表6-7。

表6-7 插入和删除单元格、行、列

操作内容	操作方法
插入行或列	选择待插入行邻近行的一个单元格，选择"开始"选项卡下"单元格"分组里的"插入→插入工作表行"或"插入→插入工作表列"命令，新插入的行（列）在选择单元格所在行（列）之上（左）
插入单元格	选择待插入单元格的位置，选择"开始"选项卡下"单元格"分组里的"插入→插入单元格"命令，弹出"插入"对话框，对话框中有四个单选项：活动单元格右移、活动单元格下移、整行、整列，根据需要选择并确定。只有当某行或某列数据相对应正好错位时，才可能插入或删除单个单元格
删除行或列	要删除一行（列），先单击行号（列标），使整行（列）处于被选择状态，再右击，在弹出的快捷菜单中单击"删除"命令，则所选行（列）被删除
删除单元格	选择待删除的单元格，右击，弹出快捷菜单，单击"删除"，弹出"删除"对话框，进行相应选择后单击"确定"按钮。如果按Del键，只能删除单元格里的内容，不能删除单元格

合并和拆分单元格：

第一步，选中要合并的单元格，右击。

第二步，在弹出的快捷菜单中单击"设置单元格格式"。

第三步，在弹出的"设置单元格格式"对话框中，选中"对齐"选项卡。

第四步，勾选"文本控制"项目下的"合并单元格"选项，如图6-2所示。

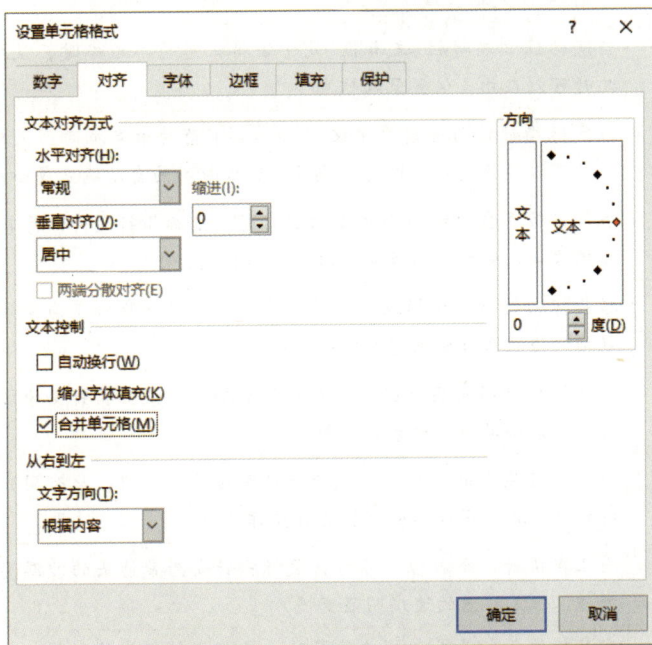

图6-2　"设置单元格格式"对话框（合并单元格）

第五步，单击"确定"按钮。

若选定区域的多个单元格都有数据，合并单元格后只能保留选定区域左上角单元格的数据。

更为简便的操作是利用合并单元格的工具按钮进行，如图6-3所示。

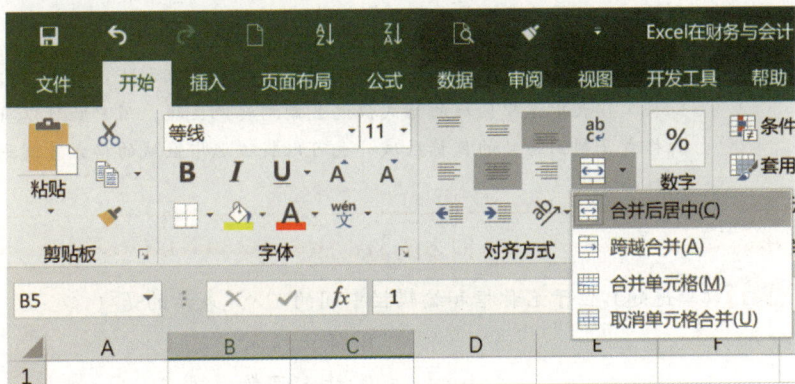

图6-3　合并单元格的工具按钮

要拆分已合并单元格，首先选中该合并单元格，然后单击"合并后居中"按钮。

二、Excel窗口中的鼠标指针

鼠标指针具有特定提示意义，见表6-8。认识指针可以方便操作。

表6-8   鼠标指针的提示意义

鼠标指针形状	鼠标指针提示的意义
↖（箭头）	Excel中最常见的指针形状，此时可以完成拖放窗口、选定对象、执行命令等操作
✛（空心十字）	当鼠标位于工作表区域和全选按钮上时，鼠标指针变为该形状，此时可以选择单元格、单元格区域
I（插入指针）	当鼠标位于编辑栏、文本框、处于编辑状态的单元格时，鼠标指针变为该形状，此时可以在相应位置录入信息
✚（小的实心十字）	当鼠标指针指向当前单元格（区域）右下角的填充柄时，鼠标指针变为该形状，此时可以按住鼠标左键进行拖放，完成数据的自动填充或公式的复制
↕↔↖↗（双向箭头）	当鼠标位于窗口和图形对象的边角时，鼠标指针变为该形状，此时可以通过拖放操作来改变窗口以及其他对象的形状或大小
↔↕（十字双向箭头）	当鼠标指针指向列标或行号的分界线时，鼠标指针变为该形状，此时可以通过鼠标的拖放来改变列宽或行高
✥（十字箭头）	当鼠标指针指向某个图形对象的移动柄时，鼠标指针变为该形状，此时可以通过拖放来移动图形对象的位置
⧖（沙漏）	正在执行某个前台程序，鼠标指针变为沙漏形状，此时用户应等待片刻，待鼠标指针形状还原成其他形状后再操作
↖⧖（带箭头的沙漏）	当正在执行某个后台程序时，鼠标指针变为带箭头的沙漏形状，此时可以继续操作，但是机器的速度明显变慢
→↓（单向箭头）	当鼠标位于行号或列标的位置时，鼠标指针变为该形状，此时单击鼠标可选择整行或整列
↔↕（双向分割）	在Excel2016中，当鼠标指针位于水平滚动条左侧时，左右拖动鼠标指针↔，可以调整水平滚动条的长短 在Excel工作表中，当将窗口拆分为多个窗格时，在窗格分割边缘拖放双向分割指针，可以改变窗格大小或恢复分割
✛🖌格式刷）	选中某一单元格或区域，单击格式刷按钮后变为该形状。使用"格式刷"功能可以将工作表中选中区域的格式快速复制到其他区域，用户既可以将被选中区域的格式复制到连续的目标区域，也可以将被选中区域的格式复制到不连续的多个目标区域

—————▶ 同步练习6.2 ◀—————

【练习6-2-1】（单选题）位于名称框和编辑栏中间的"×"表示的是（   ）。

A. 取消输入   B. 停止输入

C. 确认输入   D. 插入函数

练习6-2-1至
练习6-2-5

【练习6-2-2】（多选题）窗口的组成元素包括（   ）等。

A. 标题栏   B. 控制按钮   C. 菜单栏   D. 工作区

【练习6-2-3】（单选题）Excel工作表的名称Sheet1、Sheet2……是（   ）。

A. 工作表标签   B. 工作簿名称   C. 单元名称   D. 文件名称

【练习6-2-4】（单选题）（ ）由工作表、工作表标签、标签滚动按钮、滚动条和滚动条按钮、列和列号等要素组成。

    A.编辑区   B.工具栏   C.工作表区   D.菜单栏

【练习6-2-5】（判断题）功能区由选项卡、组和命令组成，位于标题栏下方，默认的选项卡标签有开始、插入、页面布局、公式、数据、审阅、视图。功能区集合了各种命令，这些命令通过选项卡和分组方式进行列示，直观性强，便于操作。（ ）

【练习6-2-6】（操作题）新建 Excel 2016 工作簿，将其命名为"练习626"，将"开发工具"选项卡添加到 Excel 2016 窗口的功能区中，保存后退出。

【练习6-2-7】（操作题）新建 Excel 2016 工作簿，将其命名为"练习627"，将"记录单"命令按钮添加到快速访问工具栏中，保存后退出。

操作视频演示

练习6-2-6至
练习6-2-7

学习任务6.3 　　　　　Excel 文件的管理

Excel 文件的管理所涉及的工作内容如图6-4所示。

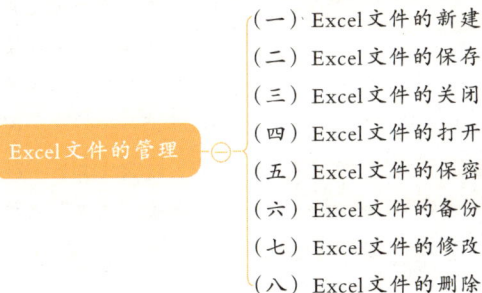

```
                      ┌─（一）Excel 文件的新建
                      ├─（二）Excel 文件的保存
                      ├─（三）Excel 文件的关闭
                      ├─（四）Excel 文件的打开
   Excel 文件的管理 ──┤─（五）Excel 文件的保密
                      ├─（六）Excel 文件的备份
                      ├─（七）Excel 文件的修改
                      └─（八）Excel 文件的删除
```

图6-4　Excel 文件管理工作内容

一、Excel 文件的新建

Excel 文件的新建分为两种情况：一种是软件启动时的自动新建。随着软件的启动，系统将自动建立一个新的空白工作簿，并在标题栏中显示默认的文件名。另一种是在软件运行后的操作新建。具体如图6-5所示。

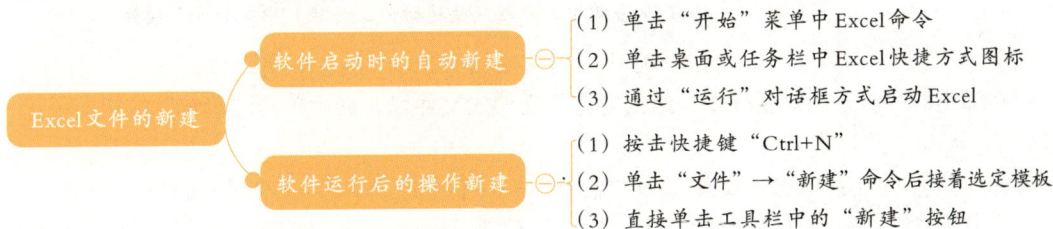

```
                        ┌─ 软件启动时的自动新建 ──┬─（1）单击"开始"菜单中 Excel 命令
                        │                          ├─（2）单击桌面或任务栏中 Excel 快捷方式图标
  Excel 文件的新建 ──────┤                          └─（3）通过"运行"对话框方式启动 Excel
                        │                          ┌─（1）按击快捷键"Ctrl+N"
                        └─ 软件运行后的操作新建 ──┼─（2）单击"文件"→"新建"命令后接着选定模板
                                                   └─（3）直接单击工具栏中的"新建"按钮
```

图6-5　Excel 文件新建的方法

在 Excel 2016 用户界面中，"新建"按钮位于快速访问工具栏。

二、Excel 文件的保存

Excel 文件在编辑完毕或退出 Excel 软件之前，应进行保存。Excel 文件保存的方法如图6-6所示。

对于已经保存过的文件，按击快捷键"Ctrl+S"后直接保存最近一次的修改，不再弹出"另存为"对话框。

```
                              ┌─ (1) 按击F12键，以"另存为"方式保存
              ┌─────────────┐ │   (2) 按击快捷键"Ctrl+S"
              │Excel文件的保存│─┤   (3) 单击"保存"或者"另存为"按钮
              └─────────────┘ │   (4) 单击"文件"→"保存"（另存为）子菜单
                              └─
```

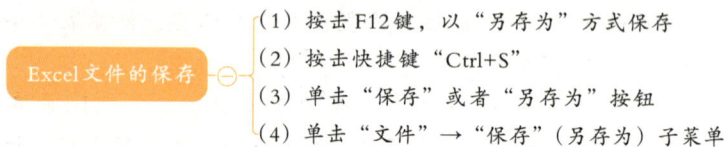

图6-6　Excel文件保存的方法

为了避免Excel软件意外中止而丢失大量尚未保存的信息，系统提供自动定时保存功能，用户可以自定义自动保存的时间间隔。操作方法是：单击"文件"菜单，单击"选项"命令，在Excel选项对话框中单击"保存"命令，在"保存自动恢复信息时间间隔"项目中进行设置。

三、Excel文件的关闭

Excel文件关闭的方法如图6-7所示。

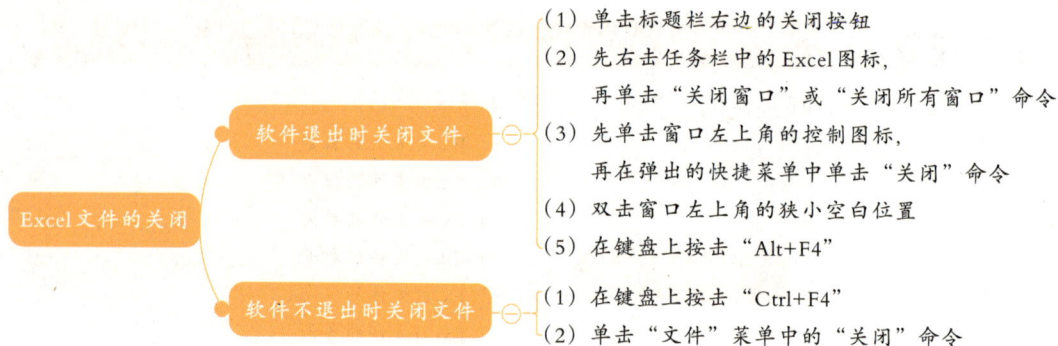

```
                        ┌──────────────┐     ┌─ (1) 单击标题栏右边的关闭按钮
                    ┌───│软件退出时关闭文件│─────┤   (2) 先右击任务栏中的Excel图标，
                    │   └──────────────┘     │       再单击"关闭窗口"或"关闭所有窗口"命令
  ┌─────────────┐   │                        │   (3) 先单击窗口左上角的控制图标，
  │Excel文件的关闭│───┤                        │       再在弹出的快捷菜单中单击"关闭"命令
  └─────────────┘   │                        │   (4) 双击窗口左上角的狭小空白位置
                    │                        └─ (5) 在键盘上按击"Alt+F4"
                    │   ┌───────────────┐    ┌─ (1) 在键盘上按击"Ctrl+F4"
                    └───│软件不退出时关闭文件│────┤   (2) 单击"文件"菜单中的"关闭"命令
                        └───────────────┘    └─
```

图6-7　Excel文件关闭的方法

四、Excel文件的打开

Excel文件打开的方法如图6-8所示。

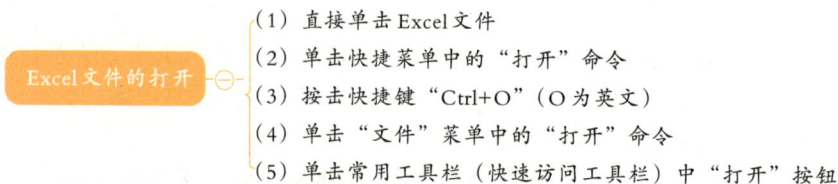

```
                              ┌─ (1) 直接单击Excel文件
              ┌─────────────┐ │   (2) 单击快捷菜单中的"打开"命令
              │Excel文件的打开│─┤   (3) 按击快捷键"Ctrl+O"（O为英文）
              └─────────────┘ │   (4) 单击"文件"菜单中的"打开"命令
                              └─ (5) 单击常用工具栏（快速访问工具栏）中"打开"按钮
```

图6-8　Excel文件打开的方法

在弹出的"打开"对话框中，给出要打开文件的文件名，最后单击"确定"按钮即可。

五、Excel文件的保密

保密设置方法：单击"文件"→"信息"→"保护工作簿"→"用密码进行加密"命令，在打开的"加密文档"对话框中，第一次输入密码后单击"确定"按钮，第二次输入密码后再单击"确定"按钮，单击"保存"按钮，加密生效。

对于设置了打开权限密码的Excel文件，只有输入正确的密码后才能打开。对于设置了修改权限密码的Excel文件，只有输入正确的密码后才能修改，否则只能以只读方式打开。

六、Excel文件的备份

Excel软件根据原文件自动创建备份文件的名称为原文件名后加上"的备份"字样，图标与原文件不同。

七、Excel文件的修改

Excel文件的修改工作内容如图6-9所示。

Excel文件的修改 —⊝—

(1) 修改单元格内容
(2) 增删单元格和行列
(3) 调整单元格和行列的顺序
(4) 增删工作表
(5) 调整工作表顺序

图6-9　Excel文件修改工作内容

八、Excel文件的删除

Excel文件的删除方法有两种，如图6-10所示。

Excel文件的删除 —⊝—

(1) 选中要删除的文件，再按击Delete键
(2) 右击要删除的文件，再选择"删除"命令

图6-10　Excel文件的删除方法

➤同步练习6.3◀

【练习6-3-1】（操作题）新建Excel 2016工作簿，将其命名为"练习631"，设置新建工作簿所包含的工作表数为12，保存后退出。

操作视频演示

练习6-3-1

学习任务6.4　　数据的输入

一、手工录入数据

1.基本方法。

Excel文件打开后，所有单元格默认处于就绪状态，等待数据输入。

在单元格中输入数据，有插入和改写两种状态。可以直接在单元格中输入，也可以在"编辑栏"中输入。直接在单元格中输入，默认情况下按回车键选择当前单元格的下一单元格，使用上下左右四个方向键，可以在相邻单元格中输入数据。在"编辑栏"中输入数据，按回车键或者单击✔按钮确定录入，如图6-11所示，在确认之前按Esc键或者单击✖按钮取消录入。

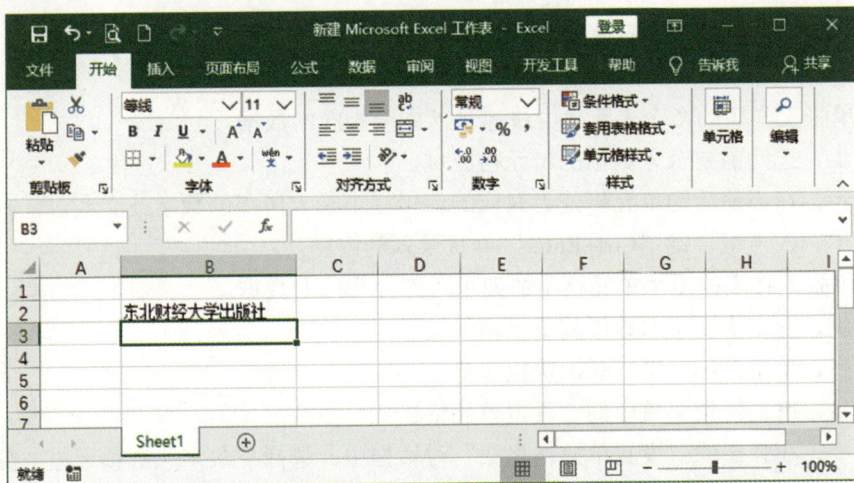

图6-11　录入后确认结果

不管是在单元格中录入，还是在编辑栏中录入数据，输入之后再选择其他单元格，则所输入数据被确认，在确认之前按Esc键，则取消刚才的输入。

当对齐方式为左对齐时，如果数据超过单元格的宽度，并且当前单元格右边单元格没有数据时，则超过宽度的数据在右边单元格中显示出来；当右边单元格中有数据时，则超过宽度的数据被隐藏起来，如图6-12所示。

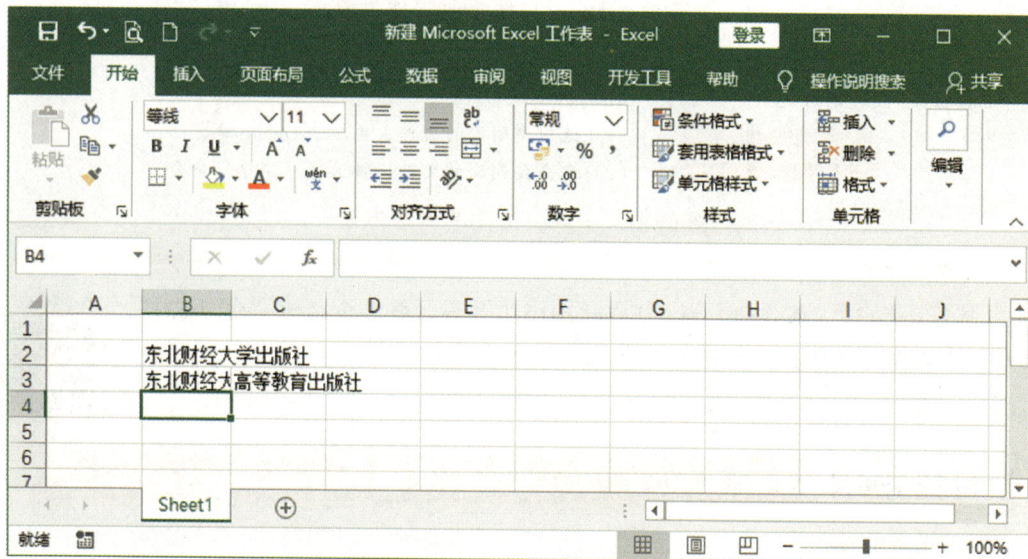

图6-12 超宽数据的显示

2.在单个单元格中录入数据。

第一步，选定需要录入数据的目标单元格。

第二步，录入所需的数字或文本。

第三步，按回车键，结束当前单元格的输入，光标移到当前单元格的下一单元格。

重要细节提示

如果想在单元格中分行录入，则必须在按住Alt键的同时按回车键。

3.在单张工作表的多个单元格中快速录入完全相同的数据。

第一步，选定需要录入数据的单元格区域。

第二步，在当前活动单元格或者对应的编辑栏中录入所需的数字或文本。

第三步，按击组合键"Ctrl+Enter"确认录入的内容。

4.在单张工作表的多个单元格中快速录入部分相同的数据。

第一步，选定需要录入数据的单元格区域。

第二步，单击鼠标右键，弹出快捷菜单。

第三步，单击快捷菜单中的"设置单元格格式"命令。

第四步，在弹出的"设置单元格格式"对话框中，选择"数字"选项卡里"分类"下的"自定义"选项，如图6-13所示。

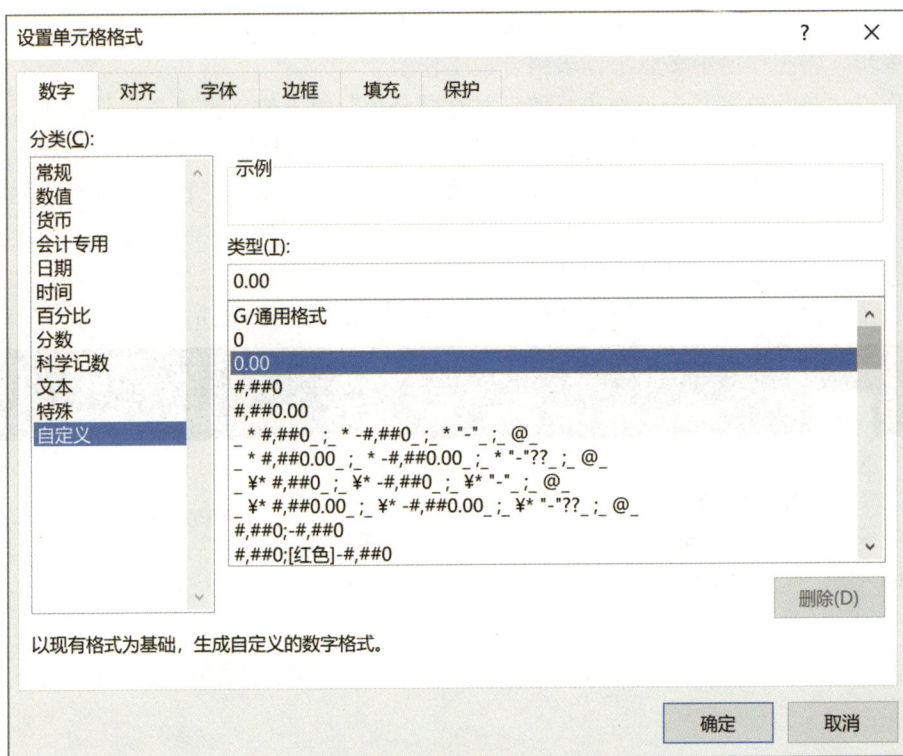

图 6-13　设置单元格格式

第五步，在"类型"编辑框中已有内容的左侧或右侧输入需要定义的相同数据。

第六步，以上设置完成后，在相应的单元格输入数据时，只需要输入不重复的数字部分，系统会在输入的数字前后自动加上重复部分。如将工作表 B 列区域按照图 6-13 所示进行设置，在 B1 单元格录入 1600 后自动显示为 1600.00，在 B2 单元格录入 800 后自动显示为 800.00，".00"为自动添加，如图 6-14 所示。

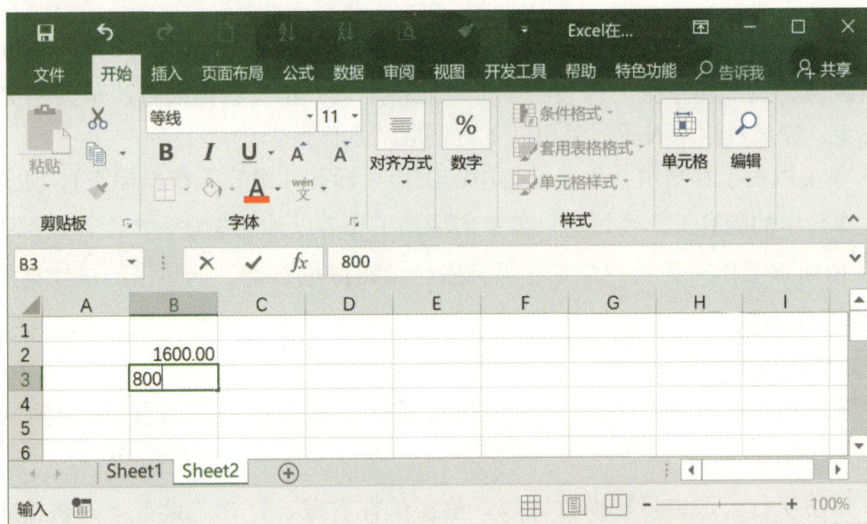

图 6-14　在单张工作表的多个单元格中快速录入部分相同的数据

5.在工作组的一个单元格或多个单元格中快速录入相同的数据。

第一步，将工作簿中多张工作表组合成工作组。

操作方法是：单击某个工作表标签，按住"Shift"键不放，再单击另外一个工作表标签后，这两个工作表之间所有相连的工作表均被选中；如果按住"Ctrl"键不放，则可选中多个非连续的工作表。被选中的这些工作表共同组成工作组，工作簿标题栏中的文件名后面随之出现"［组］"字样，如图6-15所示。对于工作表较多的工作簿，通过右击工作表标签，然后单击快捷菜单中的"选定全部工作表"命令来选定全部工作表；如果有部分工作表不需列入工作组，可以在成组状态下按住"Ctrl"键来点选不需要的工作表。

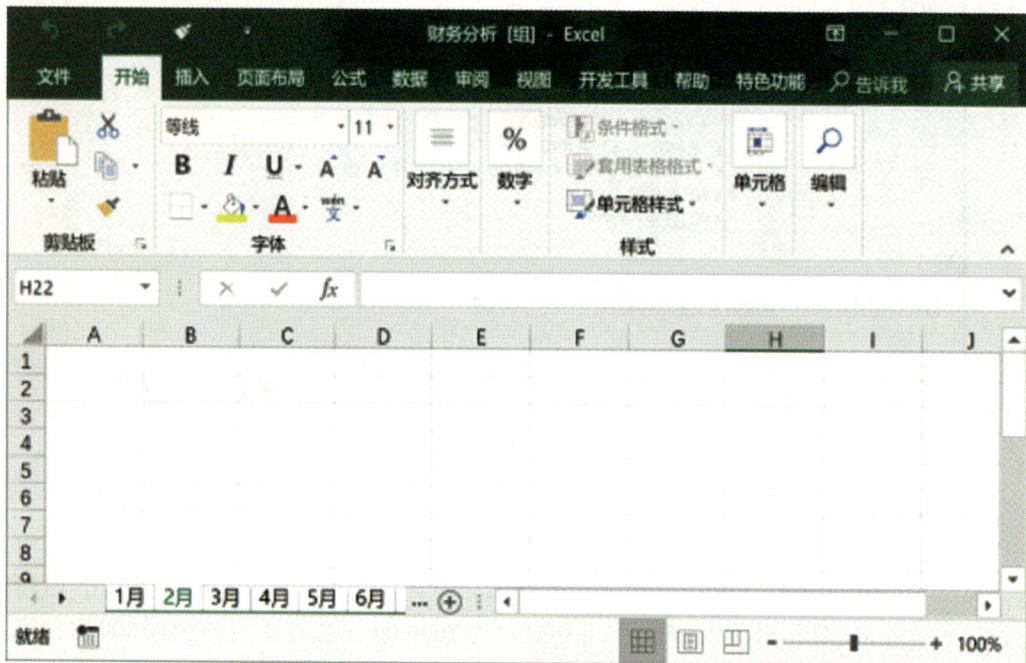

图6-15　建立工作组

第二步，在目标单元格，按照在单个单元格中录入数据的方法录入相关数据；在目标单元格区域，按照在单张工作表的多个单元格中录入相同数据的方法录入相关数据。

第三步，完成数据录入后，采用以下方法取消工作组：

（1）单击所在工作簿中其他未被选中的工作表标签（组外工作表标签），如果该工作组包含工作簿中的所有工作表，则只需单击活动工作表以外的任意一个工作表标签。

（2）指向该工作簿任意一个工作表标签，单击鼠标右键，从弹出的快捷菜单中选定"取消成组工作表"。

6.文本输入中的换行。

（1）强制换行。如果想在单元格中换行录入，那么必须在按住 Alt 键的同时按回车键。

（2）自动换行。选中目标换行区域，单击鼠标右键，打开"设置单元格格式"对话框，单击"对齐"选项卡，勾选"文本控制"下的"自动换行"。

7.输入以0开头的数据。

先输入一个单引号（英文状态下），然后输入开头为0的数据，如图6-16所示。

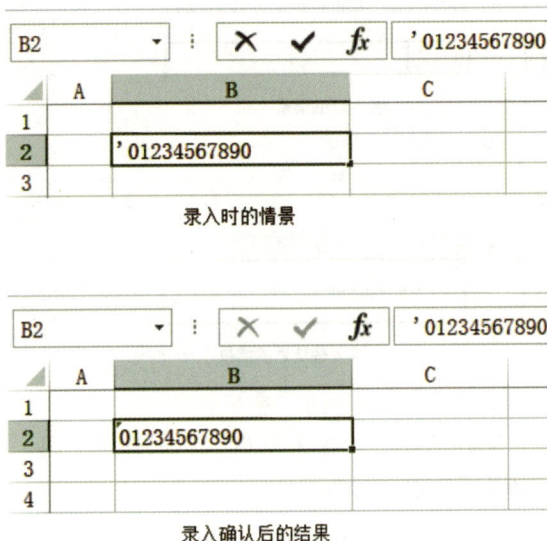

录入时的情景

录入确认后的结果

图6-16　输入以0开头的数据

8.输入较长的数据。

可以先将单元格格式设置成文本属性，也可以在输入前先键入单引号（英文状态下），键入的数字被看成是字符串，但在显示时不会将单引号显示出来，如图6-17所示。

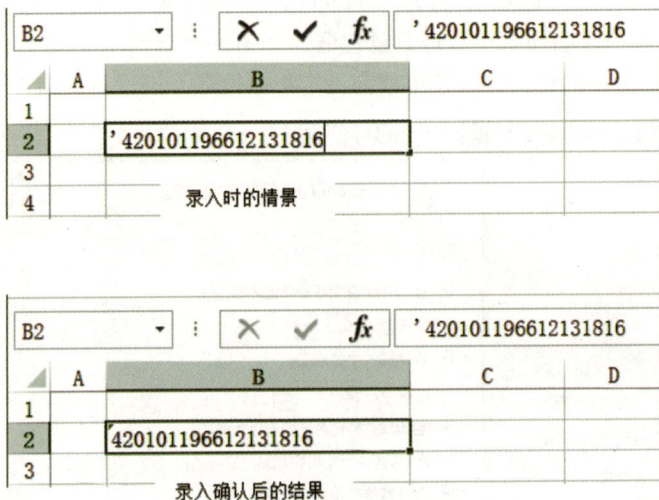

录入时的情景

录入确认后的结果

图6-17　输入长数据

9.输入分数。

输入真分数，先输入0，再输入空格，然后输入分数。比如，在输入1/2时，应该输入0 1/2，此时单元格中显示1/2，而编辑栏中显示0.5，如图6-18所示。

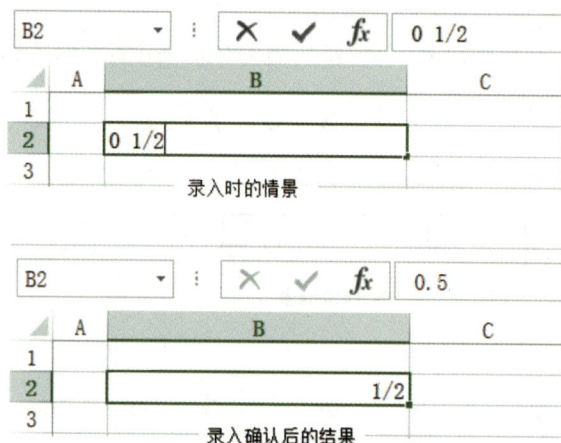

图6-18 输入分数

输入带分数，先输入整数部分，再输入空格，然后输入分数。如，输入 8 1/2，此时单元格中显示8 1/2，而编辑栏中显示8.5。

10.输入负数。

一种方法是直接输入负号标识"-"；另一种方法是将数字放在圆括号（）内，比如，在单元格中输入（88），按下回车键，则会自动显示为-88。

11.快速输入小数及在数字后快速添加0。

在 Excel 2016中，快速输入小数的方法如下：

依次单击"文件"→"选项"，打开"Excel选项"对话框，单击"高级"设置，在"编辑选项"下，勾选上"自动插入小数点"复选框，如图6-19所示，即可进行快速输入小数及在输入数字后快速添加0的设置，设置正数为设定小数位数，设置负数为设定添加0的个数。

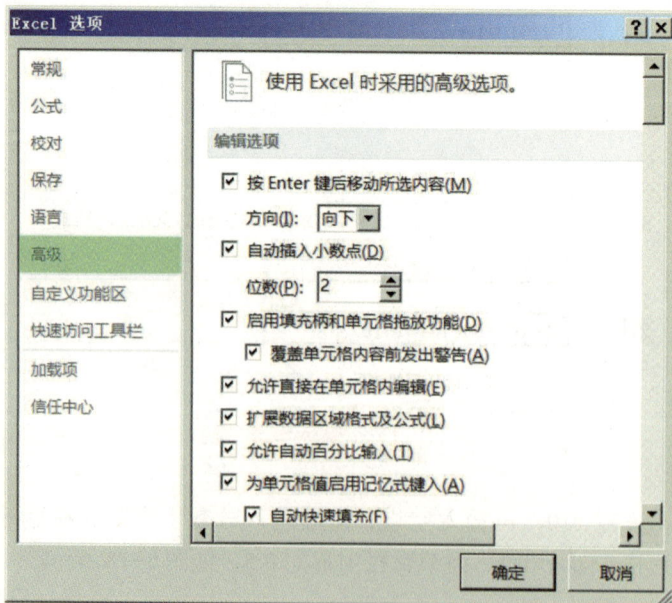

图6-19 指定小数点位数

例如，如果要使单元格在输入"99"后自动变成"0.99"，就要在"位数"微调框中输入"2"；如果想在单元格中输入"99"后自动变成"99000"，就在"位数"微调框中输入"−3"。

为了避免影响以后的输入，在完成快速输入小数及在数字后快速添加0的工作后，应清除对"自动插入小数点"复选框的选定。

12. 输入货币值。

右击工作区中的某个单元格或者区域，在弹出的快捷菜单中单击"设置单元格格式"命令，在打开的"设置单元格格式"对话框中的"数字"选项卡中选定"货币"选项，进行相应设置即可，如图6-20所示。Excel会自动套用货币格式，如果要输入人民币符号，可以按住Alt键，然后在数字小键盘上按"0165"即可。

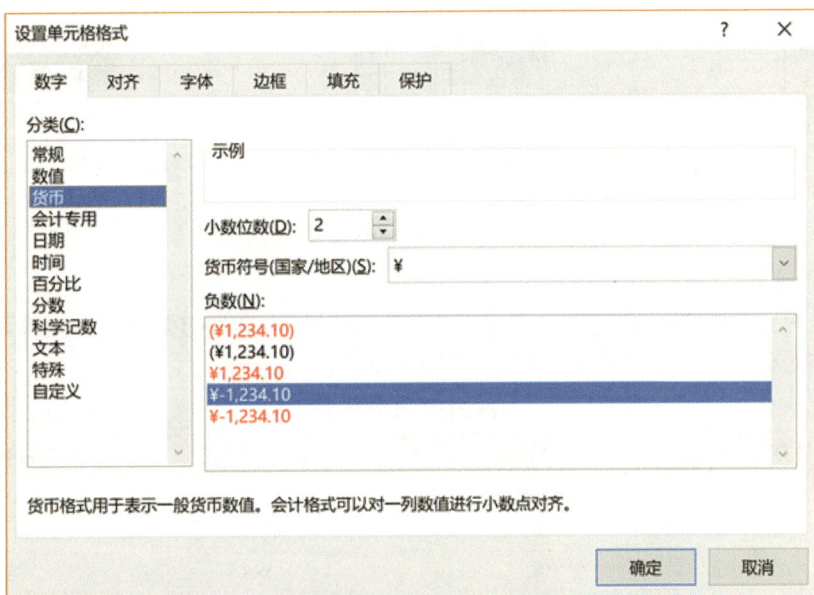

图6-20　设置货币格式

13. 输入日期和时间。

日期和时间的输入方法，见表6-9。

表6-9　　　　　　　　　　　　输入日期和时间

可以接受的格式或操作动作	单元格中的显示结果
12-31	12月31日
12/31	12月31日
2024/10/1	2024年10月1日（长日期），2024/10/1（短日期）
2024-10-1	2024年10月1日（长日期），2024/10/1（短日期）
10:20	10:20
Ctrl+;	插入当前日期
Ctrl+Shift+;	插入当前时间

14.快速输入大量相同数据。

首先，同时选中需要填充数据的单元格。若某些单元格不相邻，可在按住 Ctrl 键的同时，通过单击鼠标左键逐个选中。然后，松开 Ctrl 键，输入要填充的数据。在按住 Ctrl 键的同时按回车键，则刚才选中的所有单元格同时填入该数据，如图 6-21 所示。

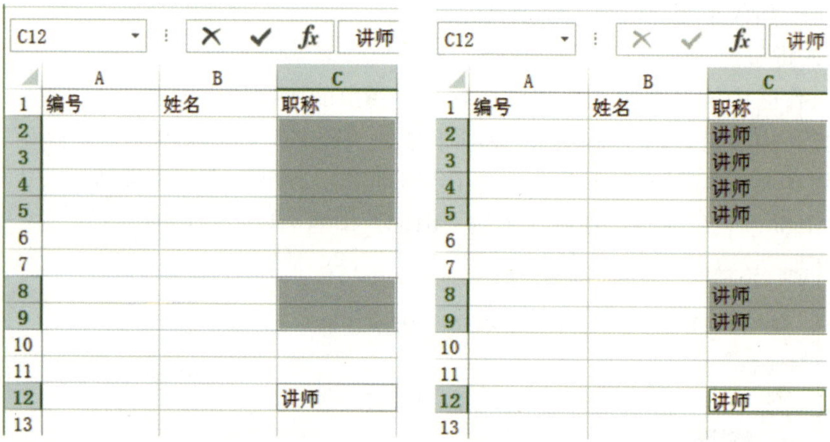

图 6-21　快速输入大量相同数据

15.输入公式。

公式是单元格中的一系列值、单元格引用、名称或运算符的组合，可生成新的值。公式总是以等号=开始。Excel 中的运算符见表 6-10。

表 6-10　　　　　　　　　　　Excel 中的运算符

运算符	功能	一般数学式子	在 Excel 中的应用
+	加	3+6	3+6
–	减	A5−9	A5−9
*	乘	2×8	2*8
/	除	A5÷9	A5/9
–	负号	−5	−5
=	等于	A1=3	A1=3
<>	不等于	A2≠A3	A2<>A3
>	大于	A1>3	A1>3
>=	大于等于	A2≥A3	A2>=A3
<	小于	A1<3	A1<3
<=	小于等于	A2≤A3	A2<=A3

公式运用过程中出现错误，会自动产生提示信息，明确这些信息产生的原因，可以帮助我们采取应对措施，见表 6-11。

二、快速填充数据

（一）相同数据的填充

如果需要将某单元格的内容复制到其他相邻单元格，可单击该单元格右下角的填充柄，鼠标箭头随之变为黑十字形**+**，按住鼠标左键，向想要填充的单元格拖动，然后松开鼠标左键，该单元格的内容即被填充到相邻单元格，如图 6-22 所示。

表6-11 单元格公式错误信息

显示	原因	解决方法
#####	当列宽不足以显示内容，或者日期和时间为负数时显示此信息	调整列宽，缩小字号，应用另一种数字或日期格式
#VALUE	当使用的函数参数或操作数的类型不正确时，则出现此提示	确保公式或函数所需操作数和参数正确
#DIV/0!	当函数或公式中的除数为0时，显示此提示信息，或者运行了使用返回值为#DIV/0!错误的函数或公式的宏时显示此信息	确保函数或公式中的除数不为0或不是空值，在被作为公式中的除数引用的单元格中输入值#N/A，目的是将公式的结果从#DIV/0!更改为#N/A，以表示除数不可用
#N/A	当在函数或公式中没有可用数值时，将产生此提示信息	如果在单元格中手动输入了#N/A，在数据可用时将其替换为实际的数据。对于返回错误的函数，输入该函数的所有必需参数。确保包含工作表函数的工作簿已经打开且函数工作正常。确保函数中的参数正确，并且用在正确的位置
#NULL!	使用了不正确的区域运算符或不正确的单元格引用，会显示此信息	若要引用连续的单元格区域，请使用冒号分隔区域中第一个单元格与最后一个单元格；若要引用不相交的两个区域，请使用联合运算符逗号
#NUM!	在需要数字参数的函数中使用了不能接受的参数，或使用了迭代计算的工作表函数，并且函数不能产生有效的结果。由公式产生的数字太大或太小，Excel不能表示	确认函数中使用的参数类型正确无误，为工作表函数使用不同的初始值，修改公式，使其结果在有效数字范围之间
#REF!	删除了其他公式所引用的单元格，将已移动的单元格粘贴到其他公式所引用的单元格上，使用了指向当前未运行的程序的对象链接和嵌入链接，链接到了不可用的动态数据交换主题，运行了某个宏，返回值为"#REF!"错误的函数	更改公式，或者在删除或粘贴单元格之后，立即单击撤消按钮，以恢复工作表中的单元格；启动对象链接和嵌入链接调用的程序；确保使用正确的动态数据交换主题；检查函数以确定参数是否引用了无效的单元格或单元格区域
#NAME	使用了EUROCONVERT函数而没有加载"欧元转换工具"加载宏，使用了不存在的名称，名称拼写错误，函数名称拼写错误，在公式中输入文本时没有使用双引号，区域引用中漏掉了冒号，引用的另一张工作表没有使用单引号	对照左边所列原因进行排查

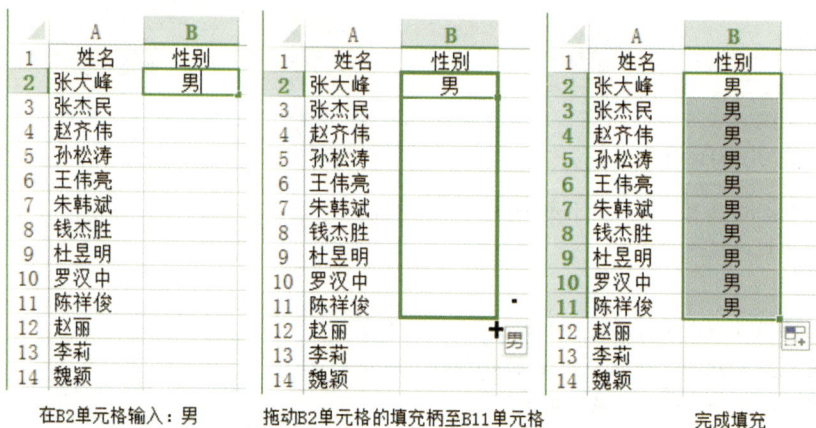

在B2单元格输入：男　　　拖动B2单元格的填充柄至B11单元格　　　完成填充

图6-22　快速填充相同数据

（二）递增数字的填充

在Excel中以递增的方式往下填充数字，在向下拖动填充柄的同时按住Ctrl键。

（三）序列的填充

序列是指按照某种规律排列的一列数据，如等差数列、等比数列、日期等。使用填充柄可自动根据已填入的数据填充序列的其他数据。使用填充序列的操作步骤是：

1.在需要输入序列的第一个单元格中输入序列第一个数或文本内容，紧接第二个单元格输入序列第二个数或文本内容。

2.选中上述两个单元格，单击第二个单元格右下角的填充柄，按住鼠标左键拖动，在适当的位置释放鼠标，拖过的单元格将会自动进行填充。

（四）填充序列类型的指定

依次单击Excel 2016的"开始"→"编辑"→"填充"→"序列"，打开"序列"对话框，如图6-23所示。

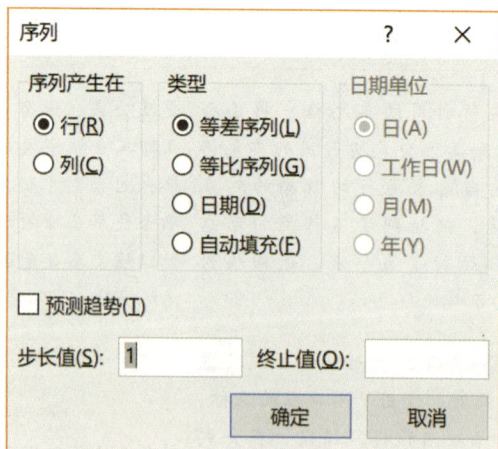

图6-23　"序列"对话框

利用自动填充功能填充序列后，可以指定序列类型，如填充日期值时，可以指定按月填充、按年填充或者按日填充等。

拖动填充柄，释放鼠标时，鼠标箭头附近出现"自动填充选项"按钮，单击该按钮打开下拉菜单以选择填充序列的类型。

（五）自定义序列

在某一个单元格中输入"一月"，然后按住填充柄向右或向下拖动，随即看到"二月""三月"……在单元格显示，这种填充称为自定义填充。用户还可以定义自己的序列，如果定义的序列不再使用，可以删除。

在Excel 2016窗口，通过"文件"→"选项"→"高级"→"常规"找到"编辑自定义列表"按钮并单击，打开"自定义序列"对话框，如图6-24所示，此时可以进行相应的操作。

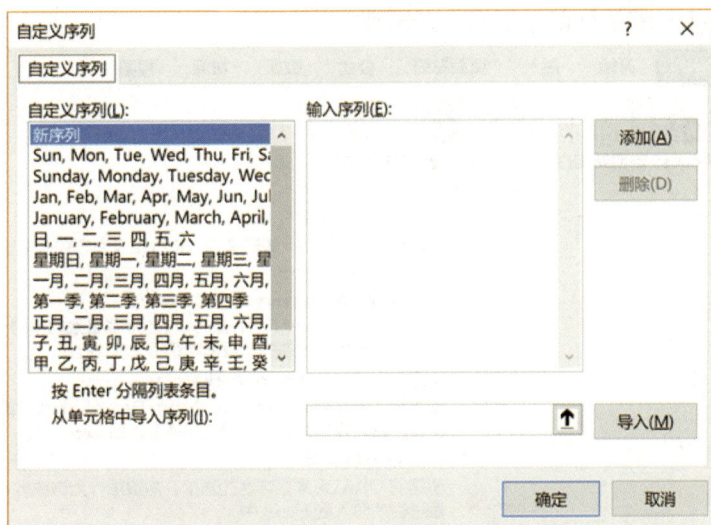

图6-24 "自定义序列"对话框

三、数据验证（数据输入有效性检测）

对输入到单元格的数据进行提示，可以减少数据输入的差错。

Excel 2016的操作方法是：选定单元格范围，在"数据"选项卡下的"数据工具"分组中找到"数据验证"按钮并单击，在弹出的菜单中单击"数据验证"命令，打开"数据验证"对话框，此时可以进行相应的设置，如图6-25所示。

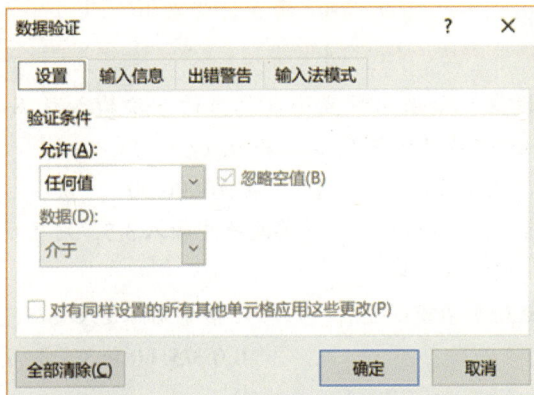

图6-25 "数据验证"对话框

设置完成后，一旦输入了数据范围以外的数据，Excel就会弹出"输入值非法"对话框予以提示，单击"重试"按钮可修改输入的数据。

四、导入其他数据库的数据

Excel可以获取自Access、网站、文本、其他来源（来自SQL Server等）、现有连接的数据，实现与其他系统数据的交互。

以获取SQL Server数据库的数据为例，在Excel 2016窗口"数据"选项卡上的"获取外部数据"组中，单击"自其他来源"，如图6-26所示，然后单击"来自SQL Server"，此时启动"数据连接向导"，向导包括3页：第1页，连接数据库服务器；第2页，选择数据库和表；第3页，保存数据连接文件并完成。

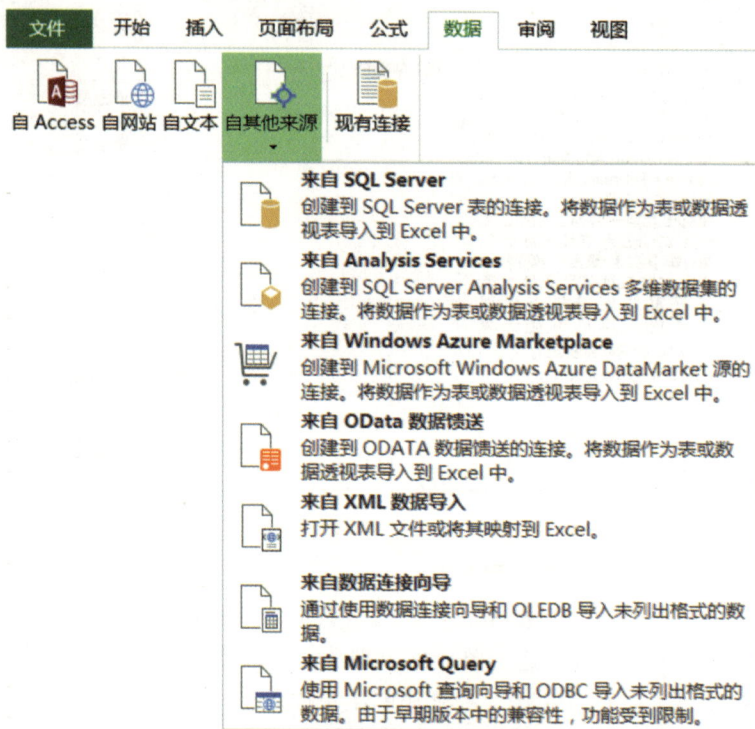

图6-26 导入外部数据

➤同步练习6.4◄

【练习6-4-1】（单选题）如果用预置小数位数的方法输入数据时，当设定小数是"2"时，输入10000后单元格显示结果为（   ）。

A.0010000　　　　B.100.00　　　　C.10000.00　　　　D.10000

【练习6-4-2】（单选题）在Excel中，在单元格中输入3/5，则显示（   ）。

A.0.6　　　　B.3月5日　　　　C.3/5　　　　D.5月3日

【练习6-4-3】（单选题）在Excel中，在单元格中输入分数3/5，应录入（   ）。

A.0.6　　　　　　　　B.0 3/5（0和3/5之间键入一个空格）

C.3/5　　　　　　　　D.3

【练习6-4-4】（单选题）在Excel中，默认情况下，输入日期：2025/1/16时，单元格中显示的格式是（　　　）。

    A.2025/1/16　　　　　　B.1/16/2025　　　　　　C.2025-1-16　　　　　D.1-16-2025

【练习6-4-5】（单选题）要在Excel工作簿中同时选择多个不相邻的工作表，可以在按住（　　　）键的同时依次单击各个工作表的标签。

    A.Shift　　　　　　　　B.Ctrl　　　　　　　　C.Alt　　　　　　　　D.CapsLock

【练习6-4-6】（多选题）在单张工作表的多个单元格中快速录入完全相同的数据的步骤为（　　　）。

    A.选定单元格区域

    B.在当前活动单元格或者对应的编辑栏中录入所需的数字或文本

    C.通过组合键"Ctrl+Enter"确认录入的内容

    D.通过组合键"Ctrl+F4"确认录入的内容

【练习6-4-7】（判断题）在Excel中按住"Ctrl+;"组合键，可以插入当前时间。（　　　）

【练习6-4-8】（多选题）Excel的数据有（　　　）等多种类型。

    A.字符型　　　　　　　B.数值型　　　　　　　C.日期型　　　　　　　D.备注型

【练习6-4-9】（单选题）在Excel中，下列序列中，一般情况下不能完成自动填充的是（　　　）。

    A.5，10，15，20，25　　　　　　　　B.1，2，3，4，5

    C.5，15，45，135，405　　　　　　　D.0，3，16，5，27

【练习6-4-10】（单选题）在Excel中，如果想以递增的方式往下填充数字，在向下拖动填充柄的同时要按住（　　　）键。

    A.Ctrl　　　　　　　　B.空格　　　　　　　　C.Alt　　　　　　　　D.Shift

【练习6-4-11】（操作题）在单张工作表的多个单元格中快速录入完全相同的数据。新建工作簿，并将其命名为"练习6411"，在Sheet1工作表中的C2、C3、C6、C7、C9、C10、C11单元格中快速录入"女"，在C4、C5、C8、C12、C13、C14、C15单元格中快速录入"男"。在E11、E12、E13、E14、E15单元格中快速录入"中共预备党员"。

【练习6-4-12】（操作题）新建工作簿，并将其命名为"练习6412"，在Sheet1工作表的B2单元格中录入0010100200012，在D2单元格中录入身份证号码420101196810101519。

【练习6-4-13】（操作题）快速填充数据。新建工作簿，并将其命名为"练习6413"，在Sheet1工作表的B2:B56单元格中快速录入"借方"。

操作视频演示

练习6-4-11至
练习6-4-13

学习任务6.5　　数据的编辑与保护

一、数据的编辑

（一）快速删除工作表中的空行

首先，打开要删除空行的工作表，插入新列X，在新列中顺序填入整数，如图6-27所示。

	A	B	C	D	E	F
1	姓名	性别	部门	X	职务	年龄
2	张大峰	男	办公室	1	经理	46
3	张杰民	男	办公室	2	职员	38
4				3		
5	赵齐伟	男	采购部	4	经理	39
6	孙松涛	男	采购部	5	职员	31
7				6		
8	王伟亮	男	销售部	7	经理	36
9	朱韩斌	男	销售部	8	职员	38
10				9		
11	钱杰胜	男	生产部	10	主任	43
12	杜昱明	男	生产部	11	工程师	41
13	罗汉中	男	生产部	12	工程师	40
14	陈祥俊	男	生产部	13	技术员	26

图 6-27　插入列 X，填充整数序列

其次，根据其他任何一列进行排序，使所有空行都集中到底部，如图 6-28 所示。

	A	B	C	D	E	F
1	姓名	性别	部门	X	职务	年龄
2	陈祥俊	男	生产部	13	技术员	26
3	杜昱明	男	生产部	11	工程师	41
4	罗汉中	男	生产部	12	工程师	40
5	钱杰胜	男	生产部	10	主任	43
6	孙松涛	男	采购部	5	职员	31
7	王伟亮	男	销售部	7	经理	36
8	张大峰	男	办公室	1	经理	46
9	张杰民	男	办公室	2	职员	38
10	赵齐伟	男	采购部	4	经理	39
11	朱韩斌	男	销售部	8	职员	38
12				3		
13				6		
14				9		

图 6-28　按其他列排序，将空行移动到底部

再次，删去所有空行，再按列 X 以升序排序，恢复原有顺序。

最后，右击 X 列，选择"删除"命令，如图 6-29 所示，删去刚才新增列 X。

	A	B	C	D		
1	姓名	性别	部门	X	✂ 剪切(T)	
2	张大峰	男	办公室	1	📋 复制(C)	
3	张杰民	男	办公室	2		
4	赵齐伟	男	采购部	4	📋 粘贴选项：	
5	孙松涛	男	采购部	5		
6	王伟亮	男	销售部	7	📋	
7	朱韩斌	男	销售部	8	选择性粘贴(S)...	
8	钱杰胜	男	生产部	10		
9	杜昱明	男	生产部	11	插入(I)	
10	罗汉中	男	生产部	12		
11	陈祥俊	男	生产部	13	删除(D)	
12						

图 6-29　恢复原有顺序后删除列 X

（二）快速查看所有工作表公式

要想在显示单元格值或单元格公式之间来回切换，只需按击快捷键"Ctrl+`"（"`"位于 Tab 键上方）。

（三）复制数据（复制+粘贴）

第一步，选中要复制的对象。

第二步，执行复制命令（按击"Ctrl+C"，或者单击 复制按钮）。

第三步，选中目标位置。

第四步，粘贴复制的内容（按击"Ctrl+V"，或者单击 粘贴按钮）。

Excel 中，既可以使用"粘贴"命令粘贴复制的内容，还可以使用"选择性粘贴"命令有选择地粘贴剪贴板中的数值、格式、公式、批注等内容，如图 6-30 所示。

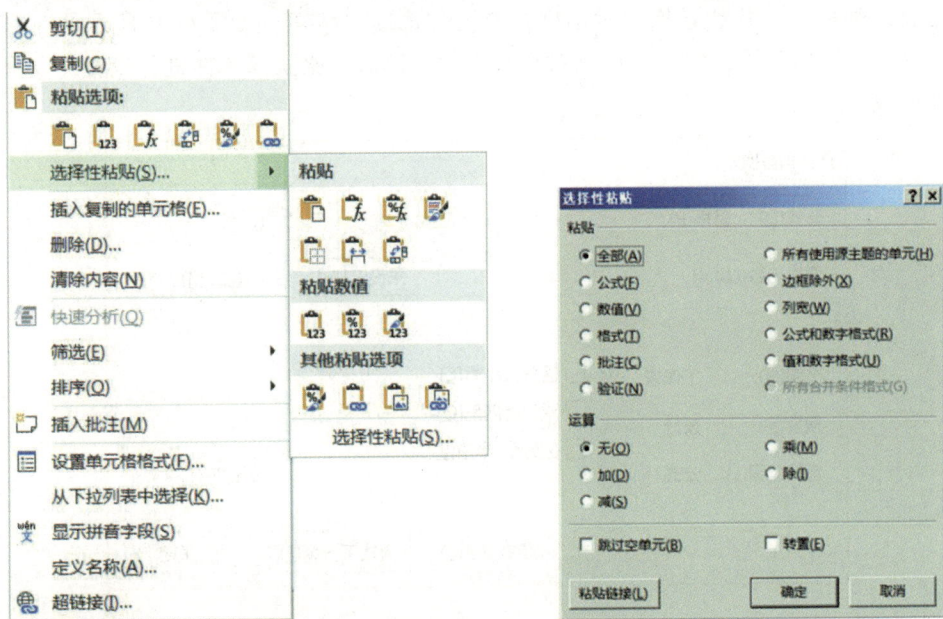

图 6-30　选择性粘贴

（四）移动数据（剪切+粘贴）

1.使用鼠标移动数据。

选择将要移动的数据，将鼠标指向选择区域的边界，空心十字光标变为十字箭头光标，按住鼠标左键向目的地拖动，此时有一个矩形框跟随，到合适位置松开鼠标左键，所选数据移动到当前位置。

2.使用剪切和粘贴的办法也能移动数据。

第一步，选中要剪切的对象。

选择待移动数据区域。

第二步，执行剪切命令。

按"Ctrl+X"，或者单击 按钮，执行剪切。

第三步，选中剪切内容粘贴到目标位置。

选择一个单元格，该单元格将放置所剪切区域内的左上角的数据。

第四步，粘贴剪切的内容（按击"Ctrl+V"，或单击🗐粘贴按钮）。

3.数据剪切与复制的不同。

数据复制后，原单元格中的数据仍然存在，目标单元格中同时增加原单元格中的数据；数据剪切后，原单元格中的数据不复存在，只在目标单元格中增加原单元格中的数据。

（五）查找和替换数据

1.查找和替换特定数据。

查找可以使用快捷键"Ctrl+F"。

查找内容可以使用通配符，"?"代替任意单个字符，"*"代替多个任意字符。

查找范围包括字符、文本、公式或批注的单元格。

单击"开始"选项卡，单击"编辑"命令分组中的"查找和替换"按钮，单击"查找"命令，弹出"查找和替换"对话框，单击"选项"按钮，如图6-31所示，在对话框的下方出现"选项"设置内容，可以对查找方式、范围、格式等条件进行设置，以便于更精确地查找。

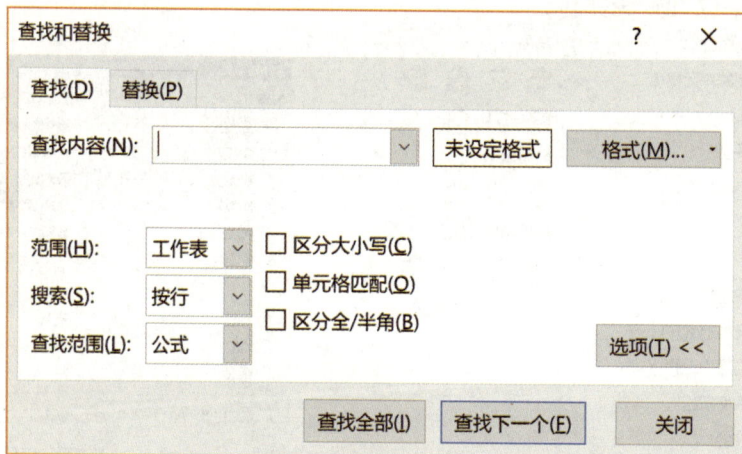

图6-31 "查找和替换"对话框

范围：指定在工作表还是在工作簿中查找。

搜索：指定按行还是按列查找。

查找范围：指定查找单元格的值、公式或批注。

区分大小写：可以选择是否区分英文大小写字母。

单元格匹配：可选择查找的对象单元格是否仅包含需要查找的内容，即对象单元格的所有字符必须与"查找内容"文本框中输入的字符完全相同，不能多于要查找的内容。

区分全/半角：可选择是否区分全角和半角字符。

如果需要根据单元格的格式属性进行搜索，可以单击"格式"按钮右边的下拉按钮，在下拉菜单中选择"格式"选项，打开"查找格式"对话框，在对话框中选择所需要查找的格式。

在"查找格式"对话框中单击左下角的"从单元格选择格式"按钮，允许通过单击符合格式条件的单元格来设置要在本搜索中使用的格式。

在"查找格式"对话框中单击"清除"按钮，即可删除指定的格式。

单击"查找下一个"，逐个查找；单击"查找全部"，一次性全文查找。

依次单击"开始"→"编辑"→"查找和替换"→"替换"，弹出"查找和替换"对话框。

单击"替换"，逐个替换；单击"全部替换"，一次性全部替换。

2.选中包含公式的单元格。

依次单击"开始"→"编辑"→"查找和选择"→"公式"，则选中工作簿中所有包含公式的单元格。

（六）清除数据

选择单元格，通过"开始"→"编辑"，找到"清除"按钮并单击，可以有选择性地删除内容：全部清除、清除格式、清除内容、清除批注、清除超链接。如果选择单元格后按 Del 删除键，则所选单元格中的数据被清除，单元格中的格式和批注仍然保留。

二、数据的保护

（一）保护工作簿和工作表

1.设置工作簿打开权限密码。

Excel 可以为重要的工作簿设置保护，达到限制操作的目的。操作方法：依次单击"文件"→"信息"→"保护工作簿"→"用密码进行加密"，在打开的"加密文档"对话框中输入密码，单击"确定"后重新输入密码，最后单击"确定"完成设置。

设置密码完成后，当再次打开工作簿时需要输入正确的密码才能打开。

2.限制编辑权限。

在"审阅"选项卡上的"保护"分组中，单击"保护工作簿"，弹出"保护结构与窗口"对话框。若要保护工作簿的结构，则选中"结构"复选框；若要使工作簿窗口在每次打开工作簿时大小和位置都相同，则选中"窗口"复选框；若要防止其他用户删除工作簿保护，则在"密码（可选）"框中输入密码，单击"确定"，然后重新输入密码以进行确认。

工作簿被保护后，插入、删除、移动工作表等操作都不可进行。如果要撤销保护工作簿，按照设置保护工作簿的路径选择"保护工作簿"，输入正确的密码后可撤销保护。

3.保护工作表。

在 Excel 2016 中，可以对工作表进行编辑权限设定，限制他人对工作表的编辑权限，如插入行、插入列等。取消权限保护，需输入正确的密码。保护工作表的工具按钮如图 6-32 所示。

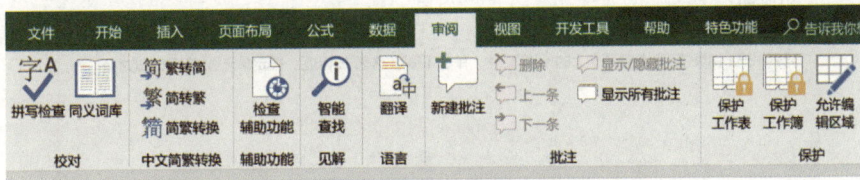

图 6-32　保护工作表工具按钮位置

选定"审阅"选项卡，单击"保护"分组里的"保护工作表"按钮，在弹出的"保护工作表"对话框，如图 6-33 所示，设置需要限制的编辑权限和取消保护的密码，单击"确定"完成设置。

如果要撤销保护工作表，正确输入取消保护密码后可撤销保护。如图 6-34 所示。

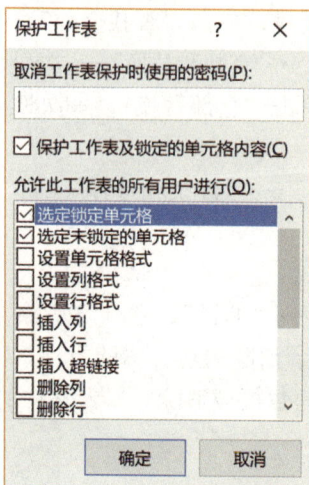

图 6-33 "保护工作表"对话框

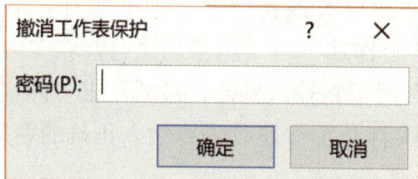

图 6-34 "撤销工作表保护"对话框

（二）单元格的读写保护

1.单元格写保护的两种方法。

（1）锁定单元格，以保护单元格中的内容不被改写。

若只对部分单元格保护，须先取消对所有单元格锁定的默认设置，再选定需保护单元格并进行锁定设置。锁定选项位于"设置单元格格式"对话框的"保护"选项卡中，如图6-35所示。在保护工作表后，锁定单元格才有效。

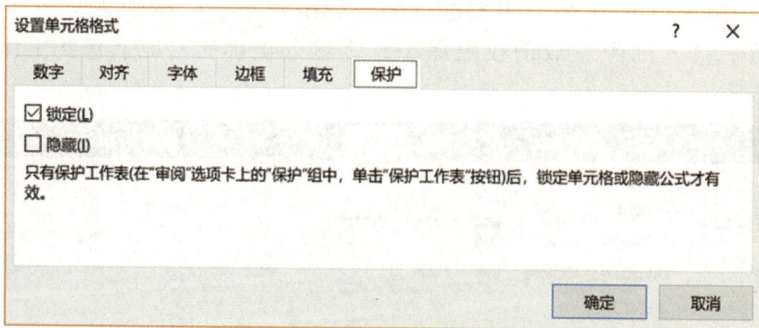

图 6-35 单元格锁定

（2）对输入信息进行有效性检测。

首先选定要进行有效性检测的单元格或单元格集合，然后执行"数据"选项卡下"数据工具"分组里的"数据有效性"命令，通过设置有效性条件、输入信息提示和出错警告，控制输入单元格的信息符合给定的条件。

2.单元格读保护的三种方法。

（1）通过颜色设置进行读保护。

将选定单元格或单元格集合的背景颜色与字体颜色同时设为白色，然后保护工作表。这样，从表面看起来单元格中好像是没有输入任何内容，用户无法直接读出单元格中所存储的信息。

（2）通过用其他画面遮住单元格达到读保护目的。

使用绘图工具，画一个不透明矩形覆盖在单元格之上并锁定，然后保护工作表，以保证矩形不能被随意移动。这样，用户所看到的只是矩形，而看不到单元格中所存储的内容。

（3）通过隐藏选定的单元格保护工作表。使用户不能直接访问被隐藏的单元格，也可以起到读保护的作用。

▶同步练习6.5◀

【练习6-5-1】（多选题）下列说法中，正确的有（　　　）。

A.在 Excel 2016 中，执行"审阅"→"更改"→"保护工作簿"命令可以实现对工作簿限制编辑权限的操作

B.在 Excel 2016 中，执行"文件"→"信息"→"保护工作簿"→"用密码进行加密"命令可以实现设置工作簿打开权限密码操作

C.在 Excel 2016 中，设置工作簿打开权限密码时，密码不区分大小写

D.在 Excel 2016 中，使用锁定单元格功能必须启用保护工作表功能

练习6-5-1至练习6-5-2

【练习6-5-2】（判断题）锁定单元格可以使单元格的内容不能被修改，使用"锁定单元格"功能必须启用保护工作表功能。（　　　）

【练习6-5-3】（操作题）复制数据。新建工作簿，并将其命名为"练习653"，在 Sheet1 工作表的 C3 单元格中录入"男"，然后复制到 C7 单元格。

【练习6-5-4】（操作题）移动数据。新建工作簿，并将其命名为"练习654"，在 Sheet1 工作表的 C3 单元格中录入"男"，然后移动到 C7 单元格。

【练习6-5-5】（操作题）查找数据。新建工作簿，并将其命名为"练习655"，将"练习6411"工作簿 Sheet1 工作表中的内容复制到"练习655"工作簿的 Sheet1 工作表中，查找性别为"女"的单元格。

【练习6-5-6】（操作题）替换数据。新建工作簿，并将其命名为"练习656"，将"练习6411"工作簿 Sheet1 工作表中的内容复制到"练习656"工作簿的 Sheet1 工作表中，将所有"中共预备党员"的单元格内容替换成"党员"。

【练习6-5-7】（操作题）清除数据，只清除内容，不清除格式。新建工作簿，并将其命名为"练习657"，定义 A 列为文本格式、字体为宋体、字号为16、居中对齐，在 A2:A6 区域录入数据1、2、3、4、5，然后删除 A2:A6 区域里的内容，保留格式不变，再在 A2:A6 区域分别录入001、002、003、004、005，保存后退出。

操作视频演示

【练习6-5-8】（操作题）新建 Excel2016 工作簿，将其命名为"练习658"，设置文件打开权限的密码为 Cw66F，保存后退出。

【练习6-5-9】（操作题）新建工作簿，并将其命名为"练习659"，对 A1:D21 区域进行只读保护设置，保存后退出。

练习6-5-3至练习6-5-9

学习任务 6.6　　　　　　　　　　单元格的格式化

打开"设置单元格格式"对话框，根据需要在不同选项卡下进行设置。

打开"设置单元格格式"对话框的操作方法：右击工作区中的某个单元格或者区域，在弹出的快捷菜单中单击"设置单元格格式"命令，打开"设置单元格格式"对话框，如图6-36所示。

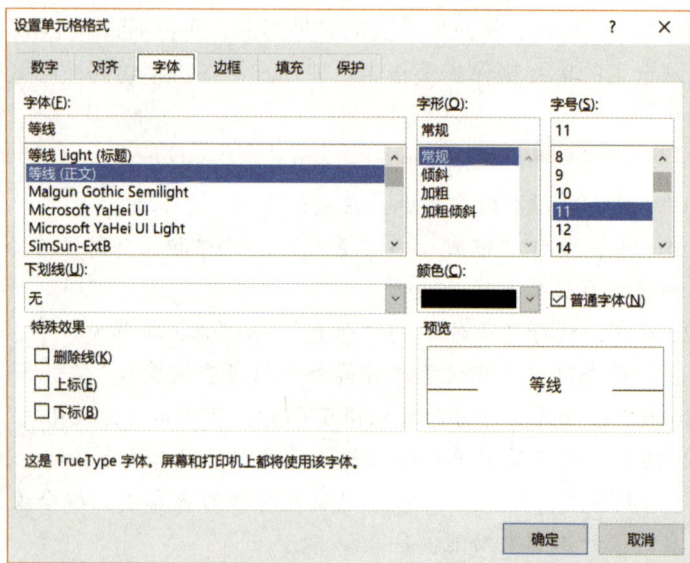

图6-36　字符格式化

一、字符格式化

字符格式化，就是设置单元格数据的字体、字形、字号、下划线、颜色、特殊效果等。

二、对齐以及表格标题设置

默认方式下，文本在单元格内靠左对齐，数值在单元格内靠右对齐。

单元格内容可以按照水平方向对齐、垂直方向对齐，还可以改变方向。水平对齐有常规（默认）、靠左、靠右、居中、填充、两端对齐、跨列对齐和分散对齐。垂直对齐又分为靠上、靠下、居中、两端对齐和分散对齐。

表格标题设置往往需要用到合并单元格和对齐设置，以及字体、字号、字形设置等。所谓合并单元格，是指将跨越几行或几列的多个单元格合并为一个单元格。Excel只把选定区域左上角单元格的数据放入合并后所得到的合并单元格中。要把区域中的所有数据都包括到合并后的单元格中，必须将它们复制到区域内的左上角单元格中。合并前左上角单元格的格式为合并后单元格的格式，合并前左上角单元格的引用为合并后单元格的引用。除了可以使用"设置单元格格式"对话框"对齐"选项卡进行单元格合并操作以外，还可以使用"合并后居中"按钮进行操作。

如图6-37所示，按工作表中数据的宽度，在第一行选择A1、B1、C1、D1、E1、F1单元格，单击按钮 合并后居中 ▼，在合并单元格中输入标题，进行垂直居中和水平居中对齐，最后再设置标题的字体、字号、字形等格式。

图6-37　设置表格标题

三、设置列宽和行高

（一）改变单列宽度

将光标移动到两列标之间，此时光标变为➕形状，按住鼠标左键拖动，可以改变列的宽度。双击两列列标的交界处，左边列宽改变为与数据相适应的宽度。

（二）改变多个列的宽度

选择多个连续或不连续的列，或者全部选择，改变其中一列的宽度，则其他被选择列的列宽与该列的列宽变成等宽；选择多个连续或不连续的列，或者全部选择，双击某列的列标右边界，则被选择列均改变为与数据相适应的宽度。

（三）改变行高

方法类似列宽设置，只是对行操作。

四、设置边框和图案

一个表格加上一个美观的边框和图案后更具表现力。

（一）单元格或区域的边框设置

选择需要加边框的单元格区域，单击边框按钮⊞▾，弹出边框样式，单击一个边框样式，边框应用于所选单元格区域中。

对边框的进一步设置，可以通过"设置单元格格式"对话框，在"边框"选项卡中，可以选择内外边框的样式，还可以改变线条的样式及颜色，如图6-38所示。

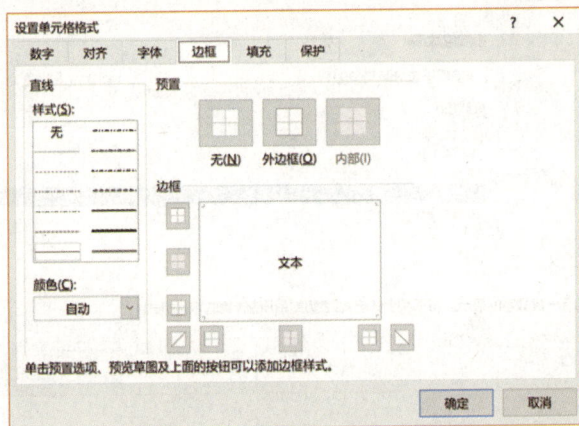

图6-38　通过"设置单元格格式"设置边框

（二）设置单元格或区域的图案

选择需要设置的单元格区域，然后通过"设置单元格格式"对话框中的"填充"选项卡，填充单元格图案，如图6-39所示。

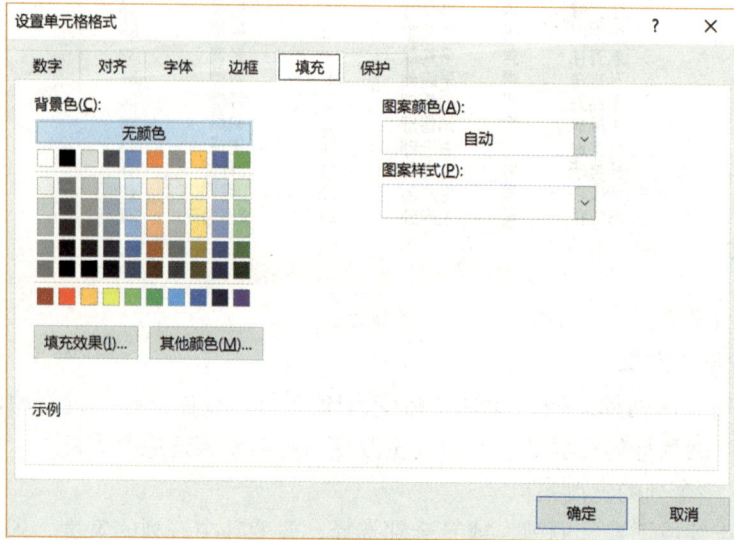

图6-39　单元格图案填充

五、定义数字格式

（一）设置数字格式

选择需要设置数字格式的单元格，单击鼠标右键，选择"设置单元格格式"命令，在打开的对话框中选择"数字"选项卡，如图6-40所示。在"分类"栏目中选择数字格式的类型，在右边显示格式中选择一种显示样式，当前选择的单元格即以所选样式显示。数值格式用于一般数字的表示，货币和会计格式则提供货币值计算的专用格式。

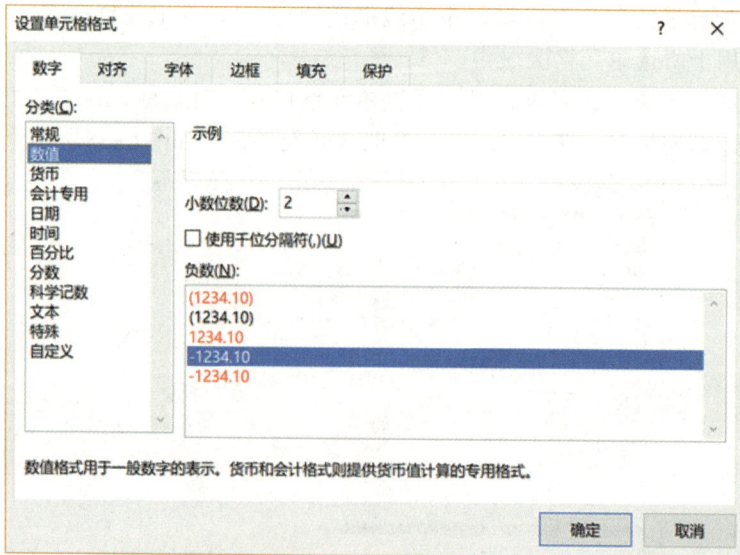

图6-40　设置数字格式

（二）数字格式工具按钮的使用

快速地设置常用的数字格式，可以使用"开始"选项卡下的"数字"命令分组中的按钮。选择若干单元格，再单击这些按钮，就能将数字格式快速地应用到所选单元格中。

六、快速设置格式

（一）使用格式刷

1.选择一个单元格，以便将该单元格的格式应用到其他单元格中。

2.单击格式刷按钮 🖌 **格式刷**，移动到工作区后光标变成空十字加刷子的形状 ➕🖌。

3.按住鼠标左键拖出一个矩形区域，则格式应用到所选区域的单元格中。

单击格式刷按钮，格式刷拖过一个区域后，光标恢复原状，即只能应用一次。

快速双击格式刷按钮，则可以实现连续应用，直到不使用时再单击格式刷按钮。

（二）自动套用格式

Excel为我们准备了非常精美的格式方案，经过简单操作，就能将这些格式应用到所选单元格区域中。

1.在"快速访问工具栏"里添加"自动套用格式"命令。

单击"自定义快速访问工具栏"的自定义按钮，在弹出的菜单中单击"其他命令"，在"从下列位置选择命令"列表框中选择"不在功能区中的命令"或者"全部命令"，选择"自动套用格式"，单击"添加"，如图6-41所示，"自动套用格式"的命令按钮便添加到"快速访问工具栏"里。

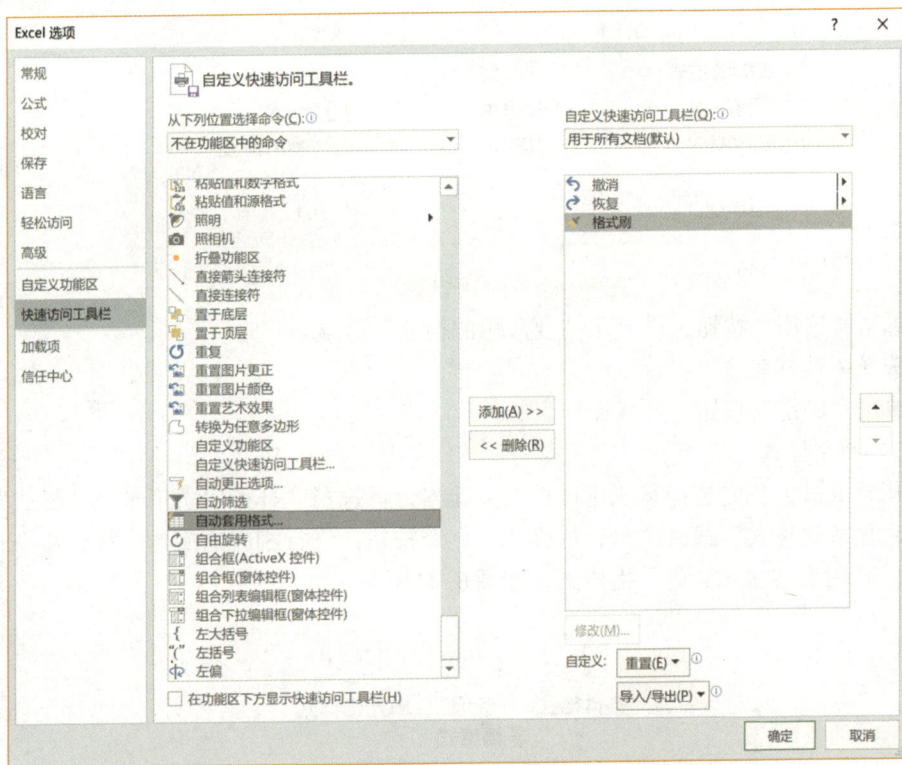

图6-41　添加"自动套用格式"按钮

2.选择需要套用格式的单元格区域。

3.单击快速访问工具栏里的"自动套用格式"命令按钮 ，弹出"自动套用格式"对话框，如图6-42所示。

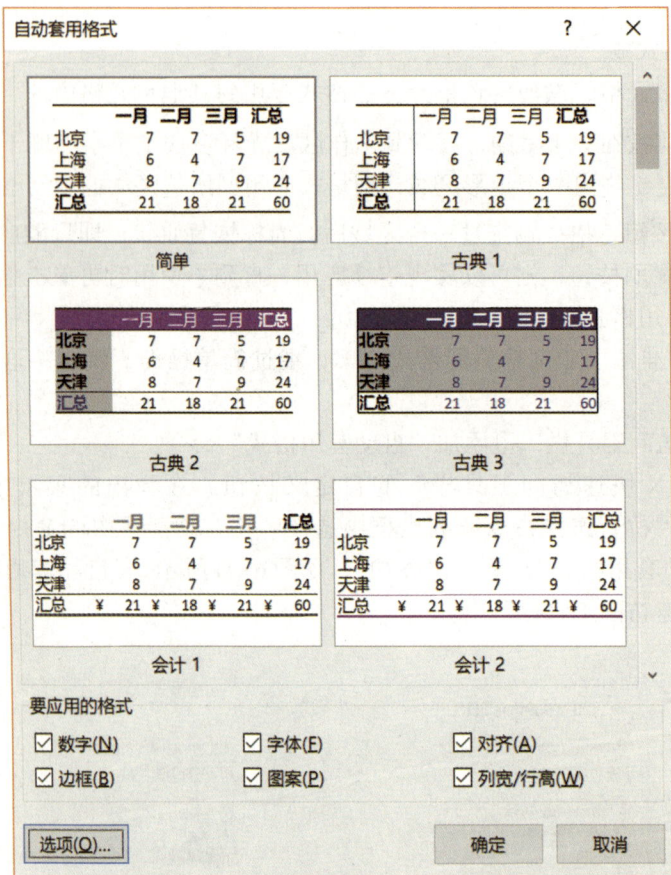

图6-42 应用自动套用格式

4.单击"选项"按钮，以显示"要应用的格式"区域。

5.选择一种方案。

6.单击"确定"按钮，完成操作。

（三）使用样式

使用样式时，首先选择待应用样式的单元格，再选择"开始"选项卡下"样式"分组里的"套用表格格式"或者"单元格样式"命令按钮，进行相应的操作。样式命令包括条件格式、套用表格格式、单元格样式，如图6-43所示。

图6-43 样式命令

（四）使用模板

如果对自己所建立的工作簿非常满意，希望在今后建立同类工作簿时也能有同样的风格，则可以在其基础上建立模板，然后使用该模板建立其他工作簿。

1.打开一个工作簿，以便在该工作簿的基础上建立模板，然后选择"文件"菜单的"另存为"命令，弹出"另存为"对话框。

2.在保存类型中选择"Excel模板"。

3.在"文件名"文本框中，录入模板名称。

4.给模板指定一个存放位置。

5.单击"保存"按钮，完成操作。

如果要新建工作簿，依次单击"文件"→"新建"，就会在"新建"对话框中看到所建的模板。

七、使用条件格式

有时需要将符合某一条件的单元格数据以特别的格式突出显示。

案例6-1——条件格式应用

在表6-12所示的成绩表中，对小于60分的成绩进行特别显示（红色加粗）。

表6-12   学生成绩表

	A	B	C	D	E	F
1			学生成绩表			
2	编号	姓名	会计学	审计学	税法	经济法
3	1	张三	90	90	90	90
4	2	李四	80	80	80	80
5	3	王五	60	55	70	59

操作方法是：

1.在工作表中录入表6-12的数据，选择放置成绩的单元格区域C3:F5。

2.单击"开始"选项卡下"样式"命令分组中的"条件格式"命令。

3.在弹出的菜单中选择"突出显示单元格规则"，接着单击"小于"，打开"小于"对话框，如图6-44所示。

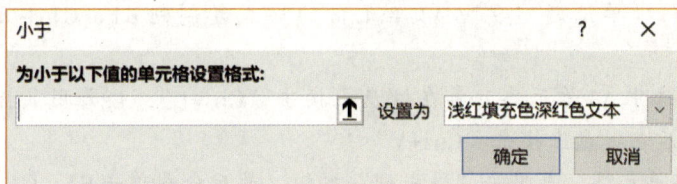

图6-44 "条件格式"对话框

4.在"小于"对话框中输入"60"，单击"确定"按钮，单元格中数字格式将相应变化，数字小于60的呈红色显示，如图6-45所示。

	A	B	C	D	E	F
1	学生成绩表					
2	编号	姓名	会计学	审计学	税法	经济法
3	1	张三	90	90	90	90
4	2	李四	80	80	80	80
5	3	王五	60	55	70	59

图 6-45　条件格式应用结果

同步练习 6.6

【练习 6-6-1】（单选题）在 Excel 中，在打印学生成绩单时，对不及格的成绩用醒目的方式表示，当要处理大量的学生成绩时，利用（　　）命令最为方便。

A.数据筛选　　　　　　　　　　B.分类汇总

C.查找　　　　　　　　　　　　D.条件格式

练习 6-6-1 至练习 6-6-7

【练习 6-6-2】（多选题）字符格式化，就是设置单元格数据的（　　）、下划线、颜色、特殊效果等。

A.字体　　　　　B.字形　　　　　C.字号　　　　　D.底纹

【练习 6-6-3】（多选题）下列关于合并单元格的说法中，正确的有（　　）。

A.Excel 只把选定区域左上角单元格的数据放入合并后所得到的合并单元格中

B.要把区域中的所有数据都包括到合并后的单元格中，必须将它们复制到区域内的左上角单元格中

C.合并前左上角单元格的格式为合并后单元格的格式

D.合并前左上角单元格的引用为合并后单元格的引用

【练习 6-6-4】（判断题）货币和会计专用格式一般用数值格式即可。（　　）

【练习 6-6-5】（单选题）下列关于改变列宽操作的表述中，不正确的是（　　）。

A.通过拖曳鼠标可以调整列宽

B.选取若干列以后，当调整其中一列的列宽时，选中列有相同的改变

C.列宽不可以调整

D.受保护工作表的列宽不可以改变

【练习 6-6-6】（判断题）在默认情况下，单元格中的文本靠右对齐，数字靠左对齐。（　　）

【练习 6-6-7】（单选题）要把 A1 单元格的格式复制到 B1、C1 单元格，正确的操作是（　　）。

A.先用鼠标选中 A1 单元格，再在键盘上按击"Ctrl+C"，接着用鼠标单击 B1、C1 单元格，最后在键盘上按击"Ctrl+V"

B.先选中 A1 单元格，再单击"格式刷"按钮，最后分别单击 B1、C1 单元格

C.先用鼠标选中 A1 单元格，再单击"复制"按钮，接着选中 B1、C1 单元格，最后单击"粘贴"按钮

D.先选中 A1 单元格，再双击"格式刷"按钮，最后分别单击 B1、C1 单元格

【练习6-6-8】（操作题）新建"练习668"工作簿，在Sheet1工作表中建立数据清单，标题文字为：商品销售情况统计，A、B、D、E、F五种商品销售单价分别为：50、60、70、150、99.98，销售数量分别为：10、20、30、40、50，列标题为：商品名称、销售单价、销售数量和销售金额。

操作要求：表格外边框为细双线，内边框为细实线。大标题需要占用合并单元格A1、B1、C1、D1，字体、字号、字形设置为黑体、16磅、加粗，对齐方式为居中显示。其余内容的字体、字号设置为宋体、14磅。行高设为30.00（50像素），列宽按照自动适应文本和数字内容进行设置，列标题浅绿色底纹，黑色文字，居中显示，销售单价和销售金额保留两位小数，商品名称靠左对齐，单价、数量和金额靠右对齐，低于1 000的销售额以红色突出显示。

学习任务6.7　公式的应用和单元格的引用

一、公式的应用

公式是指以等号开始，用运算符将运算体进行连接而成的运算表达式。

公式的创建方式包括手动输入和移动单击输入。

手动输入公式时应注意左右括号的匹配。当输入的公式中含有其他单元格的数值时，为了避免重复输入费时甚至出错，可以通过移动鼠标去单击输入数值所在单元格的地址（引用单元格的数值）来创建公式。移动单击输入数值所在单元格的地址后，单元格将处于"数据点模式"。

公式编辑和修改的方法：

1.双击公式所在的单元格，直接在单元格内修改内容；

2.选中公式所在的单元格，按下"F2"键后直接在单元格内更改内容；

3.选中公式所在的单元格后单击公式编辑栏，在编辑栏进行相应更改。

注意：在编辑或者移动单击输入公式时，不能随便移动方向键或者单击公式所在单元格以外的单元格，否则单元格内光标移动之前的位置将自动输入所移至单元格的地址名称。

二、单元格的引用

单元格引用是指在不同单元格之间建立链接，以引用来自其他单元格的数据。

引用的作用在于标识工作表上的单元格或单元格区域，并指明公式中所使用的数据的位置。

可以引用的四种情况：在同一工作表中引用，在同一工作簿的不同工作表中引用，在不同工作簿的工作表中引用，还可以引用其他应用程序中的数据。

通过引用，可以在公式中使用工作表不同部分的数据，或者在多个公式中使用同一单元格的数值。

（一）单元格引用的类型

单元格引用分为相对引用、绝对引用和混合引用三种，见表6-13。

表6-13　　　　　　　　　　　　　　　　单元格引用

引用方式	意义	应用举例
相对引用	相对引用的标志是引用单元格地址的列坐标和行坐标前不加任何标示符号 如果公式使用的是相对引用，则公式记忆源公式所在单元与源公式引用单元的相对位置，当复制使用相对引用的公式时，被粘贴公式中的引用将被更新，并指向与当前公式位置相对应的单元格 Excel默认使用的单元格引用是相对引用	C2=A2+B2 将C2单元格公式复制到D4单元格时，公式变为： D4=B4+C4
绝对引用	绝对引用的标志是在引用单元格地址的行坐标和列坐标前分别加标示符号"$" 如果公式使用的是绝对引用，则公式记忆源公式所在单元格在工作表中的绝对位置，在进行复制或填充等操作时，公式中的绝对引用不会随着公式所在单元格位置的改变而改变 在复制公式时，如果不希望引用数据源的位置发生改变，则使用绝对引用 注意：绝对引用针对的是复制公式操作，插入或删除行和列时，公式中的绝对地址会自动随着行与列的变化而变化	C2=$A$2+$B$2 将C2单元格公式复制到D4单元格时，公式不发生变化。 D4=$A$2+$B$2
混合引用	混合引用是指所引用单元格地址的行号与列标中只有一个是相对的，可以发生变动，而另一个是绝对的，属于一种半相对半绝对的引用方式，也就是固定行引用而改变列引用，或者是固定列引用而改变行引用 在引用单元格地址的行号和列标前，一部分加标示符号"$"，一部分不加标示符号"$"	C2=$A2+B$2，将公式复制到D4单元格时，公式变为： D4=$A4+C$2

（二）输入单元格引用

可以直接在公式中输入单元格的地址以引用单元格，也可以使用鼠标或键盘的方向键选择单元格。

单元格地址输入后，通常使用以下两种方法来改变引用的类型：

（1）在单元格地址的列标和行号前直接输入"$"符号。

（2）输入完单元格地址后，重复按"F4"键，选择合适的引用类型。

（三）跨工作表单元格引用

跨工作表单元格引用是指引用同一工作簿里其他工作表中的单元格，又称三维引用。

跨工作表引用的语法格式：工作表名！数据源所在单元格地址

（四）跨工作簿单元格引用

跨工作簿单元格引用是指引用其他工作簿中的单元格，又称外部引用。

跨工作簿引用的语法格式：[工作簿名]工作表名！数据源所在单元格地址

◢ 同步练习6.7 ◣

【练习6-7-1】（多选题）下列属于单元格的引用方式的有（　　　）。

A.相对引用　　　　　　　　　　　　B.绝对引用

C.间接引用　　　　　　　　　　　　D.直接引用

练习6-7-1至
练习6-7-6

【练习6-7-2】（单选题）要在当前工作表Sheet1的B2单元格中计算工作表Sheet2中的C2到C9单元格的平均值，则在当前工作表的B2单元格中输入的公式应为（　　　）。

A.=AVERAGE(C2:C9)　　　　　　　B.=AVERAGE([Sheet2!]C2:C9)

C.=AVERAGE(Sheet2!C2:Sheet2C9)　　D.=AVERAGE(Sheet2!C2:C9)

【练习6-7-3】（单选题）某公式中引用了一组单元格，它们是(A1:A5,B2:D6)，该公式引用的单元格总数为（　　　）。

A.10　　　　　　B.24　　　　　　C.20　　　　　　D.15

【练习6-7-4】（单选题）单元格A1=SUM(B1:D1)，将A1复制到A2，则A2单元格的公式是（　　　）。

A.=SUM(B1:D1)　　　　　　　　　B.=SUM(B2:D2)

C.0　　　　　　　　　　　　　　　D.#REF()

【练习6-7-5】（多选题）下列关于单元格引用的表述中，正确的有（　　　）。

A.常用的单元格引用分为相对引用、绝对引用和混合引用

B.混合引用是指所用单元格地址的行号与列标中有一个是相对引用，另一个是绝对引用

C.可以引用同一工作簿不同工作表的单元格

D.不可以引用不同工作簿的单元格

【练习6-7-6】（单选题）在相对引用中，所引用的单元格地址的列坐标和行坐标前面是（　　　）。

A.有&符号　　　　　　　　　　　　B.没有任何标示符

C.有%符号　　　　　　　　　　　　D.有$符号

操作视频演示

【练习6-7-7】（操作题）定义跨工作表单元格引用。新建"练习677"工作簿，如果只有一个工作表，新增一个工作表，将Sheet1工作表命名为"数据记录"，将Sheet2工作表命名为"数据分析"，在"数据记录"工作表的D2单元格里录入900。"数据分析"工作表B2单元格数据自动链接自"数据记录"工作表的D2单元格，设置"数据分析"工作表B2单元格的公式。使用鼠标操作。

练习6-7-7

学习任务6.8　　常用函数的基本应用

在 Excel 中，利用函数可以快速执行有关计算，函数只有出现在公式中才能发挥作用。

函数的基本格式是：函数名（参数序列）

参数序列是用于限定函数运算的各个参数，除中文字符外，必须使用英文半角字符。

一、统计函数

部分统计函数功能与语法格式说明见表6-14。

表6-14   部分统计函数功能与语法格式

函数名	功能	语法
MAX	返回一组数值中的最大值	MAX(number1,number2,……) MAX(数值1,数值2,……)
MIN	返回一组数值中的最小值	MIN(number1,number2,……) MIN(数值1,数值2,……)
SUM	计算单元格区域中所有数值的和	SUM(number1,number2,……) SUM(数值1,数值2,……)
SUMIF	对满足条件的单元格求和	SUMIF(range,criteria,[sum_range]) SUMIF(条件区域,求和条件,[求和区域]) 忽略sum_range，则对range中的单元格求和
AVERAGE	返回其参数的算术平均值	AVERAGE(number1,number2,……) AVERAGE(数值1，数值2,……) 参数可以是数值、单元格引用或公式
AVERAGEIF	返回给定条件指定的单元格的算术平均值	AVERAGEIF(range,criteria,[average_range]) AVERAGEIF(区域,条件,[求平均值区域])
COUNT	计算区域中包含数字的单元格的个数	COUNT(value1,value2,……) COUNT(参数值1,参数值2,……) 参数可以为文本、数值、单元格引用或公式
COUNTIF	计算某个区域中满足给定条件的单元格数目	COUNTIF(range,criteria) COUNTIF(区域,条件)

案例6-2 ——求最大值函数MAX应用

如图6-46所示，求B3:B8区域中的最大值，B9单元格公式：=MAX(B3:B8)

图6-46 MAX函数应用

案例6-3———求最小值函数MIN应用

如图6-47所示，求B3:B8区域中的最小值，B9单元格公式：=MIN(B3:B8)

视频

MIF函数

	A	B	C	D	E
1	中兴公司甲产品各年产量			函数MIN应用	
2	年度	产量（件）			
3	2019	5500		求B3:B8区域中的最小值	
4	2020	6000			
5	2021	6600		在B9单元格中录入：	
6	2022	7000			
7	2023	7400		=MIN(B3:B8)	
8	2024	7800			
9	最低产量	5500		回车确认，结果显示5500	

图6-47　MIN函数应用

案例6-4———求和函数SUM应用

如图6-48所示，计算8年期折旧合计。

	A	B	C	D	E	F	G
1	固定资产折旧额的计算						
2	原始成本cost	980000					
3	预计净残值salvage	80000					
4	预计使用年限life	8					
5	折旧年份	平均年限法	月折旧额	年数总和法	月折旧额	双倍余额递减法	月折旧额
6	1	112500	9375	200000	16667	245000	20417
7	2	112500	9375	175000	14583	183750	15313
8	3	112500	9375	150000	12500	137813	11484
9	4	112500	9375	125000	10417	103359	8613
10	5	112500	9375	100000	8333	77520	6460
11	6	112500	9375	75000	6250	58140	4845
12	7	112500	9375	50000	4167	47209	3934
13	8	112500	9375	25000	2083	47209	3934
14	折旧合计	900000	——	900000	——	900000	——
15	B14=SUM(B6:B13)			D14=SUM(D6:D13)		F14=SUM(F6:F13)	

图6-48　SUM函数应用

B14=SUM(B6:B13)

D14=SUM(D6:D13)

F14=SUM(F6:F13)

案例6-5 ————单条件求和函数 SUMIF 应用

如图6-49所示，对销售流水账内容进行分类统计。

视频
SUMIF函数

图6-49　SUMIF 函数应用

=SUMIF(A:A,"A 商品",B:B)，其含义是：在 A 列中查找 A 商品（求和条件），将符合求和条件（A 商品）对应的 B 列数据（A 商品对应的销售量）进行汇总。

注意：除中文字符外，公式中的参数需要使用英文半角字符。

案例6-6 ————平均数函数 AVERAGE 应用

如图6-50所示，计算平均工资。

视频
AVERAGE 函数

图6-50　AVERAGE 函数应用

=AVERAGE(E2:E13)，其含义是：对E2:E13区域数据求平均数，E2:E13为单元格区域引用。

AVERAGE函数的参数除了引用以外，也可以是数值，还可以是包含数值的名称、数组。

案例6-7————单条件平均数函数AVERAGEIF应用

如图6-51所示，对职称是会计师的人员求平均工资。

视频

AVERAGEIF函数

	A	B	C	D	E
1	姓名	性别	年龄	职称	薪资
2	陈继	男	47	高级会计师	9800
3	李煜	女	39	高级会计师	8900
4	王翟	男	37	会计师	6800
5	赵熙	男	36	会计师	6700
6	叶雷	男	36	会计师	6700
7	张瑞	女	33	会计师	6500
8	孙倩	女	26	助理会计师	5000
9	赵冰	女	26	助理会计师	4800
10	魏涛	男	25	助理会计师	4800
11	程丽	女	25	助理会计师	4500
12	谢娟	女	25	助理会计师	4500
13	钱颖	女	25	助理会计师	4500
14	职称为会计师的人员平均工资				6675
15	E14=AVERAGEIF(D2:D13,"会计师",E2:E13)				

图6-51　AVERAGEIF函数应用

=AVERAGEIF(D2:D13,"会计师",E2:E13)，其含义是：在条件区域D2:D13中查找符合"会计师"（求平均值条件）的行，在求平均值区域E2:E13中，对符合条件（会计师）行的数据（会计师对应的薪资）求平均值。

视频

COUNT函数

案例6-8————计数函数COUNT应用

如图6-52所示，通过计算含有数值的单元格数来统计人员总数。

	A	B	C	D	E
1	姓名	性别	年龄	职称	薪资
2	陈继	男	47	高级会计师	9800
3	李煜	女	39	高级会计师	8900
4	王翟	男	37	会计师	6800
5	赵熙	男	36	会计师	6700
6	叶雷	男	36	会计师	6700
7	张瑞	女	33	会计师	6500
8	孙倩	女	26	助理会计师	5000
9	赵冰	女	26	助理会计师	4800
10	魏涛	男	25	助理会计师	4800
11	程丽	女	25	助理会计师	4500
12	谢娟	女	25	助理会计师	4500
13	钱颖	女	25	助理会计师	4500
14	总人数统计			12	
15	D14=COUNT(C2:C13)　或者　D14=COUNT(E2:E13)				

图6-52　COUNT函数应用

案例6-9 ——单条件计数函数COUNTIF应用

如图6-53所示，统计35岁以上人员的数量。

视频
COUNTIF函数

	A	B	C	D	E
1	姓名	性别	年龄	职称	薪资
2	陈继	男	47	高级会计师	9800
3	李煜	女	39	高级会计师	8900
4	王翟	男	37	会计师	6800
5	赵熙	男	36	会计师	6700
6	叶雷	男	36	会计师	6700
7	张瑞	女	33	会计师	6500
8	孙倩	女	26	助理会计师	5000
9	赵冰	女	26	助理会计师	4800
10	魏涛	男	25	助理会计师	4800
11	程丽	女	25	助理会计师	4500
12	谢娟	女	25	助理会计师	4500
13	钱颖	女	25	助理会计师	4500
14	35岁以上人员数			5	
15	D14=COUNTIF(C2:C13,">35")				

图6-53　COUNTIF函数应用

=COUNTIF(C2:C13,">35")，其含义是：计算 C2:C13 区域中满足"＞35"条件的单元格数目。

二、逻辑判断函数 IF

IF（logical_test,value_if_true,value_if_false）

IF（逻辑判断，结果为真时的值，结果为假时的值）

判断结果为真（假）时的值可以为文本、数值、单元格地址或公式等。

如果返回的值是文本，那么需要用英文双引号括起来。

通俗解读就是：如果……就……否则……

函数根据给定的逻辑判断结果，自动返回相应的值。当逻辑判断的计算结果为真（TRUE）时，将返回第一个参数值；当逻辑判断的计算结果为假（FALSE）时，则返回第二个参数值。

如果省略逻辑判断结果为假（FALSE）时的参数值，则在逻辑判断结果为假（FALSE）时，直接返回"FALSE"。

IF函数看似简单，但是它配合其他计算公式或函数演绎出来的作用将非常强大，在日常使用中经常出现它的身影。许多时候，IF函数几乎凭借一己之力，肩负起数据分析的重任。

案例6-10 ——IF函数应用

视频
IF函数

公式：=IF(B2>=60,"合格","不合格")

意义：如果 B2 单元格的值大于或等于60，结果就显示"合格"，否则结果就显示为"不合格"。

同步练习6.8

【练习6-8-1】（单选题）在Excel建立的工资数据清单中，按人员类别计算实发工资总和，可使用（　　）。

A.SUM函数　　　　　　　　　　　　B.COUNT函数

C.SUMIF函数　　　　　　　　　　　D.SLN函数

【练习6-8-2】（单选题）统计E2:E59区域中数字为60以及60以上个数的公式，正确的是（　　）。

A.=count(E2:E59)　　　　　　　　　B.=count(">=60")

C.=countif(E2:E59,">=60")　　　　　D.=countif(">=60",E2:E59)

【练习6-8-3】（单选题）在Excel中，下列方法中不能进行求和运算的是（　　）。

A.利用函数进行求和

B.利用"和运算"进行求和

C.利用常用工具栏中的"自动求和"按钮进行求和操作

D.利用编辑菜单中的"求和"公式进行求和操作

【练习6-8-4】（单选题）在Excel表中A1单元格键入85，在B1单元格输入条件函数=IF(A1>=90,"优秀", (IF(A1>=80,"良好","合格")))，则B1单元格中返回值为（　　）。

A.优秀　　　　　B.良好　　　　　C.合格　　　　　D.不合格

【练习6-8-5】（操作题）MAX函数的应用。新建"练习685"工作簿，在Sheet1工作表中的A2、B2、C2、D2、E2单元格中分别录入：59、70、80、93、96，在F2单元格中定义公式，利用MAX函数求A2:E2区域中的最大值。

【练习6-8-6】（操作题）MIN函数的应用。新建"练习686"工作簿，在Sheet1工作表中的A2、B2、C2、D2、E2单元格中分别录入：71、85、68、90、80，在F2单元格中定义公式，利用MIN函数求A2:E2区域中的最小值。

【练习6-8-7】（操作题）SUM函数的应用。新建"练习687"工作簿，在Sheet1工作表中的A2、B2、C2、D2单元格中分别录入：20、30、30、40，在E2单元格中定义公式，利用SUM函数对A2:D2区域进行求和。

【练习6-8-8】（操作题）SUMIF函数的应用。新建"练习688"工作簿，在A1、A2、A3、A4、A5、A6单元格中分别录入：商品名称、甲商品、乙商品、丙商品、丁商品、乙商品，在B1、B2、B3、B4、B5、B6单元格中分别录入：数量、100、200、300、500、200，利用SUMIF函数汇总甲商品的数量。

【练习6-8-9】（操作题）AVERAGE函数的应用。新建"练习689"工作簿，在Sheet1工作表中的A2、B2、C2、D2、E2单元格中分别录入：55、65、78、90、85，在F2单元格中定义公式，利用AVERAGE函数求A2:E2区域里5个数值的平均值。

【练习6-8-10】（操作题）AVERAGEIF函数的应用。新建"练习6810"工作簿，在Sheet1工作表中的A2、B2、C2、D2、E2单元格中分别录入：55、60、70、90、80，在F2单元格中定义公式，利用AVERAGEIF函数求A2:E2区域里60及60以上数值的平均值。

【练习6-8-11】（操作题）COUNT函数的应用。新建"练习6811"工作簿，在Sheet1

工作表中的A2、B2、C2、D2、E2单元格中分别录入：50、60、70、80、90，在F2单元格中定义公式，利用COUNT函数求A2:E2区域里的数值个数。

【练习6-8-12】（操作题）COUNTIF函数的应用。新建"练习6812"工作簿，在Sheet1工作表中的A2、B2、C2、D2、E2单元格中分别录入：50、70、80、90、95，在F2单元格中定义公式，利用COUNTIF函数求A2:E2区域里60及60以上数值的个数。

【练习6-8-13】（操作题）IF函数的应用。新建"练习6813"工作簿，在Sheet1工作表的B1、B2、B3、B4、B5单元格中分别录入50、60、70、80、90，在C1、C2、C3、C4、C5单元格中分别定义包含IF函数的公式，根据B1:B5区域里的数据，自动判断合格情况，60分及以上为合格，60分以下为不合格。

操作视频演示

练习6-8-5至
练习6-8-13

学习任务6.9　　　　数据清单及管理分析

一、数据清单的构建

（一）数据清单的概念

Excel中，数据库是通过数据清单或列表来实现的。数据清单是包含一行列标题和多行数据且每行同列数据的类型和格式完全相同的Excel工作表。

数据清单中的列对应数据库中的字段，列标志对应数据库中的字段名称，每一行对应数据库中的一条记录。

（二）构建数据清单的要求

为了使Excel自动将数据清单当作数据库，构建数据清单的要求主要有：

1.列的标志位于数据清单的第一行，用以查找和组织数据、创建报告。

2.同一列中各行数据项的类型和格式应当完全相同。

3.避免在数据清单中间放置空白的行或列，但需将数据清单和其他数据隔开时，应在它们之间留出至少一个空白的行或列。

4.尽量在一张工作表上建立一个数据清单。

二、记录单的使用

（一）记录单的概念

记录单又称数据记录单，是快速添加、查找、修改或删除数据清单中相关记录的对话框。

（二）通过记录单处理数据清单的记录

1.通过记录单处理记录的优点。

通过记录单处理记录的优点主要有：界面直观，操作简单，减少数据处理时行列位置的来回切换，避免输入错误，特别适用于大型数据清单中记录的核对、添加、查找、修改或删除。

2."记录单"对话框的打开。

Excel 2016的数据功能区中没有"记录单"命令，可通过单击以自定义方式添加到"快速访问工具栏"中的"记录单"按钮来打开。"记录单"对话框打开后，只能通过"记录单"对话框来输入、查询、核对、修改或者删除数据清单中的相关数据，无法直接在工作表的数据清单中进行操作。

3.在"记录单"对话框中输入新记录。

在数据录入过程中，如果发现某个文本框中的数据录入有误，可将光标移入该文本框，直接进行修改；如果发现多个文本框中的数据录入有误，不便逐一修改，可通过单击"还原"按钮放弃本次确认前的所有输入，光标将自动移入第一个空白文本框，等待数据录入。

4.利用"记录单"对话框查找特定单元格。

通过"条件"按钮查询，只要在对话框多个列名称后的文本框内同时输入相应的查询条件，符合条件的记录即可分别出现在对话框相应列名称后的文本框中，"记录状态"显示区里相应显示记录的次序数以及数据清单中记录的总条数。这种方法尤其适合于具有多个查询条件的查询。

5.利用"记录单"对话框核对或修改特定记录。

查找到待核对或修改的记录后，在对话框相应列后文本框中逐一核对或修改。在确认修改前，"还原"按钮处于激活状态，可通过单击"还原"按钮放弃本次确认前的所有修改。

6.利用"记录单"对话框删除特定记录。

记录删除后无法通过单击"还原"按钮来撤销。

三、数据的管理与分析

在数据清单下，可以执行排序、筛选、分类汇总、插入图表和数据透视表等数据管理和分析功能。

（一）数据的排序

数据的排序是指在数据清单中，针对某些列的数据，通过功能区中的排序命令来重新组织行的顺序。在Excel 2016中，数据"排序"命令位于"数据"选项卡下的"排序和筛选"组中。

排序时，Excel将按指定字段的值和指定的"升序"或"降序"，重新排列行的次序。

对于数值，升序就是从小到大排列，降序则是从大到小排列。

对于字符，从A到Z是升序，反之则为降序。

如果是汉字，以其汉语拼音字母或笔画排序。

1.快速排序。

使用快速排序的操作步骤为：

（1）在数据清单中选定需要排序的各行记录；

（2）执行功能区中的排序命令。

如果数据清单由单列组成，即使不执行第一步，只要选定该数据清单的任意单元格，直接执行第二步，系统都会自动排序。

需要注意的是，如果数据清单由多列组成，应避免不执行第一步而直接执行第二步的操作，否则数据清单中光标所在列的各行数据被自动排序，但每一条记录在其他各列的数据并未随之相应调整，记录将会出现错行的错误。

2.自定义排序。

使用自定义排序的操作步骤为：

（1）在"数据"菜单或功能区中打开"排序"对话框；

（2）在"排序"对话框中选定排序的条件、依据和次序。

（二）数据的筛选

数据的筛选是指利用"数据"菜单中的"筛选"命令对数据清单中的指定数据进行查找和其他工作。数据筛选将工作表中所有不满足条件的数据行暂时隐藏起来，只显示那些满足条件的数据行，数据并没有丢失。通过筛选工作表中的信息，用户可以快速查找数值。用户不但可以利用筛选功能控制需要显示的内容，而且能够控制需要排除的内容。

Excel提供快速筛选和高级筛选两种方法。在Excel 2016中，数据"筛选"命令位于"数据"选项卡下的"排序和筛选"组中。

1.快速筛选（自动筛选）。

快速筛选是针对简单条件进行的筛选。

案例6-11 ——快速筛选

（1）在数据清单中选定任意单元格或需要筛选的列，如图6-54所示。

视频

快速筛选

	A	B	C	D	E
1	姓名	性别	年龄	职称	薪资
2	陈继	男	47	高级会计师	9800
3	李煜	女	39	高级会计师	8900
4	王翟	男	37	会计师	6800
5	赵熙	男	36	会计师	6700
6	叶雷	男	36	会计师	6700
7	张瑞	女	33	会计师	6500
8	孙倩	女	26	助理会计师	5000
9	赵冰	女	26	助理会计师	4800
10	魏涛	男	25	助理会计师	4800
11	程丽	女	25	助理会计师	4500
12	谢娟	女	25	助理会计师	4500
13	钱颖	女	25	助理会计师	4500

图6-54 选择数据清单中任一单元格

（2）执行"数据"菜单或功能区中的"筛选"命令，第一行的列标识单元格右下角出现向下的三角图标，如图6-55所示。

	A	B	C	D	E
1	姓名 ▼	性别 ▼	年龄 ▼	职称 ▼	薪资 ▼
2	陈继	男	47	高级会计师	9800
3	李煜	女	39	高级会计师	8900
4	王翟	男	37	会计师	6800
5	赵熙	男	36	会计师	6700
6	叶雷	男	36	会计师	6700
7	张瑞	女	33	会计师	6500
8	孙倩	女	26	助理会计师	5000
9	赵冰	女	26	助理会计师	4800
10	魏涛	男	25	助理会计师	4800
11	程丽	女	25	助理会计师	4500
12	谢娟	女	25	助理会计师	4500
13	钱颖	女	25	助理会计师	4500

图6-55 执行数据筛选后的效果

单击该三角图标，在弹出的下拉列表中，取消勾选"全选"，勾选筛选条件，单击

"确定"按钮，可筛选出满足条件的记录。

注意：经过筛选的数据，其所在列标识单元格三角图标会增加漏斗标识，以示
区别。

2.高级筛选。

高级筛选是针对复杂条件的筛选。高级筛选不但包含了自动筛选的所有功能，而且提
供了更加优于自动筛选的功能，可以设置更复杂的筛选条件，可以将筛选的结果放在不同
的位置，既可以在原有数据区域显示筛选结果，也可以将筛选结果指定放在其他位置，可
以筛选出不重复的记录项。

与快速筛选不同，高级筛选要求在数据清单以外的区域单独设置筛选条件，且该条件
区域与数据清单之间至少要空出一行或一列。筛选条件区至少为两行，第一行设置筛选条
件的字段名，该字段名必须与数据清单中的字段名完全匹配。

在高级筛选中，几个条件在同一行上是"与"的关系，在不同行上是"或"的关系。

案例6-12——高级筛选

如图6-56所示的结果，操作步骤为：

图6-56　高级筛选

（1）编辑条件区域：在G1:H2区域，定义"性别为女、年龄>32"。

（2）打开"高级筛选"对话框：单击"数据"选项卡下"排序和筛选"命令分组里的
"高级"命令，弹出"高级筛选"对话框。

（3）在"方式"选项下选择"将筛选结果复制到其他位置"，选定或输入"列表区
域"为$A$1:$E$13、"条件区域"为$G$1:$H$2，复制到：$G$3单元格（单击G3单元格即
可），G3为复制到的起始单元，单击"确定"按钮。

3.清除筛选。

对经过筛选后的数据清单进行第二次筛选操作时，之前的筛选将被清除。

（三）数据的分类汇总

数据的分类汇总是指在数据清单中按照不同类别对数据进行汇总统计。分类汇总采用分级显示的方式显示数据，可以收缩或展开工作表的行数据或列数据，实现各种汇总统计。

在 Excel 2016 中，数据的"分类汇总"命令位于"数据"选项卡下的"分级显示"组中。

案例6-13————数据分类汇总

示例数据如图6-57所示，已按照"部门"进行过排序，要求按部门分类汇总基本工资。

	A	B	C	D	E
1	编号	姓名	部门	职务	基本工资
2	101	张伟杰	综合部	主任	7000
3	102	李天斌	综合部	职员	5000
4	301	冯喜亮	销售部	主任	6000
5	302	杨丽丽	销售部	职员	5000
6	303	朱盛斌	销售部	职员	5000
7	304	方志民	销售部	职员	5000
8	401	陈冰法	生产部	主任	8000
9	402	罗世伟	生产部	职员	5000
10	403	梅红英	生产部	职员	5000
11	404	王义和	生产部	职员	4000
12	405	孙明伟	生产部	职员	4000
13	406	冯华刚	生产部	职员	3500
14	407	田斯基	生产部	职员	3000
15	501	龚珊珊	采购部	主任	6000
16	502	文化林	采购部	职员	5000
17	503	郭发鹏	采购部	职员	4000
18	201	赵树理	财务部	主任	7000
19	202	孔丽丽	财务部	职员	5000

图6-57　示例数据

（1）创建分类汇总。

第一步，分类汇总前，先对数据清单按要分类的字段进行排序，将具有相同字段值的记录排列在一起。

第二步，单击数据清单中的任意一个单元格，执行"分类汇总"命令，在打开的"分类汇总"对话框中，分别设定分类字段、汇总方式，选定汇总项，如图6-58所示。

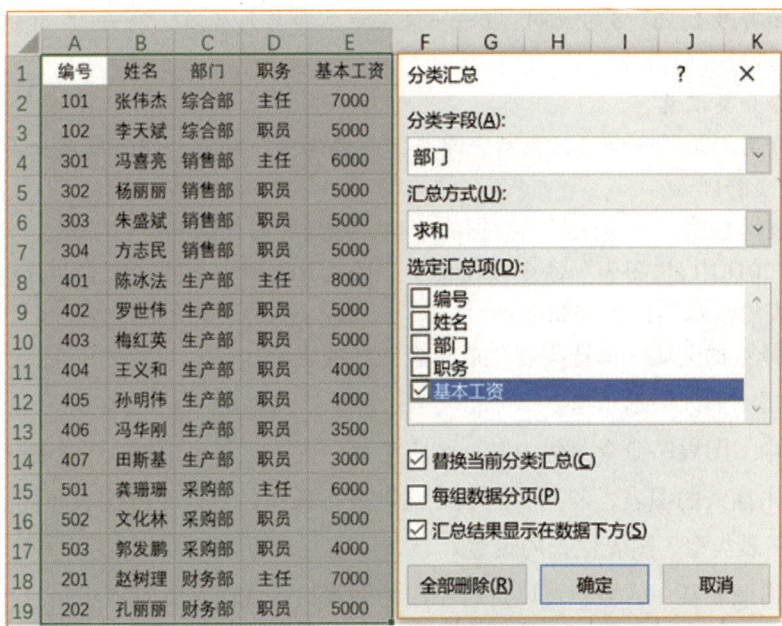

图6-58　在排序后的数据清单上打开"分类汇总"

数据清单将以选定的"汇总方式"按照"分类字段"进行分类统计，通过单击级别序号，可以实现分级查看汇总结果。分类汇总结果如图6-59所示。

图6-59　分类汇总结果

分级显示符号1、2、3的说明：1——仅显示总和与列标题，2——显示分类汇总与总和，3——显示所有的数据。

（2）清除分类汇总。

打开"分类汇总"命令对话框后，单击"全部删除"按钮，即可取消分类汇总。

（四）图表的插入

用图表表达数据，直观性强，数据的结构、差异和变化趋势一目了然。

在Excel 2016中，"图表"命令按钮位于"插入"选项卡下的"图表"分组。

插入图表的基本操作步骤如下：

（1）选择数据区域（框选需要生成图表的数据清单）。

（2）单击"插入"选项卡。

（3）选中"图表"命令分组中某一图表类型，便在工作表中插入一个图表。

（4）单击插入的图表，利用"图表工具"进行操作，可以更改图表布局、图表样式、图表数据、图表类型、图表位置的设置。

（5）右击图表某一区域，可以进行相应的图表格式或内容的设置。

▶同步练习6.9◀

【练习6-9-1】（多选题）关于构建数据清单，下列表述中正确的有（　　　）。

A.避免在数据清单中间放置空白的行或列，需将数据清单和其他数据隔开时，也应避免它们之间放置空白的行或列

B.列标志应位于数据清单的第一行

C.尽量在一张工作表上建立一个数据清单

D.同一列中各行数据项的类型和格式应当完全相同

练习6-9-1至
练习6-9-19

【练习6-9-2】（多选题）数据清单与工作表相比，具有的特征包括（　　　）。

A.第一行是字段名　　　　　　　　　B.每列数据具有相同的性质

C.不存在全空的列　　　　　　　　　D.不存在全空的行

【练习6-9-3】（单选题）数据清单中的列、列标志、每一行分别对应（　　　）。

A.数据库中的字段、数据库中的字段名称、数据库中的一条记录

B.数据库中的字段名称、数据库中的字段、数据库中的记录

C.数据库中的记录、数据库中的字段、数据库中的字段名称

D.数据库中的字段值、数据库中的字段、数据库中的字段名称

【练习6-9-4】（单选题）下列关于记录单的说法中，不正确的是（　　　）。

A.记录单对话框左半部分从上到下依次列示数据清单第一行从左到右依次排列的列标志

B.如果当前记录的字段内容是公式，则在记录单内容框中显示的是公式

C.记录单的右上角显示的分母为总记录数，分子表示当前是第几条记录

D.如查找符合一定条件的记录，可通过条件按钮实现

【练习6-9-5】（单选题）在记录单中新建的记录位于列表的（　　　）。

A.最前　　　　　B.中间　　　　　C.指定的位置　　　　　D.最后

【练习6-9-6】（判断题）记录单对话框打开后，能通过"记录单"对话框来输入、查

询、核对、修改或者删除数据清单中的相关数据，也可以直接在工作表的数据清单中进行相应的操作。（　　）

【练习6-9-7】（单选题）如果在排序前只选定了数据清单的部分连续列，则排序的结果是（　　）。

A.对整个数据清单进行排序　　　　　　B.只对选定的列进行排序

C.排序没有进行　　　　　　　　　　　D.给出错误提示

【练习6-9-8】（多选题）在数据的高级筛选中，（　　）。

A.同一行表示"或"的关系　　　　　　B.同一行表示"与"的关系

C.不同行表示"或"的关系　　　　　　D.不同行表示"与"的关系

【练习6-9-9】（多选题）关于高级筛选，下列说法中正确的有（　　）。

A.筛选条件和表格之间必须有一行或者一列的间隙

B.可以在原有区域显示筛选结果

C.可以将筛选结果复制到其他位置

D.不需要筛选条件

【练习6-9-10】（多选题）利用记录单可以完成对数据的（　　）操作。

A.添加　　　　　B.删除　　　　　C.查找　　　　　D.排序

【练习6-9-11】（多选题）在对数据清单的数据进行排序时，可以按照以下顺序进行（　　）。

A.按关键字升序　　　　　　　　　　B.按关键字降序

C.按自定义序列排序　　　　　　　　D.相同主关键字时选择次关键字

【练习6-9-12】（多选题）下列关于分类汇总的表述中，正确的是（　　）。

A.分类汇总前首先应按分类字段的值进行排序

B.分类汇总只能按一个字段进行分类

C.只能对数值型字段进行分类

D.汇总方式只能求和

【练习6-9-13】（判断题）如果要对数据清单进行分类汇总，必须对要分类汇总的字段排序，从而使相同的记录集中在一起。（　　）

【练习6-9-14】（判断题）单击分类汇总工作表窗口左边的分级显示区中的按钮"1"，实现的功能是显示列表中所有的详细数据。（　　）

【练习6-9-15】（判断题）数据的分类汇总是指在数据清单中按照相同类别对数据进行汇总统计。（　　）

【练习6-9-16】（多选题）下列关于Excel制作图表功能的说法中，正确的有（　　）。

A.Excel能够利用图标向导方便、灵活地制作图表

B.Excel提供了柱形图、饼图、条形图、面积图、折线图、散点图等100多类基本图表

C.Excel可以很容易地将同一组数据改变成不同类型的图标，以便直观地展示数据之间的复杂关系

D.Excel不能任意编制图表中的标题、坐标轴、网络线、图例等各种对象

【练习6-9-17】（多选题）在Excel中，对图表对象的编辑，下列说法中正确的有（　　）。

A.图例可以清除

B.用鼠标拖曳图表四周的控制点，可以实现图表的缩放

C.嵌入式图表与图表工作表不能互相转换

D.对图表区对象的字体改变，将同时改变图表区内所有对象的字体

【练习 6-9-18】（判断题）图表只能和数据源放在同一个工作表中。（　　）

【练习 6-9-19】（单选题）在 Excel 中，删除工作表中与图表链接的数据时，图表将（　　）。

A.被删除

B.必须用编辑器删除相应的数据点

C.不会发生变化

D.自动删除相应的数据点

【练习 6-9-20】（操作题）打开记录单并输入新记录。打开"练习 668"工作簿，在 Sheet1 工作表中打开记录单；然后在记录单中输入新记录，内容为：商品名称 C，销售单价 80，销售数量 60。最后将工作簿另存为名称为"练习 6920"的工作簿。

【练习 6-9-21】（操作题）通过记录单删除特定记录。打开"练习 6920"工作簿，在 Sheet1 工作表中通过记录单删除商品名称为 F 的该条记录。

【练习 6-9-22】（操作题）数据排序。打开"练习 6920"工作簿，对数据清单按销售单价降序排列。

【练习 6-9-23】（操作题）快速筛选。打开"练习 6920"工作簿，在数据清单中快速筛选出"销售单价≥80"的记录。

【练习 6-9-24】（操作题）高级筛选。打开"练习 6920"工作簿，在数据清单中通过高级筛选功能筛选出"销售单价≥80"，且"销售数量≥50"的记录。

操作视频演示

练习 6-9-20 至
练习 6-9-25

【练习 6-9-25】（操作题）数据分类汇总。新建"练习 6925"工作簿，输入数据清单如图 6-60 所示，在该数据清单中按品类字段对销售额进行汇总，汇总方式为求和。

	A	B	C
1	华中区奶制品销售统计表		
2	分公司	品类	销售额
3	A公司	奶酪	100
4	A公司	奶昔	250
5	A公司	牛奶	500
6	B公司	奶酪	200
7	B公司	酸奶	80
8	B公司	奶昔	150
9	B公司	牛奶	400
10	C公司	奶昔	50
11	C公司	牛奶	200
12	C公司	酸奶	60
13	C公司	奶酪	300

图 6-60　数据清单

出纳业务综合实训

> 读书不想，隔靴搔痒。
>
> 光看不练，耽误时间。
>
> 三百六十行，行行出状元。
>
> 勤能补拙是良训，一分辛劳一分才。
>
> 纸上得来终觉浅，绝知此事要躬行。
>
> 人生的奋斗目标决定你将成为怎样的人。
>
> 成功呈概率分布，关键是你能不能坚持到成功开始呈现的那一刻。

一、实训目的

掌握出纳岗位日常业务的处理方法，能够准确填制与审核原始凭证、编制记账凭证、登记库存现金日记账和银行存款日记账、编制出纳月度报表。

二、实训要求

1. 根据实训资料（一）设置"库存现金日记账"和"银行存款日记账"，并登记月初余额。

2. 根据实训资料（二）的业务背景，填制和审核相关业务的原始凭证，编制记账凭证，并登记日记账。

3. 每日结出库存现金日记账余额，并与库存现金进行核对，无特别说明的，表示当天库存现金账实相符。

4. 每日结出银行存款日记账余额。

5. 编制出纳月度报表。

三、实训设计

实训形式：学生甲担任出纳人员，负责库存现金和银行存款的收付及其日记账的登记；学生乙担任会计，负责凭证审核和记账。也可以按照后续说明的人员分工开展模拟工作。

实训建议学时：8学时。

实训所需材料："库存现金日记账"和"银行存款日记账"账页各1张，通用记账凭证一本。（后附）

四、实训企业基本情况

企业名称：武汉通达有限责任公司

法定代表人：王刚

注册地址：武汉市雄楚大街158号

注册资本：500万元

企业类型：有限责任公司

经营范围及主要产品：中西药品

经营方式：生产销售

企业组织机构：企业下设基本生产车间、办公室、供应部、销售部、财务部

基本户开户行：中国工商银行武汉东湖支行；账号：33000564678023；行号：102345681526；地址：武汉东湖路1号

纳税人类型：一般纳税人

增值税税率：13%

财务人员：财务经理——陈琼，稽核——李大伟，会计——王依依，出纳——李双

五、实训资料

武汉通达有限责任公司有关货币资金业务资料如下：

（一）2024年11月30日有关账户余额

"库存现金"账户	2 000元
"银行存款"基本账户	3 350 000元

（二）2024年12月，武汉通达有限责任公司发生如下经济业务：

1.填制现金支票，编制记账凭证。12月1日，从工行提取现金5 000元备用。

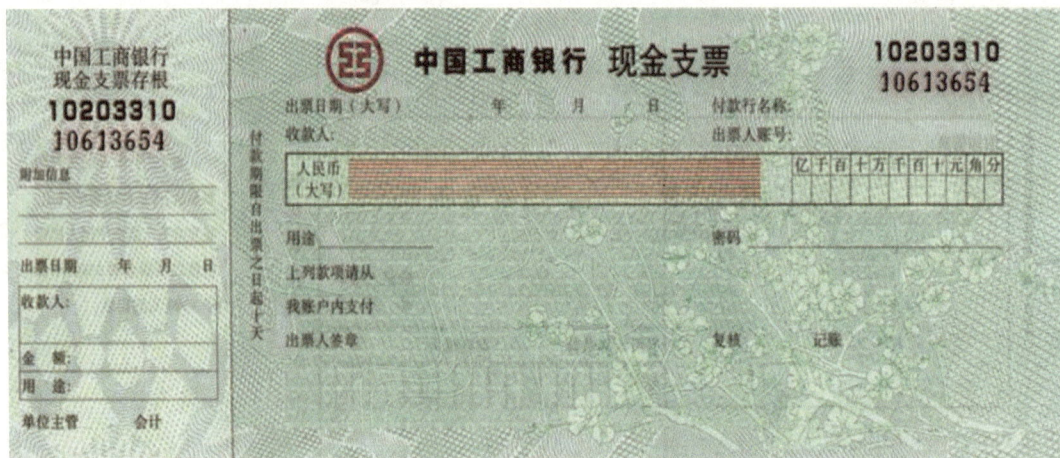

2.审核（填写）借款单，出纳审核借款单并办理付款业务手续，编制记账凭证。12月1日，办公室职员李明去杭州开会，预借差旅费2 000元，财务处以现金支付。

借 款 单
年 月 日

借款人部门		借款人签字		
借款金额	（大写）			（小写）
借款用途				
备 注				

单位负责人：　　　　　部门负责人：　　　　　财务负责人：

3.办理转账支票背书，填写进账单，编制记账凭证。12月2日，接到工行收账通知，

收到武汉市光明实业有限公司（开户银行：中国农业银行武汉江岸支行；账号：356924065329；票据号码：10304225）前欠货款 15 300 元。

附加信息：	被背书人	根据《中华人民共和国票据法》等法律法规的规定，签发空头支票由中国人民银行处以票面金额5%但不低于1000元的罚款。
	背书人签章 年 月 日	

ICBC 🉐 中国工商银行进账单（收账通知） **3**

年 月 日

出票人	全　称		收款人	全　称	
	账　号			账　号	
	开户银行			开户银行	
金额	人民币 (大写)			亿千百十万千百十元角分	
	票据种类		票据张数		
	票据号码				
		复核　　记账		收款人开户银行签章	

（盖章：中国工商银行武汉东湖支行 2024.12.02 业务专用章）

此联是收款人开户银行交给收款人的收账通知

4. 填制进账单，并编制记账凭证。12 月 3 日，向武汉市大地医药有限公司（账号：987654321025，开户行：中国银行武汉江岸支行）销售六味地黄丸 1 000 箱，每箱 200 元，价款 200 000 元，增值税 26 000 元，收到武汉市大地医药有限公司转账支票一张，票号 01178599，金额 226 000 元，当日在工行办理了收款并到账。（销售发票略）

中国银行 转账支票 10404330
01178599

付款期限自出票之日起十天	出票日期（大写）**贰零贰肆**年 **壹拾贰**月 **零叁**日	付款行名称 **中国银行武汉江岸支行**
	汇款人 **武汉通达有限责任公司**	出票人账号 **987654321025**
	人民币（大写）**贰拾贰万陆仟元整**	亿千百十万千百十元角分 ￥22600000
	用途 **货款**	密码
	上列款项请从我账户内支付 出票人签章	账号
		复核　　记账

（盖章：武汉市大地医药有限公司 财务专用章；佟宏志印）

中国工商银行进账单（回单） 1
年 月 日

出票人	全　称		收款人	全　称	
	账　号			账　号	
	开户银行			开户银行	

金额	人民币（大写）		亿	千	百	十	万	千	百	十	元	角	分

票据种类		票据张数	
票据号码			

复核　　记账　　　　　　　　开户银行签章

此联是开户银行交给持票人的回单

5. 填制现金存款凭条，编制记账凭证。12月4日，将零售药品收到的销货款现金930元存入银行。（100元面值8张，50元面值2张，10元面值3张）

中国工商银行　　　　　现金存款凭条
年 月 日

存款人	全　称			款项来源	
	账　号			交款人	
	开户行				

			百	十	万	千	百	十	元	角	分

票面	张数	十	万	千	百	十	元	票面	张数	千	百	十	元	角	分	备注
壹佰元								伍角								
伍拾元								贰角								
贰拾元								壹角								
拾　元								伍分								
伍　元								贰分								
贰　元								壹分								
壹　元																

第一联　银行核对联

6. 审核（填制）差旅费报销单，填制收款收据，编制记账凭证。12月5日，办公室职员李明出差归来报销差旅费，总共报销费用1 480元（其中，火车票2张，12月2日武汉—杭州320元，12月4日杭州—武汉320元；住宿发票1张，金额300元/日，按2日计算，共600元；伙食补贴80元/日，按3日计算），多余现金520元交回财务处。（不考虑增值税，详细发票略）

差旅费报销单

报销日期：		部门意见：		领导批准意见：		
部　　门：		出差人：		出差事由：		

出发		到达		交通费			出差补贴			其他费用	
日期	地点	日期	地点	交通工具	单据张数	金额	天数	人数	金额	项目	金额
合计											

报销总额	人民币（大写）		预借		退回	
	人民币（小写）				补领	

财务审核：　　　　　出纳：　　　　　报销人：

附单据　张

收款收据　　号码 0012910

交款回单　　　　年　月　日

今收到 ＿＿＿＿＿＿＿＿　　交来 ＿＿＿＿＿＿＿

人民币 ＿＿＿＿＿＿＿＿　　¥ ＿＿＿＿＿＿＿

系 付 ＿＿＿＿＿＿＿＿＿＿＿＿＿＿＿＿＿＿

单位盖章：　收款人：　　交款人：　　开票人：

①给交款人

7. 填制转账支票，编制记账凭证。12月7日，开出转账支票办理付款业务，支付前欠武汉市红光商贸有限公司（开户银行：交通银行汉口支行，账号：894535612862356）货款78 000元。

中国工商银行 转账支票存根 10204225 06822101

附加信息 ＿＿＿＿

出票日期 年 月 日
收款人：
金 额：
用 途：
单位主管　会计

中国工商银行 转账支票 06822101　10204225 06822101

出票日期（大写）　年　月　日　付款行名称：
收款人：　　　　　　　　　　　　出票人账号：
人民币（大写）　　　　　　　　亿千百十万千百十元角分
用途
上列款项请从
我账户内支付　　　　　　密码
出票人签章　　　　　　　　行号
　　　　　　　　　　　复核　　记账

付款期限自出票之日起十天

8. 填制银行汇票申请书，编制记账凭证。12月8日，公司委托工行签发金额为120 000 元的银行汇票一张，拟从海南省阳光药材股份有限公司（账号：45635164256086001，开户银行：中国建设银行海口支行）采购原材料一批。

银行汇（本）票申请书　1

年　　月　　日　　　　流水号：

业务类型	□ 银行汇票	□ 银行本票	付款方式	□ 转账	□ 现金
申请人			收款人		
账 号			账 号		
用 途			代理付款行		
金额（大写）				亿千百十万千百十元角分	

支付密码：

申请人签章

会计主管　　授权　　　复核　　　录入

此联申请人留存

9. 填制委托收款凭证，编制记账凭证。12月9日，公司为武汉市红星药业有限公司（开户银行：中国建设银行武汉江夏支行，账号：23654552189）提供西药加工业务，取得加工收入40 000元，增值税5 200元，全部价税款在工行办理委托收款。

10. 填制现金支票，编制记账凭证。12月10日，开出中国工商银行现金支票，提取现金41 614元，用于发放工资。

11. 编制记账凭证。12月10日，以现金41 614元发放职工工资。

武汉通达有限责任公司工资结算表

| 工号 | 姓名 | 部门 | 收入信息 | | | | 收入总额 | 专项扣除 | 所得税 | 实发合计 |
			基本工资	岗位律贴	绩效奖金	请假扣款		三险一金		
20190001	李云飞	行政部	5 000.00	200.00			5 200.00	1 110.00	0.00	4 090.00
20190002	李大彪	生产车间	3 500.00	200.00		100.00	3 600.00	777.00	0.00	2 823.00
20190003	孔捷	生产车间	3 500.00	200.00			3 700.00	710.00	0.00	2 990.00
20190011	赵科	生产车间	3 500.00	200.00			3 700.00	710.00	0.00	2 990.00
20190012	刘明	生产车间	3 500.00	200.00			3 700.00	777.00	0.00	2 923.00
20190004	赵刚	采购部	3 000.00	200.00			3 200.00	666.00	0.00	2 534.00
20190005	楚静	供应部	3 000.00	200.00			3 200.00	666.00	0.00	2 534.00
20190006	魏尚	销售部	3 200.00	200.00	300.00		3 700.00	710.00	0.00	2 990.00
20190007	田丽	销售部	3 200.00	200.00	300.00	200.00	3 500.00	710.00	0.00	2 790.00
2019008	李斯	销售部	3 200.00	200.00	300.00		3 700.00	710.00	0.00	2 990.00
2019009	陈琼	财务部	3 200.00	200.00	300.00		3 700.00	710.00	0.00	2 990.00
20190010	李大伟	财务部	3 200.00	200.00	300.00		3 700.00	710.00	0.00	2 990.00
20190011	王依依	财务部	3 200.00	200.00	300.00		3 700.00	710.00	0.00	2 990.00
20190012	李双	财务部	3 200.00	200.00	300.00		3 700.00	710.00	0.00	2 990.00
合计			47 400.00	2 800.00	2 100.00	300.00	52 000.00	10 386.00	0.00	41 614.00

12. 填写电汇凭证，编制记账凭证。12月11日，按照合同约定采用电汇方式通过工行向杭州市九天糖业有限公司（开户银行：中国农业银行杭州市中山支行，账号：25603356124302）预付货款30 000元。

电汇凭证 （回单）   1

□普通 □加急	委托日期	年 月 日			
汇款人	全称		收款人	全称	
	账号			账号	
	汇出地点			汇入地点	
汇出行名称			汇入行名称		
金额	人民币（大写）			亿千百十万千百十元角分	
		支付密码			
		附加信息及用途：			
汇出行签章		复核 记账			

此联为汇出行给汇款人的回单

13.编制记账凭证。12月12日，接到工行通知，收到托收凭证收账通知，向武汉市红星药业有限公司托收款项到账。

14.编制记账凭证。12月13日，持工行签发的银行汇票向海南省阳光药材股份有限公司购买原材料，材料价款100 000元，增值税13 000元；付代垫运费1 000元，增值税税额90元。多余款项已退回，收到多余款收账通知。（增值税专用发票、入库单略）

15.审核费用报销单，编制记账凭证。12月14日，以现金补付销售部门报销的信函邮寄费1 500元，增值税90元（附邮寄发票1张，略）

费 用 报 销 单

部门　销售部　　　　报销日期 2024 年 12 月 14 日　　　　附件　1　张

费 用 项 目	类别	金 额	负责人（签章）	同意报销
销售费用	办公费	1 590.00		王刚 2024.12.14
			审查意见	已核，符合制度要求。陈琼 2024.12.14
			报销人（签章）	李达
报销金额合计			¥1 590.00	
核实金额（大写）	拾零万壹仟伍佰玖拾零元零角零分			

主管　　　复核　　　出纳　　　制表

（现金付讫）

16. 收到银行汇票后办理收款（填制进账单），编制记账凭证。12 月 15 日，收到襄阳市大兴股份有限公司的用于支付前欠购货款的银行汇票一张和对应的解讫通知联，实际结算金额为 226 000 元，当日在工行办理了收款，当日收到款项。（解讫通知联略）

中国工商银行 银行汇票　2　　10204241　12345666

出票日期（大写）贰零贰肆年壹拾贰月壹拾贰日　　代理付款行：中国工商银行武汉东湖支行　行号：102345681526

收款人：武汉通达有限责任公司
出票金额（大写）人民币　贰拾陆万元整
实际结算金额　人民币
申请人：……市……股份有限公司　　账号：521632428965
出票行：中行襄阳分行　行号：104543626412
密押：
多余金额
凭票付款
2024.12.15　汇票专用章

中国工商银行进账单（回单）　1
年 月 日

出票人	全称		收款人	全称	
	账号			账号	
	开户银行			开户银行	
金额	人民币（大写）			亿千百十万千百十元角分	
票据种类		票据张数			
票据号码					

复核　记账　　　　开户银行签章

17. 填制商业承兑汇票。12 月 16 日，从武汉市天硕原料公司购入一批原材料，货款 282 500 元，双方约定以商业承兑汇票进行结算。当日武汉通达有限责任公司签发一张期限为 3 个月的商业承兑汇票用于支付货款，交易合同号码：245689。武汉市天硕原料公司账号：624526105410，开户银行：工行武汉南湖支行。

18. 编制记账凭证。12 月 18 日，向武汉欧冠生物科技有限公司销售药品感冒清颗粒 1 200 箱，每箱 300 元，增值税 46 800 元。收到武汉欧冠生物科技有限公司签发的银行承兑汇票一张。

19. 填制贴现凭证并编制记账凭证。12 月 25 日，公司决定将上述银行承兑汇票在工行武汉东湖支行办理贴现，当日办理完成，收到贴现款项。当日银行贴现月利率为 6‰。

贴 现 凭 证 (代申请书) ①

填写日期　　年　　月　　日　　第　　号

贴现汇票	种　类		号码		申请人	名　称	
	出 票 日	年　　月　　日				账　号	
	到 期 日	年　　月　　日				开户银行	

汇票承兑人(或银行)	名称		账号		开户银行		千百十万千百十元角分

汇票金额 (即贴现金额)	人民币 (大写)			千百十万千百十元角分

贴现率 每　月	‰	贴现利息	千百十万千百十元角分	实付贴现金额	千百十万千百十元角分

兹根据《银行结算办法》的规定,附送承兑汇票申请贴现,请审核。 此致 ———————— (贴现银行) 申请人盖章	银行审批		科目(借)———— 对方科目(贷)————
		负责人　信贷员	复核　记账

此联银行作贴现借方凭证

20. 填制拒绝付款理由书,编制记账凭证。12月26日,收到水费通知单和托收凭证(付款通知)。经审核,取得的增值税发票(略)上注明的价税合计金额为2 260元,审核托收凭证(付款通知),当日办理部分拒付业务。

托收凭证 (付款通知) 5

委托日期 2024 年 12 月 24 日　　　　付款期限　　年　　月　　日

业务类型		委托收款(□邮划、□电划)		托收承付(□邮划、□电划)	
付款人	全　称	武汉通达有限责任公司	收款人	全　称	武汉市自来水公司
	账　号	33000564678023		账　号	254685321568
	地　址	省 武汉 市县 开户行 工行东湖支行		地　址	省 武汉 市县 开户行 中行解放支行
汇出行名称			汇入行名称		

金额	人民币 (大写)	贰仟陆佰元整	亿千百十万千百十元角分 ¥ 2 6 0 0 0 0

款项内容	水费	托收凭据名称	发票	附寄单证张数	2

商品发运情况		合同名称、号码	

备注:	中国银行 武汉解放支行 2024.12.24 业务受理章	付款人注意: 1. 根据支付结算办法,上列委托收款(托收承付)款项在付款期限内未提出拒付,即视为同意付款,以此代付款通知。 2. 如需提出全部或部分拒付,应在规定期限内,将拒付理由书并附债务证明退交开户银行。

付款人开户银行收到日期 　年　月　日 复核　记账	收款人开户银行签章 年 月 日

此联为付款人开户银行给付款人的按期付款通知

规格:10×17.5cm(白纸绿油墨)

托收承付委托收款	结算	全部部分	拒绝付款理由书 (借方凭证)	2

拒付日期 年 月 日　　原托收号码：

付款人	全　称		收款人	全　称	
	账　号			账　号	
	开户银行			开户银行	

托收金额		拒付金额		部分付款金额	亿	千	百	十	万	千	百	十	元	角	分

附寄单证	张	部分付款金额（大写）	

拒付理由：

付款人签章　　　　　　复核　记账

此联银行作借方凭证或存查

规格 10×17.5cm（白纸蓝油墨）

21. 填制库存现金盘点报告单和收款收据，编制记账凭证。12月31日，对现金进行盘点，现金实存 2 900元，根据库存现金日记账填写库存现金盘点报告单；经查，现金差错的原因是出纳人员管理不善，当日由出纳人员进行赔偿。

库存现金盘点报告单

单位名称：　　　　　　　　年　月　日

实存全额	账存全额	实存与账存对比结果		备注
		盘盈	盘亏	

第1联 记账联

会计主管：　　　　　盘点人：　　　　　　出纳：

收 款 收 据

交款回单　　　　　　　　　　号码0012911

年 月 日

今收到　　　　　　　　　　　交来

人民币　　　　　　　　　　　¥

系付

单位盖章：　　　收款人：　　　交款人：　　　开票人：

① 给交款人

22. 12月31日，根据本月业务，对库存现金日记账和银行存款日记账进行结账，并编制出纳月度报表。

出纳月度报表

单位名称：　　　　　　　　　　　时间：

项目	月初余额	本月收入	本月支出	月末余额	本月累计	备注
库存现金						
银行存款						
基本账户						
一般账户						
专用账户						
其他货币资金						
外埠存款						
银行汇票存款						
银行本票存款						
有价证券						
股票						
债券						
月末账面结存资金合计						

六、实训所需空白账页、记账凭证

库存现金日记账

第　页

年		凭证		摘　要	对方科目	借方										贷方										借或贷	余额										核对
月	日	种类	号数			百	十	万	千	百	十	元	角	分	百	十	万	千	百	十	元	角	分		百	十	万	千	百	十	元	角	分	

库存现金日记账

第　页

年		凭证		摘要	对方科目	借方									贷方									借或贷	余额									核对
月	日	种类	号数			百	十	万	千	百	十	元	角	分	百	十	万	千	百	十	元	角	分		百	十	万	千	百	十	元	角	分	

银行存款日记账

第　　页

开户行：　　银行账号：

年		凭证		摘要	对方科目	借方										贷方										借或贷	余额										核对
月	日	种类	号数			百	十	万	千	百	十	元	角	分		百	十	万	千	百	十	元	角	分			百	十	万	千	百	十	元	角	分	

银行存款日记账

开户行：　　　银行账号：　　　第　　页

| 年 | | 记账凭证 | | 摘要 | 对方科目 | 借方 | | | | | | | | | | 贷方 | | | | | | | | | | 借或贷 | 余额 | | | | | | | | | | 核对 |
月	日	种类	号数			亿	千	百	十	万	千	百	十	元	角	分	亿	千	百	十	万	千	百	十	元	角	分		亿	千	百	十	万	千	百	十	元	角	分	

记 账 凭 证

年　月　日　　　　　　　　　　　　　字第　　号

摘　要	会计科目		借方余额										贷方金额										记账√
	总账科目	明细科目	亿	千	百	十	万	千	百	十	元	角	分	亿	千	百	十	万	千	百	十	元	角	分	
附加1张	合计																								

财会主管　　　　　记账　　　　　出纳　　　　　复核　　　　　制单

记 账 凭 证

年　月　日　　　　　　　　　　　　　字第　　号

摘　要	会计科目		借方余额										贷方金额										记账√
	总账科目	明细科目	亿	千	百	十	万	千	百	十	元	角	分	亿	千	百	十	万	千	百	十	元	角	分	
附加1张	合计																								

财会主管　　　　　记账　　　　　出纳　　　　　复核　　　　　制单

记 账 凭 证

年　月　日　　　　　　　　　　　　　字第　　号

摘　要	会计科目		借方余额										贷方金额										记账√
	总账科目	明细科目	亿	千	百	十	万	千	百	十	元	角	分	亿	千	百	十	万	千	百	十	元	角	分	
附加1张	合计																								

财会主管　　　　　记账　　　　　出纳　　　　　复核　　　　　制单

记 账 凭 证

年 月 日　　　　　　　　　　字第　号

摘　要	会计科目		借方余额										贷方金额										记账√
	总账科目	明细科目	亿	千	百	十	万	千	百	十	元	角	分	亿	千	百	十	万	千	百	十	元	角	分	
附加1张	合计																								

财会主管　　　　记账　　　　出纳　　　　复核　　　　制单

记 账 凭 证

年 月 日　　　　　　　　　　字第　号

摘　要	会计科目		借方余额										贷方金额										记账√
	总账科目	明细科目	亿	千	百	十	万	千	百	十	元	角	分	亿	千	百	十	万	千	百	十	元	角	分	
附加1张	合计																								

财会主管　　　　记账　　　　出纳　　　　复核　　　　制单

记 账 凭 证

年 月 日　　　　　　　　　　字第　号

摘　要	会计科目		借方余额										贷方金额										记账√
	总账科目	明细科目	亿	千	百	十	万	千	百	十	元	角	分	亿	千	百	十	万	千	百	十	元	角	分	
附加1张	合计																								

财会主管　　　　记账　　　　出纳　　　　复核　　　　制单

记 账 凭 证

年　月　日　　　　　　　　　　　字第　　号

摘　要	会计科目		借方余额										贷方金额										记账√
	总账科目	明细科目	亿	千	百	十	万	千	百	十	元	角	分	亿	千	百	十	万	千	百	十	元	角	分	
附加1张	合计																								

财会主管　　　　　记账　　　　　出纳　　　　　复核　　　　　制单

记 账 凭 证

年　月　日　　　　　　　　　　　字第　　号

摘　要	会计科目		借方余额										贷方金额										记账√
	总账科目	明细科目	亿	千	百	十	万	千	百	十	元	角	分	亿	千	百	十	万	千	百	十	元	角	分	
附加1张	合计																								

财会主管　　　　　记账　　　　　出纳　　　　　复核　　　　　制单

记 账 凭 证

年　月　日　　　　　　　　　　　字第　　号

摘　要	会计科目		借方余额										贷方金额										记账√
	总账科目	明细科目	亿	千	百	十	万	千	百	十	元	角	分	亿	千	百	十	万	千	百	十	元	角	分	
附加1张	合计																								

财会主管　　　　　记账　　　　　出纳　　　　　复核　　　　　制单

记 账 凭 证

年　月　日　　　　　　　　　　　　字第　　号

摘　要	会计科目		借方余额											贷方金额											记账√
	总账科目	明细科目	亿	千	百	十	万	千	百	十	元	角	分	亿	千	百	十	万	千	百	十	元	角	分	
附加 1 张	合计																								

财会主管　　　　　记账　　　　　出纳　　　　　复核　　　　　制单

记 账 凭 证

年　月　日　　　　　　　　　　　　字第　　号

摘　要	会计科目		借方余额											贷方金额											记账√
	总账科目	明细科目	亿	千	百	十	万	千	百	十	元	角	分	亿	千	百	十	万	千	百	十	元	角	分	
附加 1 张	合计																								

财会主管　　　　　记账　　　　　出纳　　　　　复核　　　　　制单

记 账 凭 证

年　月　日　　　　　　　　　　　　字第　　号

摘　要	会计科目		借方余额											贷方金额											记账√
	总账科目	明细科目	亿	千	百	十	万	千	百	十	元	角	分	亿	千	百	十	万	千	百	十	元	角	分	
附加 1 张	合计																								

财会主管　　　　　记账　　　　　出纳　　　　　复核　　　　　制单

记 账 凭 证

年 月 日   字第 号

摘 要	会计科目		借方余额											贷方金额										记账√
	总账科目	明细科目	亿	千	百	十	万	千	百	十	元	角	分	亿	千	百	十	万	千	百	十	元	角	分	
附加1张	合计																								

财会主管   记账   出纳   复核   制单

记 账 凭 证

年 月 日   字第 号

摘 要	会计科目		借方余额											贷方金额										记账√
	总账科目	明细科目	亿	千	百	十	万	千	百	十	元	角	分	亿	千	百	十	万	千	百	十	元	角	分	
附加1张	合计																								

财会主管   记账   出纳   复核   制单

记 账 凭 证

年 月 日   字第 号

摘 要	会计科目		借方余额											贷方金额										记账√
	总账科目	明细科目	亿	千	百	十	万	千	百	十	元	角	分	亿	千	百	十	万	千	百	十	元	角	分	
附加1张	合计																								

财会主管   记账   出纳   复核   制单

记 账 凭 证

年　月　日　　　　　　　　　　　　字第　　号

摘　要	会计科目		借方余额										贷方金额										记账√
	总账科目	明细科目	亿	千	百	十	万	千	百	十	元	角	分	亿	千	百	十	万	千	百	十	元	角	分	
附加1张	合计																							

财会主管　　　　　记账　　　　　出纳　　　　　复核　　　　　制单

记 账 凭 证

年　月　日　　　　　　　　　　　　字第　　号

摘　要	会计科目		借方余额										贷方金额										记账√
	总账科目	明细科目	亿	千	百	十	万	千	百	十	元	角	分	亿	千	百	十	万	千	百	十	元	角	分	
附加1张	合计																							

财会主管　　　　　记账　　　　　出纳　　　　　复核　　　　　制单

记 账 凭 证

年　月　日　　　　　　　　　　　　字第　　号

摘　要	会计科目		借方余额										贷方金额										记账√
	总账科目	明细科目	亿	千	百	十	万	千	百	十	元	角	分	亿	千	百	十	万	千	百	十	元	角	分	
附加1张	合计																							

财会主管　　　　　记账　　　　　出纳　　　　　复核　　　　　制单

记 账 凭 证

年　月　日　　　　　　　　　　　　　　　字第　　号

摘　要	会计科目		借方余额											贷方金额											记账√
	总账科目	明细科目	亿	千	百	十	万	千	百	十	元	角	分	亿	千	百	十	万	千	百	十	元	角	分	
附加1张	合计																								

财会主管　　　　　记账　　　　　出纳　　　　　复核　　　　　制单

记 账 凭 证

年　月　日　　　　　　　　　　　　　　　字第　　号

摘　要	会计科目		借方余额											贷方金额											记账√
	总账科目	明细科目	亿	千	百	十	万	千	百	十	元	角	分	亿	千	百	十	万	千	百	十	元	角	分	
附加1张	合计																								

财会主管　　　　　记账　　　　　出纳　　　　　复核　　　　　制单

记 账 凭 证

年　月　日　　　　　　　　　　　　　　　字第　　号

摘　要	会计科目		借方余额											贷方金额											记账√
	总账科目	明细科目	亿	千	百	十	万	千	百	十	元	角	分	亿	千	百	十	万	千	百	十	元	角	分	
附加1张	合计																								

财会主管　　　　　记账　　　　　出纳　　　　　复核　　　　　制单

参考文献

［1］全国人民代表大会常务委员会. 中华人民共和国会计法（2024年修改）.

［2］全国人民代表大会常务委员会. 中华人民共和国票据法（2004年修改）.

［3］中华人民共和国国务院. 中华人民共和国人民币管理条例（2018年修改）.

［4］中华人民共和国财政部. 会计基础工作规范（2019年修改）.

［5］中国人民银行. 中华人民共和国现金管理暂行条例（2011年修改）.

［6］中国人民银行. 中国人民银行残缺污损人民币兑换办法（2003年公布）.

［7］中国人民银行. 人民币银行结算账户管理办法（2003年公布）.

［8］中国人民银行. 支付结算办法（1997年公布）.

［9］中国人民银行. 票据管理实施办法（2011年修改）.

［10］中华人民共和国国务院. 中华人民共和国发票管理办法（2023年修改）.

［11］国家税务总局. 中华人民共和国发票管理办法实施细则（2024年修改）.

［12］中国人民银行. 银行卡业务管理办法（1999年公布）.

［13］中国人民银行支付结算局. 中国支付结算制度汇编［M］. 北京：中国长安出版社，2009.

［14］中国人民银行. 中国人民银行关于调整票据、结算凭证种类和格式的通知（银发〔2004〕235号）［S］. 2004.

［15］中国人民银行. 中国人民银行关于启用2010版银行票据凭证的通知（银发〔2010〕299号）［S］. 2010.

［16］钟爱军，钟静远. Excel在财务管理中的应用［M］. 2版. 大连：东北财经大学出版社，2024.